劉九洲注譯
侯迺慧校閱

新譯洛陽伽藍記

三民書局印行

國立中央圖書館出版品預行編目資料

新譯洛陽伽藍記／劉九洲注譯.--初版
.--臺北市：三民，民83
面；　公分.--（古籍今注新譯叢書）
ISBN 957-14-2026-3（精裝）
ISBN 957-14-2024-7（平裝）

1.寺廟—河南省洛陽市

684.113/301　　　83001357

© 新譯洛陽伽藍記

注譯者　劉九洲
校閱者　侯迺慧
發行人　劉振強
著作財產權人　三民書局股份有限公司
印刷所　三民書局股份有限公司
復興店／臺北市復興北路三八六號五樓
重慶店／臺北市重慶南路一段六十一號
郵撥／〇〇〇九九九八—五號
初版　中華民國八十三年三月
編號　S 03065
基本定價　伍元伍角陸分
行政院新聞局登記證局版臺業字第〇二〇〇號

ISBN 957-14-2024-7（平裝）

刊印古籍今注新譯叢書緣起

劉振強

一個世代昌隆的門第，必有它賴以持家的寶訓；一個源遠流長的民族，也必有它賴以立國的優良傳統。中國五千年來，聖賢相繼、德慧相承，滙積而成的典籍浩如瀚海，這些典籍正是我中華民族傳統文化與智慧的結晶。

近數十年來，我國在政治、經濟、科技各方面雖均有長足的進步，但仍存在一個隱憂，那就是：我們已逐漸失去中國人的氣質和自信；中國文化的氣息一代比一代淡弱。其中原因固然很多，而不能讀懂中國典籍，應該是最主要的因素。由於語言文字、生活環境、教育方式等種種的演變，古人容易瞭解的書籍，我們現在讀來，往往覺得艱深難解。而身為中國人，不去接觸或讀不懂中國典籍，自然無從認識自己的民族與文化，甚至會產生誤解，這就無異於切斷個人通往民族大生命的血脈，而導致個人的生命不能與民族的大動脈同其跳動。

因此，在二十多年前，本局即聘請學有專長的教授，著手古籍注譯的工作；並從《四書》做起，從來陸陸續續完成了八、九種，頗受社會大眾及學生的喜愛，使我們得到很大的鼓勵。於是擬定了更多長程和短程的注譯計畫，準備一部一部地做下去。這期間因《大辭典》的編纂而告中斷；如今花費了十四年歲月的《大辭典》業已問世，注譯的工作乃得以繼續進行。

大凡每樣事業的草創階段都是艱難的。累積了多年的經驗之後，重新檢視早期的譯本，發現其中有些地方尚待加強和改進，且原來的版子也因多次再版而有了字體模糊的現象；因而決定廢棄舊版，請原注譯者重新注譯、考證、勘訂並補充資料，經過再三審校後，方排版付印，以期精益求精。

近年來隨著海峽兩岸文化的交流，我們也有機會敦請許多有專門素養的大陸學者參與我們的工作，藉以擴大觸角，充實陣容，整理更多樣化的古籍。我們希望中國古典的智慧，能藉由這一代全體中國人的攜手合作，更普遍地為全人類所分享。

古籍的整理是一件相當繁重的工作。本叢書由籌畫到刊印，雖力求盡善，諒難周全，如蒙博雅君子時賜教益，則不勝感激！

八十二年六月

新譯洛陽伽藍記 目次

卷二 城東

卷三　城南……二〇七

導 讀

一、作者其人與北魏之世

《洛陽伽藍記》既是一本地理著作，同時也是歷史著作和文學著作。它以北魏京城洛陽之佛寺、園林爲記敍主線，而繫以當時的政治、經濟、人物、風俗、地理以及掌故傳聞等等。其內容之豐富、價值之高與地位之重要，均爲歷代研究者所肯定。爲了使讀者能夠準確把握《洛陽伽藍記》的內容，通達其要旨，在接觸該書之前，有必要先弄淸作者楊衒之所處的時代及其思想觀點；用孟子的話說，就是先要「知人論世」①罷！

① 知人論世 見《孟子・萬章下》。孟子所謂「知人論世」，本是修身的方法，而不是說詩的方法，但後人卻把它當作了理解詩的方法了。

楊衒之，北魏人。因《魏書》無傳，故後人對他的家世、爵里、生卒都不甚了了。甚至連其姓氏也是或作楊，或作陽，或作羊，諸說不一。至於其官職，除本書書首所署「魏撫軍府司馬」及書中自述「永安中（即西元五二八～五二九年）衒之時爲奉朝請」比較可信之外，見於他書者或云其「元魏末爲祕書監」②，或云其「出爲期城太守」③，都無確證。

楊衒之所處的時代，正是繼魏晉以來五胡十六國之後的南北朝時代。這既是一個兵戈不息、王朝迭更、生民塗炭的時代，同時又是佛教廣泛傳播、臻於極盛的時代。僅就楊衒之所生活的北魏王朝而言，從建國時起到滅亡時止，上至皇帝（除世祖太武帝拓跋燾外），下至平民，大都崇信佛教，有的甚至佞佛到了狂熱的程度。

北魏王朝誕生於十六國後期。當時生活於朔漠之地的鮮卑民族拓跋部再次崛起。拓跋珪於公元三八六年重建代國，改國號爲魏，天興元年（西元三九八年）稱帝（道武帝），定都平城（今山西大同）。此後連年攻戰，至太延二年（西元四三六年）終於統一了北方。在建國及統一北方的過程中，拓跋部自道武帝拓跋珪開始就一方面使北魏政治制度封建化，一方面使鮮卑民族漢族化。他們利用漢族士人以健全封建官制，確定禮儀和律令，並請漢族儒生

---

② 元魏末爲祕書監　見《廣弘明集·卷六·敍列代王臣滯惑解》。
③ 出爲期城太守　見《法苑珠林》、《傳燈錄》。

整理經籍，教授生徒。特別是孝文帝於太和九年（西元四八五年）實行均田制，使農民依附於土地，從事農耕，繳納租調。又於太和十九年（西元四九五年）遷都於洛陽，次年改拓跋爲元姓，自名元宏。並在服飾、語言、婚姻、祭祀等方面與中原封建宗法社會的文化習俗相統一。在孝明帝元詡死後，北魏王朝內部發生分裂，相互攻伐，連年征戰，以至孝武帝元修於永熙三年（西元五三四年）西奔長安，高歡另立孝靜帝（元善見），遷都鄴城，史稱東魏；宇文泰酖殺孝武帝於長安，於西元五三五年另立文帝元寶矩，史稱西魏。至此北魏一分爲二，不久先後分別爲北齊（高洋於西元五五〇年廢東魏自立）、北周（宇文覺於西元五五七年廢西魏自立）所取代。

北魏自高祖孝文帝元宏將京城從平城遷往洛陽後，經過世宗宣武帝元恪、肅宗孝明帝元詡、敬宗孝莊帝元子攸、前廢帝廣陵王元恭、後廢帝安定王元朗、出帝平陽王元修，到孝靜帝元善見天平元年（西元五三四年）遷都鄴城，總計都洛四十年（西元四九五～五三四年）。《洛陽伽藍記》所記敍的便是這四十年間的洛陽佛寺及有關人事傳聞。

北魏鮮卑族拓跋部在入主中原的過程中，諸帝雖重儒教和道教，但也崇信佛教。雖然其間發生過太武帝滅佛之事，但總的說來，對佛教的尊崇與信仰則似乎更在儒道二教之上。據《魏書．釋老志》載，早在北魏建都平城（史稱拓跋魏）時，道武帝拓跋珪於戎馬倥偬之際，「頗覽佛經」、禮敬僧人。天下粗定，便詔令作「五級佛圖」，「別構講堂、禪堂及沙門座」，以便「信向之徒」和出家沙門均得「有所居止」。明元帝拓跋嗣對佛僧法果「彌加崇敬」，授以忠信侯、安成公之號。文成帝拓跋濬對僧人曇曜「奉以師禮」，並因曇曜之請，乃「於京城西武州塞，鑿石山壁，開窟五所，鐫建佛像各一：高者七十尺，次六十尺。彫飾奇偉，冠於一世」。由此可知，著名的大同雲崗石窟就開鑿於文成之世。獻文帝拓跋弘對佛教「敦信尤深」，並於京師平城「起永寧寺，構七級佛圖，高三百餘尺，基架博敞，爲天下第一。又於天宮寺造釋迦立像，高四十三尺，用赤金十萬斤，黃金六百斤」，費工之多，自不待言。此後，遷都洛陽（史稱元魏），孝文帝元宏「尤精釋義」，並師事道登法師，道登死，孝文帝雖正在服食丹藥之期，本當節哀，卻仍「哭諸門外」。他又敬信禪師佛陀，「詔於少室山陰立少林寺而居之，公給衣供」。這也就是在中國佛教史上具有深遠影響的嵩山少林寺的由來。宣武帝元恪常在宮中親講經論，召集名僧研討佛教義理。又於洛陽城內修建瑤光寺、景明寺、永明寺等。而瑤光寺則是一所貴族尼寺，「椒房嬪御」、「掖庭美人」、「名族處女」都來此寺淨居修行。並且還命大長秋卿白整照平城靈巖寺石窟樣子，在洛陽城南的伊闕山爲孝文帝和文昭皇太后造石窟二所，此爲開鑿龍門石窟之始。孝明帝元詡和其母胡太后均甚熱心於佛教，除繼續營建龍門石窟外，更於洛陽城內興建永寧、太上公等多所佛寺，並於「外洲各造五級佛圖」，還「數爲一切齋會，施物動以萬計」④，其結果是「百姓疲于土木之功，金銀之價爲之踊上，削奪百官事力，費損庫藏」⑤。

尤其值得注意的，一是北魏皇后有出家爲尼者，自孝文廢皇后馮氏到宣武皇后胡氏，共有六人之多。二是北魏建都平城時，京城內佛寺新舊且百所，僧尼二千餘人；四方諸寺，六千四百七十八所，僧尼七萬七千二百五十八人。在遷都洛陽之後的孝武帝元修永熙三年（西元五三四年），全國僧尼達二百萬之多，占人口總數的十六分之一，佛寺三萬多所。僅洛陽城內外就有佛寺一千三百六十七所，侵占民居達三分之一以上。於此可見，當時的北魏儼然成了一個泱泱佛國。

當然，在北魏王朝的君臣中亦有主張排佛滅佛的。中國佛教史上著名的「三武之厄」，指的就是北魏太武帝拓跋燾和在他之後的北周武帝、唐武宗滅佛法之事。本來，北魏太武帝最初也信佛法，禮敬沙門，後來在道士寇謙之等人的影響下，轉奉道教，敬稱寇謙之爲「天師」，並改元「太平眞君」，「親至道壇，受符籙，備法駕，旗幟盡青」⑥。太平眞君六年（西元四四五年），盧水胡蓋吳率十萬之衆反於杏城（今陝西黃陵西南）。第二年，太武帝乃

④、⑤「數爲一切齋會」數句 均見《魏書·任城王傳》。
⑥「親至道壇」數句 見《魏書·世祖紀下》。

西伐於長安，在一寺院發現兵器，懷疑沙門與蓋吳通謀，下令誅殺此寺沙門。又於寺中發現釀酒器具和州君、牧守、富人所寄存的財物數以萬計，以及洞窟中所藏匿的婦女，乃下〈滅佛法詔〉⑦云：

昔後漢荒君，信惑邪僞，妄想睡夢，事胡妖鬼，以亂天常，自古九洲之中無此也。夸誕大言，不本人情。叔季之世，闇君亂主，莫不眩焉。由是政教不行，禮義大壞，鬼道熾盛，視王者之法，蔑如也。自此已來，代經亂禍，天罰亟行，生民死盡。五服之內，鞠為丘墟。千里蕭條，不見人迹，皆由於此。朕承天緒，屬當窮運之敝，欲除僞定眞，復羲農之治。其一切盪除胡神，滅其蹤跡，庶無謝于風氏（按伏羲氏）矣。自今以後，敢有事胡神及造形像泥人、銅人者，門誅。雖言胡神，問今胡人，共云無有。皆是前世漢人無賴子弟劉元眞、呂伯彊之徒，接乞胡之誕言，用老莊之虛假，附而益之，皆非眞實。至使王法廢而不行，蓋大奸之魁也。有非常之人，然後能行非常之事，非朕孰能去此歷代之僞物？有司宣告鎮諸軍刺史：諸有佛圖形象及胡經，盡皆擊破焚燒；沙門無少長悉坑之。

⑦《滅佛法詔》見《魏書·釋老志》。

此詔有三層意思：一是佛爲胡神，「不本人情」，「闇君亂主莫不眩焉」；二是因佛教之盛行，導致「政教不行，禮義大壞」，「代經亂禍」，「生民死盡」；三是「欲除僞定眞，復羲農之治」，「去歷代之僞物」（指佛教），坑殺沙門。可見太武帝是以傳承華夏正統而自居的，以奉行儒家「政教」、「禮義」爲標榜，以恢復漢族古之治世（羲農之治）爲號召的。但究其滅佛之因，誠如前述，則與他尊奉道教及懷疑沙門參與叛亂不無關係。

在北魏朝臣中也有從治國安邦、國計民生的視角出發，上表排佛的。如宣武帝元恪時治書侍御史陽固，就上表主張「絕談虛窮微之論，簡桑門無用之費，以存元元之民，以救饑寒之苦」⑧。同時任司徒長兼主簿的李瑒，見「于時民多絕戶而爲沙門」，便上奏抨擊佛教棄親出家、不傳宗接代是違背「禮」的，並且直斥佛教爲鬼教⑨。孝明帝元詡時司空倉曹參軍張普惠也上表諫曰：「殖不思之冥業，損巨費於生民。減祿削力，近供無事之僧；崇飾雲殿，遠邀未然之報。昧爽之臣，稽首於外；玄寂之眾，遨遊於內。愆禮忤時，人靈未穆。愚謂從朝夕之因，求祇劫之果，未若先萬國之忻心，以事其親，使天下和平、災害不生者也。」⑩

---

⑧ 陽固表言 見《魏書·陽尼傳·附》。

⑨ 李瑒奏言 見《魏書·李孝伯傳·附》。

⑩ 張普惠言 見《魏書·張普惠傳》。

尤其必須提到的是，本書作者楊衒之也是力主排佛之人。他曾上書云：

釋教虛誕，有為徒費。無執戈以衛國，有饑寒於色養。逃役之流，僕隸之類，避苦就樂，非修道者。又佛言有為虛妄，皆是妄想。道人深知佛理，故違虛其罪。

並批評僧徒廣引財事乞貸，貪積無厭。隨後又云：

讀佛經者，尊同帝王，寫佛畫師，全無恭敬。請沙門等同孔老拜俗，班之國史。行多浮險者，乞立嚴勒。知其眞偽，然後佛法可遵，師徒無濫。則逃兵之徒，還歸本役。國富兵多，天下幸甚。⑪

楊衒之在這一奏書中說明了三點：一是佛教虛誕，尊佛則徒然浪費；於國無利，於民有害。二是僧徒貪得無厭，借奉佛而損人利己，聚積財富。三是百姓「假慕沙門，實避調役」⑫，入寺為僧，「避苦就樂」。結論是應對出家者嚴加管理，使「逃兵之徒，還歸本役」，

⑪　楊衒之奏言　見《廣弘明集．卷六．敍列代王臣滯惑解》。
⑫　「假慕沙門」兩句　見《魏書．釋老志》。

這樣才能富國彊兵。從楊衒之這種高識卓見裡，我們可以窺知他對北魏王朝佞佛誤國的不滿和憂慮；進而也就可以準確地把握他撰寫《洛陽伽藍記》的目的或寓於書中的要旨了。

二、《洛陽伽藍記》的要旨

關於楊衒之撰寫《洛陽伽藍記》的目的或書中要旨，唐釋道宣所撰《廣弘明集·卷六·敍列代王臣滯惑論》中已經有了比較明確的說明。其云：「楊衒之，北平人，元魏末爲祕書監。見寺宇壯麗，損費金碧，王公相競，侵漁百姓，乃撰《洛陽伽藍記》，言不恤眾庶也。」這段話首先談到楊衒之的籍貫和所任官職，這可置而不論。隨後便談到楊衒之見洛陽佛寺壯麗，損耗大量財力；王公競相爭勝，侵奪百姓田宅。因此才撰寫《洛陽伽藍記》，以譏刺和批評王公貴族不知顧惜百姓。無論道宣說這段話是出於何種原因，但他至少已經認識到了楊衒之撰寫《洛陽伽藍記》的目的在於對北魏王公貴族建寺造塔、勞民傷財的行徑加以貶斥，並由此而表明佞佛誤國的觀點，而這種觀點又成了貫穿全書的要旨。

與唐釋道宣有著相同看法而又表達得更加明確的是明代毛晉。他在《洛陽伽藍記》跋語中說：「魏自顯祖好浮屠之學，至胡太后而濫觴焉，此《伽藍記》之所繇作也。鋪揚佛宇，」

而因及人文。著撰園林、歌舞、鬼神、奇怪、興亡之異，以寓其褒譏，又非徒以記伽藍已也。」毛晉認爲楊衒之之所以撰寫《洛陽伽藍記》，是因爲胡太后過分地崇信佛教，導致破國害民；而他在書中「鋪揚佛宇，而因及人文」，則可見並非只是記敍洛陽伽藍而已，還寓譏刺權貴於其中，寄排佛之意於言外。

我們認爲，道宣和毛晉的看法是正確的。事實上，楊衒之在《洛陽伽藍記》的序和各卷正文中都或明或暗地透露出了他的寫作目的或本書要旨。

在〈序〉中，他說：

> 逮皇魏受圖，光宅嵩洛，篤信彌繁，法教愈盛。王侯貴臣，棄象馬如脫屣；庶士豪家，捨資財若遺跡。於是招提櫛比，寶塔駢羅，爭寫天上之姿，競摹山中之影。金刹與靈臺比高，講殿共阿房等壯。豈直木衣綈繡，土被朱紫而已哉！

這是北魏遷都洛陽後佛寺興盛的情景。但經過兵亂、京師遷鄴後，洛陽佛寺則完全是另一種破敗淒涼的景象：

> 至武定五年，歲在丁卯，余因行役，重覽洛陽。城廓崩毀，宮室傾覆，寺觀灰燼，廟塔丘墟，牆被蒿艾，巷羅荊棘。野獸穴於荒階，山鳥巢於庭樹。遊兒牧豎，躑躅於九逵；農夫耕老，藝黍於雙闕。始知麥秀之感，非獨殷墟；黍離之悲，信哉周室。京城表裏，凡有一千餘寺，今日寮廓，鍾聲罕聞。恐後世無傳，故撰斯記。

昔日櫛比鱗次、金碧輝煌的寺宇，如今大多變成廢墟。作者見此，不禁產生「麥秀之感」、「黍離之悲」；又說：「恐後世無傳，故撰斯記。」其間無疑隱含著對北魏王公朝臣佞佛誤國的斥責和憤慨。

值得玩味的是《洛陽伽藍記》的正文第一篇〈永寧寺〉。文章一開頭就寫道：「永寧寺，熙平元年靈太后胡氏所立也。」接著在交代了永寧寺所處的地理位置之後，以精工傳神之筆寫了永寧寺塔的宏偉建築：

「中有九層浮圖一所，架木爲之，舉高九十丈。上有金剎，復高十丈，合去地一千尺。去京師百里，已遙見之。……僧房樓觀，一千餘間。雕梁粉壁，青璅綺疏，難得而言。」

接下去便記敘了與該寺有關係的三個歷史事件：其一是「爾朱榮總士馬於此」，入洛殺百官於河陰；沈胡太后及少主於河。二是莊帝從兄北海王元顥借蕭梁之力，「在此聚兵」，與莊帝爭位；兄弟鬩於牆，朝政大權更加旁落外姓之手，元顥終而兵敗被殺。三是「爾朱兆囚莊帝於寺」，隨之將其殺害。「永熙三年（西元五三四年）二月，〈永寧寺〉浮圖為火所燒」；「七月中，平陽王為侍中斛斯椿所挾，奔於長安。十月而京師遷鄴」。北魏終於分裂。北魏由盛而衰，胡太后專權佞佛乃是重要原因；〈永寧寺〉篇以胡太后傾盡財力建寺始，以北魏分裂終，正是對上述寫作原因的具體說明。並且作者將此篇置於全書之首，意在使自己排佛的寫作目的或本書的要旨為讀者所明白，足見其用心良苦。

不僅如此，作者還在書中切當之處多次提及爾朱榮之亂。其意也是要再次提醒讀者：北魏之分裂因爾朱榮之亂，但爾朱榮之亂又是胡太后佞佛專權的必然結果。唐晏鈎沈本〈序〉說「此書於爾朱榮之亂三致意」的原因是作者「見胡太后專權」，這並不全面，如果再加上作者「見胡太后佞佛」這一點，那就比較完整了。

另外，楊衒之還借書中所載故事來暗示本書要旨。如在卷二〈崇眞寺〉篇中，他敍述崇眞寺比丘惠凝死而復活之後，訴說自己在陰間的見聞。惠凝說：

有一比丘云是禪林寺道弘，自云：「教化四輩檀越，造一切經，人中像十軀。」閻羅王曰：「沙門之體，必須攝心守道，志在禪誦，不干世事，不作有為。雖造作經象，正欲得它人財物；既得它物，貪心即起；既懷貪心，便是三毒不除，具足煩惱。」亦付司，仍與曇謨最同入黑門。有一比丘云是靈覺寺寶明，自云：「出家之前，嘗作隴西太守，造靈覺寺成，即棄官入道。雖不禪誦，禮拜不缺。」閻羅王曰：「卿作太守之日，曲理枉法，劫奪民財，假作此寺，非卿之力，何勞說此。」亦付司，青衣送入黑門。

顯然，作者在此正是借閻王之口以揭示作經、造像、建寺塔與侵漁百姓的內在聯繫，痛斥北魏官吏及有些寺僧不恤眾庶之惡行。同時又借閻王之手給這些人以應得的懲罰，把他們全都打入黑門。於此，作者對朝臣貪縱的指斥和暗寓其間的排佛思想也就不言自明了。

三、《洛陽伽藍記》的歷史價值

清代吳若準《洛陽伽藍記集證序》云：

楊衒之慨念故都，傷心禾黍，假佛寺之名，志帝京之事。凡夫朝家變亂之端，宗藩廢立之由，藝文古蹟之所關，苑囿橋梁之所在，以及民間怪異，外夷風土，莫不鉅細畢陳，本末可觀，足以補魏收所未備，為拓跋之別史，不特遺聞逸事可資學士文人考覈已也。

他認爲該書表面上雖是記敍洛陽之佛寺，實際上是記敍京師洛陽所發生之事，因此所涉甚廣，內容豐富，可補魏收所撰《魏書》之缺，實可看作拓跋氏之別史。這種看法頗爲正確。事實上，北魏遷都洛陽的四十年間，其興廢正與洛陽佛寺之盛衰緊密關聯。因此，作者以記敍洛陽佛寺興衰變化爲綱，貫穿起各種人文之事實，那麼也就可以反映出北魏遷都洛陽四十年間的概貌了。僅此而言，亦足可說明作者的歷史眼光何等敏銳。當然，具體而論，本書的歷史價值遠不是這幾句話可以說清的。因此，擬從幾個方面分別作一些簡要分析。

首先，作者在書中所表露出的「實錄」的歷史觀點和寫作態度，既是本書具有重要歷史價值的原因之一，同時它又成了本書歷史價值的重要組成內容。所謂「實錄」，班固在《漢書》中評論司馬遷時有過說明：「其文直，其事核，不虛美，不隱惡，故謂之實錄。」照此說來，這「實錄」之義也就是我們今天所說的「據實而錄」，或是「還歷史的本來面目」。中國古代的史家都知道實錄之重要，但做起來卻很困難。楊衒之在《洛陽伽藍記・卷二・建陽里東》一篇中記載了趙逸的一段話：

> 時有隱士趙逸，云是晉武時人，晉朝舊事，多所記錄。……又云：「自永嘉已來二百餘年，建國稱王者十有六君，皆遊其都邑，目見其事。國滅之後，觀其史書，皆非實錄，莫不推過於人，引善自向。苻生雖好勇嗜酒，亦仁而不煞（殺）。觀其治典，未為凶暴，及詳其史，天下之惡皆歸焉。苻堅自是賢主，賊君取位，妄書生惡。凡諸史官，皆是類也。人皆貴遠賤近，以為信然。當今之人，亦生愚死智，惑已甚矣。」人問其故。逸曰：「生時中庸之人耳。及其死也，碑文墓志，莫不窮天地之大德，盡生民之能事，為君共堯舜連衡，為臣與伊臯等跡。牧民之官，浮虎慕其清塵；執法之吏，埋輪謝其梗直。所謂生為盜跖，死為夷、齊，佞言傷正，華辭損實。」當時構文之士，慚逸此言。

他借趙逸的這段話，批評自永嘉以來二百餘年間的史書「皆非實錄」，因爲這些史書「莫不推過於人，引善自向」，而這恰恰違背了「不虛美，不隱惡」的實錄精神；並且還以史書對苻生的記載爲例來證明自己的批評是正確的。前秦苻生雖好勇嗜酒，但亦施仁政而不亂殺無辜；苻堅賊君取位之後，卻無中生有地編排他的罪惡。至於當今文士所寫的碑文，莫不「妄言傷正，華辭損實」。於此可見，楊衒之所提倡的確實是史家應有的實錄精神。

那麼楊衒之在《洛陽伽藍記》中是否做到了「實錄」呢？這裡摘錄該書兩段文字，似乎可以作出回答。一段出自卷二〈明懸寺〉篇，其云：

陽渠石橋，橋有四石柱。在道南，銘云：「漢陽嘉四年將作大匠馬憲造。」逮我孝昌三年，大雨頹橋，南柱始埋沒。道北二柱，至今猶存。衒之按：劉澄之《山川古今記》、戴延之《西征記》並云：「晉太康元年造。」此則失之遠矣。按：澄之等並生在江表，未游中土，假因征役，暫來經過；至於舊事，多非親覽，聞諸道路，便為穿鑿，誤我後學，日月已甚。

在本書中，一座橋所建造年月的眞僞，似乎無關宏旨，但作者卻也要辯析清楚，足見其寫作態度之嚴肅了。而且，他認爲對於聞諸道路、並非親覽之事，若穿鑿誤載，便會以訛傳訛，貽誤後學；爲此，史書所取之材必須詳加考證，必須準確眞實。於此，他不僅具體說明了寫作史書的取材原則，而且以實例證明了實錄之重要，當然似乎也間接說明他自己便做到了實錄。另一則出自卷四〈永明寺〉篇，其云：

出閶闔門城外七里，有長分橋。中朝時以穀水浚急，注於城下，多壞民家，立石橋以限之。長則分流入洛，故名曰長分橋。或云：「晉河間王在長安遣張方征長沙王，營軍於此，因名張方橋。」未知孰是。今民間語訛，號為張夫人橋。

關於張夫人橋之名，作者記敍了兩種說法，或言長分橋，或言張方橋，均有根據。但孰是孰非？連作者也拿不準，因此才說：「未知孰是？」作者並不以不知爲知，強下斷語，這充分顯示出他寫作此書時力求所載之事物準確、眞實。

其次，由於作者據實記錄，所以該書所使用的材料足資史書參證，並可補史書之所缺，證史書之所誤。對此，前人已有論述。前面所引述的吳若準的那段話中就已指出該書所記之事鉅細畢陳，本末可觀，足以補魏收的《魏書》之所缺。這裡不妨再引一段《四庫全書總目提要》中的話：

其兼敍爾朱榮等變亂之事，委曲詳盡，多足與史傳參證。……劉知幾《史通》云：

「秦人不死，驗苻生之厚誣；蜀老猶存，知葛亮之多枉。」蜀老事見《魏書・毛脩之傳》。秦人事卽用此書趙逸一條。知幾引據最不苟，知其說非鑿空也。他如解魏文之《苗茨碑》，糾戴延之之《西征記》，考據亦皆精審。

平心而論，他們的論述頗爲公允，不僅《提要》中所敍之例可以證明，這裡我們還可舉出例證來。如本書卷一〈永寧寺〉篇記敍爾朱榮之亂時，寫到了爾朱兆渡過黃河、生擒莊帝的經過。其云：

子恭軍失利，兆自雷陂涉渡，擒莊帝於式乾殿。帝初以黃河奔急，謂兆未得猝濟，不意兆不由舟楫，憑流而渡。是日水淺，不沒馬腹，故及此難。書契所記，未之有也。

不用說，當時對爾朱兆爲什麼能够渡過黃河、生擒莊帝，有種種記敍和說法，因此楊衒之才說：「書契所記，未之有也。」由此可以推知，他的這一斷語是在確定自己所述準確無誤的前提下說的。因此，他所記敍的事件經過當然也就起了澄清事實、證僞糾錯的作用。同時，我們只要把這段話同《魏書》的有關記載作一比較，其補缺證僞的歷史價值也就更加明顯了。《魏書・卷一〇・莊帝紀》云：

爾朱兆、爾朱度律自富平津上率騎涉渡，以襲京城，事出倉卒，禁衛不守。

此處只交代了事情的結果，沒有記敍事情的起因和經過，自然不及《洛陽伽藍記》所述詳備。又據《魏書・卷七五・爾朱兆傳》云：

先是河邊人夢神謂己曰：爾朱家欲渡河，用爾作灅波津令，為之縮水脈。月餘，夢者死。及兆至，有行人自言知水淺處。以草往，往表插而導道焉，忽失其所在，兆遂策馬涉渡。是日，暴風鼓怒，黃塵漲天，騎叩宮門，宿衛乃覺，彎弓欲射，袍撥弦矢不得發，一時散走。

於此，《爾朱兆傳》託神話以附會，怪誕不可相信。相較之下，《洛陽伽藍記》所敍合情合理，故此段史料彌足珍貴。

上面，我們僅談到本書的實錄精神及其補缺證偽的作用。其實，若換一種研讀角度，則可知道其歷史價值表現得異常豐富。如卷四〈永明寺〉篇所載菩提拔陀關於勾稚、典孫、扶南、大秦、安息、身毒等國的介紹，及卷五所記宋雲、惠生等西行求法的見聞，則是中外文化交流史中很可寶貴的史料。北魏遷都洛陽四十年間的造經、造像、建寺塔及眾多的佛事活動，則爲中國佛教史提供了豐富的史料。另外，在地理歷史方面，本書關於洛陽地理和古蹟的記載，使我們得以知道古都洛陽在一千多年以前的概貌；卷五所記宋雲、惠生出使西域，則可使我們了解古代中亞地理歷史狀況。在古代建築史方面，本書所記敍的殿堂、寺塔及園林，使我們可以粗略知道，當時中國的佛教建築，是怎樣把印度佛教建築同中國傳統建築結合起來，創造出了具有中華民族風格的宗教建築。如「正檐反宇」是我國古典建築最突出的特徵之一，而關於這方面的最早記載，則是見於本書卷三〈高陽王寺〉篇。對於上述諸種歷史價值，限於篇幅，此處從略。

四、《洛陽伽藍記》的文學價值

如果把《洛陽伽藍記》稱作一本歷史文學，是說得過去的，因爲它的文學意味相當濃厚。因此近代學者研究南北朝文學史時，常把它同《顏氏家訓》相提並論。大致說來，《洛陽伽藍記》的文學價值主要表現在：結構巧妙，匠心獨運；手法多樣，刻畫人物形神兼備；語言駢散結合，穠麗秀逸，優美生動。

首先，《洛陽伽藍記》很講究結構藝術。它除了記敍數十所洛陽佛寺外，還用一半以上的篇幅兼敍朝廷變亂，諸王廢立，文人事蹟，佛僧往來，風土人情，掌故異聞等等，但讀來卻繁而不厭，散而不亂。這當然是作者精心結撰的結果。作者在〈序〉中說：

寺數最多，不可遍寫。今之所錄，止大伽藍，其中小者，取其祥異，世諦俗事，因而出之。先以城內為始，次及城外，表列門名，以記遠近。凡為五篇。

這段話實際上道出了本書的整體構思：以佛寺爲記敍主體，對上大佛寺詳加描敍，而對中小者，則只「取其祥異，世諦俗事」，順筆敍及。這樣便做到了詳略得當，主次分明。在記敍方式上，則先在序文中表列洛陽十二城門的名稱、方位，以期爲讀者勾勒出城池的輪廓；然後在正文裡由城內及於四門之外，以四方遠近爲記敍次序，並且記敍寺塔時都是先寫立寺人、方位、建築、環境，次及有關人事，這樣便做到了條理井然。尤其是作者無論記敍多少寺塔和人事，都統一在北魏佞佛誤國這一要旨之下，這就使本書的材料編排「若網在綱，有條而不紊」⑬，「體例絕爲明晰」⑭。因此，有人把本書的結構藝術概括爲四個字：「依藤結瓜」。這個比喩既通俗又恰當，我們只要根據作者的記敍過程，「順藤摸瓜」，就可以毫不費力地繪出一份北魏洛陽伽藍圖來。

其次，本書記敍了許多生動有趣的關於鬼怪或時人的故事。這些故事「本末可觀」⑮。它吸取了魏晉以來《搜神》、《志怪》、《世說新語》等軼事小說和志怪小說的長處，但又有較大的發展。一般說來，它記人敍事不僅較之《搜神》等拉長了篇幅，而且加進了較爲複雜的故事情節；形象也更爲豐滿。當然若把它的這些特點拿來同唐宋傳奇相比，又顯得遜色許多。因此，我們可以說，本書所記敍的故事可以看作是中國古代小說由魏晉志人、志怪小說到唐宋傳奇小說的一個重要的中間環節。這裡我們不妨舉兩例加以證明。如本書卷三〈報德寺〉篇記敍王肅軼事就頗爲周詳：

勸學里東有延賢里，里內有正覺寺，尚書令王肅所立也。肅字公懿，琅琊人也，僞齊

⑬ 「若網在綱」兩句　見《尚書・盤庚上》。
⑭ 體例絕爲明晰　見《四庫全書提要》。
⑮ 本末可觀　見淸吳若準〈洛陽伽藍記集證序〉。

雍州刺史奐之子也。贍學多通，才辭美茂，為齊秘書丞。太和十八年，背逆歸順。時高祖新營洛邑，多所造制。肅博識舊事，大有裨益。高祖甚重之，常呼曰「王生」。延賢之名，因肅立之。肅在江南之日，聘謝氏女為妻。及至京師，復尚公主。其後謝氏入道為尼，亦來奔肅，見肅尚主，謝作五言詩以贈之。其詩曰：「本為箔上蠶，今作機上絲，得路逐勝去，頗憶纏綿時。」公主代肅答謝云：「針是貫線物，目中恒任絲，得帛縫新去，何能納故時。」肅甚有愧謝之色，遂造正覺寺以憩之。肅憶父非理受禍，常有子胥報楚之意。卑身素服，不聽音樂，時人以此稱之。肅初入國，不食羊肉及酪漿等物，常飯鯽魚羹，渴飲茗汁。京師士子，見肅一飲一斗，號為「漏巵」。經數年已後，肅與高祖殿會，食羊肉酪粥甚多。高祖怪之，謂肅曰：「卿中國之味也，羊肉何如魚羹？茗飲何如酪漿？」肅對曰：「羊者是陸產之最，魚者乃水族之長。所好不同，並各稱珍。以味言之，是有優劣。羊比齊、魯大邦，魚比邾、莒小國。唯茗不中，與酪作奴。」高祖大笑，因舉酒曰：「三三橫，兩兩縱，誰能辨之賜金鍾。」御史中尉李彪曰：「沽酒老嫗瓮注瓨，屠兒割肉與秤同。」尚書左丞甄琛曰：「吳人浮水自云工，妓兒擲繩在虛空。」彭城王勰曰：「臣始解此字是習字。」高祖卽以金鍾賜彪。朝廷服彪聰明有智，甄琛和之亦速。彭城王謂肅曰：「卿不重齊、魯大邦，而愛邾、莒小國。」肅對曰：「鄉曲所美，不得不好。」彭城王重謂曰：「卿明日顧我，為卿設邾、莒之食。亦有酪奴。」因此復號茗飲為酪奴。時給事中劉縞慕肅之風，專習茗飲。彭城王謂縞曰：「卿不慕王侯八珍，好蒼頭水厄。海上有逐臭之夫，里內有學顰之婦，以卿言之，即是也。」其彭城王家有吳奴，以此言戲之。自是朝貴讌會雖設茗飲，皆恥不復食，唯江表殘民遠來降者好之。後蕭衍子西豐侯蕭正德歸降時，元乂欲為之設茗，先問：「卿於水厄多少？」正德不曉乂意，答曰：「下官雖生於水鄉，而立身以來，未遭陽侯之難。」元乂與舉坐之客皆笑焉。

這則故事先簡述王肅在元魏遷都初的作用，次敘肅與謝氏女的婚姻糾葛，兩次引詩，已使人回味無窮。接著又敘南北飲食的優劣，中間穿插孝文帝的隱語，最後嘲諷南人飲茗之習。所敍不止一事，出場人物多達十餘人，故事比較完整，其內容之豐富，篇幅之長都超過了《世說新語》中記人的零章片斷。又如本書卷三〈大統寺〉篇有一段志怪故事：

時有虎賁駱子淵者，自云洛陽人。昔孝昌年，戍在彭城。其同營人樊元寶得假還京師，子淵附書一封，令達其家云：「宅在靈臺南，近洛河，卿但至彼，家人自出相看。」元寶如其言，至靈臺南，了無人家可問。徙倚欲去，忽見一老翁來，問從何而來，徬徨於此。元寶具向道之。老翁云：「是吾兒也。」取書，引元寶入，遂見館閣崇寬，屋宇佳麗。旣坐，命婢取酒。須臾，見婢抱一死小兒而過，元寶初甚怪之。俄而酒至，色甚紅，香美異常。兼設珍羞，海陸備具。飲訖，辭還。老翁送元寶出，云：「後會難期。」以為悽恨，別甚殷勤。老翁還入，元寶不復見其門巷，但見高崖對水，淥波東傾。唯見一童子可年十五，新溺死，鼻中出血。方知所飲酒是其血也。及還彭城，子淵已失矣。元寶與子淵同戍三年，不知是洛水之神也。

這則志怪首尾完整，故事性強。先寫元寶「至靈臺南，了無人家可問」；繼寫老翁「引元寶入，遂見館閣崇寬，屋宇佳麗」；接著寫老翁以鮮紅美酒宴請元寶，元寶心存疑慮；再後寫元寶辭別，不復見其門巷，「但見一童子新溺死，鼻中出血。方知所飲酒是其血也」。最後寫元寶還歸彭城，「子淵已失」，並點明其為洛水之神。整個故事都是虛虛實實，籠罩著神秘的氛圍，因此把洛水之神怪異之所在表現得很突出。尤其是點明元寶所飲之酒乃童子之血，更有一番耐人尋味之意。

再次，《洛陽伽藍記》在記人敍事方面表現出較高的藝術技巧。如在寫人時注重典型細節的描繪，常常運用富有個性化的語言和行動去刻畫人物的思想性格。如卷四〈法雲寺〉篇中寫「最爲豪首」的河間王元琛「置玉井金罐，以五色繢爲繩」，遠至波斯國求得千里馬，「以銀爲槽，金爲環鎖」；寶器珍玩，冰羅霧縠，充積府庫。琛對人說：「晉室石崇，乃是庶姓，猶能雉頭狐腋，畫卵雕薪，況我大魏天王，不爲華侈？」又云：「不恨我不見石崇，恨石崇不見我。」這些言行把元琛的豪奢與驕橫表現得格外鮮明。又如在同篇中描寫章武王元融尤爲精彩。作者說元融「立性貪暴，志欲無限」，隨後運用兩個典型細節來刻畫元融的這一性格特點。一個是元融看了河間王元琛的珍寶之後，嘆惋不已，自愧弗如，「不覺生疾，還家臥三日不起」。直到江陽王元繼前來省疾，並加以勸解，「融乃蹶起，置酒作樂」。因妒嫉而生疾，足見其貪鄙。另一個典型細節是這樣描繪的：

于時國家殷富，庫藏盈溢，錢絹露積於廊者，不可校數。及太后賜百官負絹，任意自取，朝臣莫不稱力而去。唯融與陳留侯李崇負絹過任，蹶倒傷踝。太后即不與之，令其空出，時人笑焉。侍中崔光止取兩疋，太后問曰：「侍中何少？」對曰：「臣有兩手，唯堪兩疋。所獲多矣。」朝貴服其清廉。

「負絹過任，蹶倒傷踝」，這八個字描繪出了一個戲劇性的細節，把元融等貪欲無限表現得十分突出，而用崔光的清廉來作對比，則更加使其貪婪之性暴露無遺。

《洛陽伽藍記》在敍事時，有時把正面描寫與側面烘托相結合，收到了十分強烈的藝術效果。如卷三〈高陽王寺〉篇記載高陽王的歌妓徐月華「善彈箜篌，能爲『明妃出塞』之歌，聞者莫不動容。永安中，與衛將軍原士康爲側室，宅近青陽門。徐鼓箜篌而歌，哀聲入雲，行路聽者，俄而成市」。這段文字先直接概括描寫徐月華彈奏箜篌，曲調動人；接著具體寫她邊彈邊唱，響入雲霄，使過往行人都駐足欣賞，不一會兒工夫，人多得如鬧市一樣。作者運用側面烘托的手法，極力刻畫出徐月華演技之高超，寫得含蓄蘊藉，給人留下餘音繞梁、三日不絕的感受。這不禁使人想起漢樂府〈陌上桑〉描寫采桑女羅敷美麗外表時也採用了這種手法，兩者一詩一文，實有異曲同工之妙。

最後，《洛陽伽藍記》的文詞或穠麗秀逸，或質樸暢達，形象生動，極富表現力。南北朝時，文章語言多具有駢散結合的特點，本書也不例外。不過，在本書中，描繪寺塔和園林多用駢句，其中有時夾有散句；記人敍事多用散句，其中有時夾有駢句。前者華美，後者質直，兩兩結合，相得益彰。如卷一〈景林寺〉篇云：

景林寺，在開陽門內御道東。講殿疊起，房廡連屬，丹楹炫日，繡桷迎風，實為勝地。寺西有園，多饒奇果。春鳥秋蟬，鳴聲相續。中有禪房一所，內置祇洹精舍，形製雖小，巧構難比。加以禪閣虛靜，隱室凝邃，嘉樹夾牖，芳杜匝階，雖云朝市，想同巖谷。靜行之僧，繩坐其內，餐風服道，結跏數息。

這段文字駢中有散，簡潔而有韻致，非常鮮明地表現出景林寺幽寂靜謐的禪境，極有詩意。再舉一段敍事的文字。卷三〈高陽王寺〉篇云：

崇（即陳留侯李崇）為尚書令，儀同三司，亦富傾天下，僮僕千人。而性多儉恡，惡衣麤食，亦常無肉。止有韭茹、韭菹。崇客李元佑語人云：「李令公一食十八種。」人問其故，元佑曰：「二九（韭）一十八。」聞者大笑。世人即以此為譏罵。

在這裡，作者用白描手法，散行文句，簡筆勾畫出李崇貪婪、吝嗇的性格，而且因爲文字樸實無華，這樣便使李崇的形象更富有漫畫情趣。

《洛陽伽藍記》語言的文學特色還表現在作者引用了許多歌謠、諺語來輔助寫人敍事，增強了文章的藝術感染力。如卷四〈白馬寺〉篇云：

浮圖前荼林（即安石榴）、蒲萄異於餘處，枝葉繁衍，子實甚大。荼林實重七斤，蒲萄實偉於棗，味並殊美，冠於中京。帝至熟時，常詣取之，或復賜宮人，宮人得之，轉餉親戚，以為奇味，得者不敢輒食，乃歷數家。京師語曰：「白馬甜榴，一實直牛。」

這段文字的後兩句諺語贊揚了白馬寺中石榴的高貴，表意率真，語言誇張，頗能感動人。又如同卷四〈法雲寺〉篇附「洛陽大市」，其中記載：

河東人劉白墮善能釀酒。季夏六月，時暑赫晞，以甖貯酒，暴於日中，經一旬，其酒味不動，飲之香美，醉而經月不醒。京師朝貴出郡登藩，遠相餉饋，踰于千里。以其遠至，號曰「鶴觴」，亦名「騎驢酒」。永熙年中，南青州刺史毛鴻賓齎酒之藩，路逢賊盜，飲之即醉，皆被擒獲，因復命「擒奸酒」。游俠語曰：「不畏張弓拔刀，唯畏白墮春醪。」

這段文字以高度誇張的手法稱頌了劉白墮釀酒技藝的高超以及酒質的優異香美。更由於最後兩句俗語傳達著一個有趣的故事，又為游俠所傳言，也就更加具有文學情味和藝術的表現力量。

洛陽伽藍記序

篇旨

本序首先概略介紹佛法傳入中國後洛陽佛寺的興盛和衰敗，以及作者撰寫《洛陽伽藍記》的動機、目的和取材標準、記敘方式；隨後比較詳細地敘述了洛陽城東、西、南、北四方十三門稱號之歷史及其有關傳聞，和部分城門的構造情況。

三墳五典①之說，九流②百氏③之言，並理在人區，而義兼天外④。至於一乘⑤二諦⑥之原，三明⑦六通⑧之旨，西域備詳，東土靡記⑨。自項日感夢⑩，滿月流光⑪，陽門飾豪眉之像，夜臺圖紺髮之形⑫。爾⑬來奔競⑭，其風遂廣。至晉永嘉⑮唯有寺四十二所。逮皇魏受圖⑯，光宅嵩洛⑰，篤信彌繁，法教⑱愈盛。王侯貴臣，棄象馬如脫屣⑲；庶士豪家，捨資財若遺跡。於是招提⑳櫛比㉑，寶塔駢羅㉒，爭寫天上之姿㉓，競摹山中之影㉔。金刹㉕與靈臺㉖比高，講殿㉗共阿房㉘等壯。豈直木衣綈繡，土被朱紫㉙而已哉！暨永熙㉚多難，皇輿遷鄴㉛，諸寺僧尼，亦與時徙㉜。至武定㉝五年，歲在丁卯，余因行役，重覽洛陽。城郭崩毀㉞，宮室傾覆，寺觀灰燼，廟塔㉟丘墟，牆被蒿艾，巷羅荊棘。野獸穴於荒階，山鳥巢於庭樹。遊兒牧豎㊱，躑躅於九逵㊲；農夫耕老㊳，藝黍於雙闕㊴。始知麥秀之感，非獨殷墟㊵；黍離之悲，信哉周室㊶。京城表裏㊷，凡㊸有一千餘寺，今日寮廓㊹，鍾聲罕聞。恐後世無傳，故撰斯記。然寺數最多，不可遍寫。今之所錄，止㊺大伽藍㊻，其中小者，取其祥異㊼，世諦㊽俗事，因而出之。先以城內爲始，次及城外，表列門名㊾，以記遠近。凡爲五篇㊿。余才非著述，多有遺漏，後之君子，詳其闕焉。

注釋

①三墳五典　均爲古書名。見《左傳·昭公十二年》及杜預注。②九流　指戰國時代的九個學術流派，即儒家、道家、陰陽家、法家、名家、墨家、縱橫家、雜家、農家。見《漢書·藝文志》。後來泛指各學術流派。③百氏　猶言百家。④並理在人區，而義兼天外　此句自《後漢書·西域傳論》中「神迹詭異，則理絕人區；感驗明顯，則事出天外」點化而來。理、義均指百家所述之道理。⑤一乘　佛教用語。即一乘法、一乘顯性教。乘，音ㄕㄥˋ，指車乘，喻稱佛法如車乘能載人到達涅槃境界。見《法門名義集》。⑥二諦　佛教用語，指眞諦和俗諦。諦即實理義。世俗之理爲俗諦，佛教之理爲眞諦。見《廣弘明集》載梁代蕭統〈解二諦義〉。⑦三明　佛教用語，亦名三達。佛教以過去宿命明、未來天眼明、現在漏盡明爲三明。見《法門名義集》。⑧六通　佛教用語。亦名六神通。佛教以一身通、二天眼通、三天耳通、四他心通、五宿命通、六漏盡通爲六通。見《法門名義集》。通者，通暢無礙之謂也。故六通指六種神通力。⑨東土靡記　東土，古代泛指陝西省以東地區，也用以代指中國。靡記，即不記、沒有記載。語出《史記·外戚世家》。⑩項日感夢　此指漢明帝感夢，佛教始至中土之事。據《牟子理惑論》云：「昔孝明皇帝夢見神人，身有日光，飛在前殿，欣然悅之。明日，博問羣臣，此爲何神？有通人傅毅曰：臣聞天竺有得道者，號之曰佛，飛行虛空，身有日光，殆將其神也。於是上悟，遣使者……

十二人於大月支寫佛經四十二章。」又〈漢法本內傳〉云：「明帝永平三年，上夢神人，金身丈六，項有日光。」見《廣弘明集·卷一》。⑪滿月流光　滿月，據《修行本起經·卷上》云：「佛之顏容，皎潔光淨，如滿月也。」流光，此指佛顏閃耀光彩。⑫陽門飾豪眉之像，夜臺圖紺髮之形　據《牟子理惑論》云：「（漢明帝）於南宮清涼臺及開陽門上作佛像。明帝存時，預修造壽陵，陵曰顯節，亦於其上作佛圖像。」陽門，指洛陽城之開陽門。豪眉，即長眉毛。也指年長者之壽眉。夜臺，即墳墓。因墓穴封閉，其間永無光明，故名夜臺。不過，此處特指漢明帝之顯節陵（帝王墓稱陵）。紺髮，紺，為深青透紅之色。佛教謂佛之毛髮為紺琉璃色，故名紺髮，也稱紺頂。又，此所謂項日、滿月、豪眉、紺髮皆為佛之色相（即外貌形狀）。⑬爾　通邇，即近之義。⑭奔競　即奔走競爭。多指追名逐利。此處則指北魏朝野上下爭先恐後地信奉佛法。⑮永嘉　西晉懷帝（司馬熾）之年號（西元三〇七～三一三年）。⑯逮皇魏受圖　逮，及、到之義。皇，大之義。受圖，即受天命。如同後漢張衡〈東京賦〉云：「高祖膺籙受圖，順天行誅。」⑰光宅嵩洛　光宅，即充滿、覆被之義。《尚書·堯典序》云：「昔在帝堯，聰明文思，光宅天下。」引申為居、有、占據之義。嵩，即嵩山，在洛陽東南。洛，即洛水，在洛陽之南。嵩洛，此處借指洛陽。⑱法教　此處指佛教。⑲棄象馬如脫屣　言施捨家財如同脫掉鞋履一樣，非常輕易。象馬，《維摩經·佛道品》云：「奴婢童僕，象馬車乘，皆何所在。」在佛家看來，象馬為貴重之物，因此佛經中常以此泛指財產家業。屣，即履、鞋。⑳招提　梵語為拓門提奢，義為四方，謂處所爲四方衆僧之所依住。後省作拓提。因拓與招相似，故誤爲招提。四方之僧稱招提僧，四方僧之住處稱招提僧房。據《僧史略．卷上》云：「後魏太武帝始光元年創立伽藍，爲招提之號。」後遂以招提爲寺院之別稱。㉑櫛比　櫛，即梳篦的總稱。櫛比，即密接相連，猶如梳齒之排列也。㉒駢羅　駢，並列。羅，羅列。駢羅猶言駢比羅列。㉓天上之姿　此指佛像而言。參讀本書卷五〈聞義里〉篇，其云：「佛遺羅睺羅變形爲佛，從空而見眞容，于闐王即置立寺舍，畫作羅睺羅像，忽然自滅。」㉔山中之影　亦指佛像而言。據《法顯傳》云：「那竭城南半由延，有石室，博山西南向，佛留影此中。去十餘步觀之，如佛眞影，金色相好，光明炳著。轉近轉微，髣髴如有。」㉕金刹　即表刹，此處借指浮圖（即佛塔）。參見卷一〈永寧寺〉篇注㉔。㉖靈臺　爲漢光武帝所建，高六丈，方二十步，在洛陽城南三里處。爲觀測天象之所。見《水經．穀水注》。㉗講殿　即宣講佛經之殿堂。㉘阿房　秦朝宮殿名。《史記．秦始皇本紀》云：「先作前殿阿房。東西五百步，南北五十丈。上可以坐萬人，下可以建五丈旗。周馳爲閣道，自殿下直抵南山，表南山之顚以爲闕。爲複道，自阿房渡渭，屬之咸陽，以象天極，閣道絕漢抵營室也。……作宮阿房，故天下謂之阿房宮。」房，音ㄈㄤˊ。㉙木衣綈繡，土被朱紫　《文選》載張衡〈西京賦〉云：「木衣綈繡，土被朱紫。」薛綜注：「言皆采畫如錦繡之文章。」李善注：「《說文》云：綈厚繒也。朱紫二色也。」衣，穿著。被，蓋上。此言建造寺塔之奢靡無度，連樹木、土地都蓋上彩畫錦繡的衣布。㉚永熙　北魏孝武帝（元修）第二年號（西元五三一

～五三四年）。㉛皇輿遷鄴　北魏孝武帝於永熙三年七月爲斛斯椿所迫，西出於長安。十月孝靜帝（元善見）即位，遷都於鄴城（故城位於今河北省臨漳縣北）。皇輿，即國君所乘之車，此處借喻爲國君、朝廷。㉜諸寺僧尼，亦與時徙　猶言「各寺僧徒，也同時遷移到鄴都」。據〈釋老志〉言，北魏遷鄴之後，立寺之風仍然盛行。徙，即遷移之義。㉝武定　東魏孝靜帝（元善見）年號（西元五四三～五四九年）。㉞城郭崩毀　據《資治通鑑・卷一五八》梁武帝大同四年（即西元五三八年，東魏孝靜帝元象元年）載：「東魏侯景、高敖曹等圍魏獨孤信于金墉。……景悉燒洛陽內外官寺，民居存者什二三。」楊衒之重覽洛陽，當在此事之後，故所見如此。㉟廟塔　即塔。塔，梵名爲窣堵坡，或作塔婆，簡稱塔。廟爲塔婆之義譯，見《玄應音義・卷六》。塔最初爲供奉佛骨之用，後來也用於供奉佛像、收藏佛經或保存僧人遺體。㊱遊兒牧豎　遊兒，即遊子，離家遠遊之人。牧豎，即牧童。豎，即豎子，亦即童子。㊲躑躅於九逵　躑躅，即佇足，踏步不前。逵，即四通八達之道。九逵，此處泛指都城之大道。㊳耕老　猶言農夫田父或老農。㊴藝黍於雙闕　藝，即種植。雙闕，古代宮門外的兩座高臺，又稱兩觀。崔豹《古今注・都邑》云：「古每門樹兩觀於其前，所以標表宮門也。」㊵始知麥秀之感，非獨殷墟　箕子朝周，過故殷墟，感宮室毀壞，生禾黍，心傷之，因作麥秀之詩歌之，曰：「麥秀漸漸兮，禾黍油油，彼狡童兮，不與我好兮。」見《史記・宋微子世家》。㊶黍離之悲，信哉周室　《詩經・王風》有〈黍離篇〉，〈詩序〉謂西周亡後，周大夫過故宗廟宮室，盡爲禾黍，彷徨不忍去，乃作是詩。又，在古詩文中，「麥秀之感」、「黍離之悲」常用以指亡國之痛。如向秀〈思舊賦〉云：「歎黍離之愍周兮，悲麥秀於殷墟。」㊷表裏　即內外之義。㊸凡　即總共、總計之義。㊹寮廓　寮，《廣雅・釋詁》云：「寮，空也。」寮與寥同。寮廓，此爲空闊之義。㊺止　即只、僅之義。㊻伽藍　梵文僧伽藍摩之略稱，意譯爲衆園或僧院，即僧衆居住之園林。後因此而稱佛寺爲伽藍。㊼祥異　指吉祥或怪異之事。㊽世諦　《涅槃經》云：「如出世人所知者，第一義諦。世間人所知，名爲世諦。」意謂佛家自己所知曉的事理爲第一義諦（又名眞諦），世俗人所知曉的事理爲世諦。㊾表列門名　猶言分類列敘各城門之名。㊿五篇　本書撰譯者將五篇名爲五卷，稱書中所記各寺諸條爲篇，特此說明。

語譯

三墳五典和諸子百家所闡發的道理，雖然都存在於人世之間，但也表現於寰宇之外。至於一乘、二諦的來源，三明、六通的意旨，西域的佛教經典闡述得十分完備詳盡，而中國卻沒有哪本古書有過記載。自從漢明帝有感而成夢境，見佛之頸項出現日光，顏面皎潔如滿月閃耀光彩，洛陽開陽門上就繪有眉生長毛的佛像；明帝的壽陵裡也圖有髮色紺青的佛形。自近代以來，朝野上下爭相信奉佛法，於是信佛之風便廣泛地傳播開了。雖則如此，到晉懷帝永嘉年間，洛陽也只有四十二所佛寺。到大魏受天之命、建都洛陽，虔誠信佛者更多，佛法教化也就更加盛行。王侯貴臣，施與財富如同脫掉鞋履，至爲輕易；平民富戶，捨棄資產好像留下足跡，非常隨便。於是佛寺密接，寶塔並列。人人爭繪佛在天上所現之眞容，個個競摹佛於山中所留之眞影。寶塔之高大可與靈臺相比，講殿之宏偉恰和阿房等同。這難道只是「木穿綈繡之衣，土蓋朱紫之色」所形容的那樣嗎！到了孝武帝永熙年間，國家多難，孝靜帝遷都於鄴城，各寺的僧人和尼姑也同時遷移。在孝靜帝武定五年，也就是丁卯年，我因公務而得以重新遊覽故都洛陽，只見城牆倒塌，宮室破壞，寺觀化爲灰燼，廟塔成爲廢墟。牆上長滿蒿艾，巷內布滿荊棘。野獸在荒廢之階上造穴，山鳥在庭院之樹上築巢。遊客牧童，在京城大道流連徘徊；農夫田父，在宮門兩旁耕種莊稼。由此可見，〈麥秀〉之詩所抒發的感慨，不只是箕子憑弔殷墟時所獨有；〈黍離〉之歌所表達的悲憤，確實只有像周大夫過周室那種情景時才會產生。想起往昔洛陽城內城外共有佛寺一千多所，而今舉目空闊，很少聽見鐘聲。我擔心後世不知道洛陽佛寺之興衰，所以才撰寫了這本書。然而洛陽佛寺數量極多，不可能一一寫到。現在所記述的，只是那些大的寺院；至於中小寺院，則只選擇那些顯示過吉祥或怪異的來記述。而世間道理和凡俗之事，也就因此而得到表現。記述時先從城內佛寺開始，隨後及於城外佛寺。分類列敍各城門之名，以遠近爲記述順序，一共寫成五篇。我沒有寫作的才能，因此記述時多有遺漏。這只有讓後世的能人賢士去詳細補述那些空缺的內容了。

太和十七年(51)，高祖遷都洛陽(52)，詔司空公穆亮營造宮室(53)，洛陽城門，依魏、晉舊名(54)。

東面有三門。北頭第一門曰「建春門」，漢曰「上東門」。阮籍詩曰：「步出上東門」(55)是也。魏、晉曰「建春門」，高祖因(56)而不改。次南曰「東陽門」，漢曰「中東門」(57)，魏、晉曰「東陽門」，高祖因而不改。次南曰「青陽門」，漢曰「望京門」，魏、晉曰「清明門」，高祖改爲「青陽門」。

南面有四門。東頭第一門曰「開陽門」(58)。初，漢光武帝遷都洛陽，作此門始成，而未有名。忽夜中有柱自來在樓上。後瑯琊郡(59)開陽縣(60)上言南門一柱飛去，使(61)來視之，則是也。遂以開陽爲名。自魏及晉，因而不改，高祖亦然。次西曰「平昌門」，漢曰「平門」，魏、晉曰「平昌門」，高祖因而不改。次西曰「宣陽門」。漢曰「小苑門」，魏、晉曰「宣陽門」，高祖因而不改。次西曰「津陽門」。漢曰「津門」，魏、晉曰「津陽門」，高祖因而不改。

西面有四門。南頭第一門曰「西明門」。漢曰「廣陽門」，魏、晉因而不改，高祖改爲「西明門」。次北曰「西陽門」。漢曰「雍門」，魏、晉曰「西明門」，高祖改爲「西陽門」。次北曰「閶闔門」。漢曰「上西門」，上有銅璇璣玉衡[62]，以齊七政[63]。魏、晉曰「閶闔門」，高祖因而不改。次北曰「承明門」。承明者，高祖所立，當[64]金墉城[65]前東西大道。遷京之始，宮闕未就，高祖住在金墉城。城西有王南寺，高祖數詣寺，沙門論議[66]，故通此門，而未有名，世人謂之新門。時王公卿士常迎駕於新門。高祖謂御史中尉李彪[67]曰：「曹植詩云：謁帝承明廬[68]，此門宜以承明爲稱。」遂名之。

北面有二門。西頭曰「大夏門」。漢曰「夏門」，魏、晉曰「大夏門」。宣武帝[69]造三層樓，去地二十丈。洛陽城門樓皆兩重，去地百尺，惟大夏門甍棟干雲[70]。東頭曰「廣莫門」。漢曰「穀門」，魏、晉曰「廣莫門」，高祖因而不改。自廣莫門西，至於大夏門，宮觀[71]相連，被[72]諸城上也。

一門有三道[73]，所謂九軌[74]。

注釋

(51)太和十七年　即西元四九三年。太和，爲北魏孝文帝(元宏)第三年號。(52)高祖遷都洛陽　據《魏書・卷七・高祖紀》載：高祖於太和十七年才定遷都之計，而實際遷都則在太和十九年。高祖，即孝文帝元宏。(53)詔司空公穆亮營造宮室　據《魏書・卷七・高祖紀》載：「太和十七年九月幸洛陽，巡故宮基址。帝顧謂侍臣曰：晉德不修，早傾宗祀，荒毀至此，用傷朕懷！乃定遷都之計。冬十月，幸金墉城，詔徵司空穆亮與尚書李沖、將作大匠董爵經始洛京。」(54)依魏、晉舊名　據下文可知，城門之名並非全依魏、晉舊名，其中亦有高祖名之者。(55)阮籍詩二句　此即阮籍〈咏懷詩〉，見《文選・卷二三》。(56)因　因襲、沿用。(57)中東門　此門爲東門中間一門。(58)開陽門　據應劭《漢官儀》載：「開陽門始成，未有名。夜有一柱來止樓上。琅琊開陽縣上言：縣南城門一柱飛去。光武皇帝使來識視之，良是。遂堅縛之，因刻記其年月以名門焉。」本書下文所述即據此。(59)瑯琊郡　秦置，治所在瑯琊(今膠南縣瑯琊臺西北)。西漢移治東武(今諸城)，轄境相當今山東半島東南部。東漢改爲國，移治開陽(今山東省臨沂縣北)。北魏移治即丘(今臨沂東南)，隋廢。(60)開陽縣　西漢置啟陽縣，後避景帝名諱改爲開陽縣，東漢屬瑯琊，北魏屬瑯琊郡，在今臨沂縣北。(61)使　即使者。(62)璇璣玉衡　以玉爲飾的天體觀測儀器，即渾天儀之前身。《尚書・舜典》云：「在璿璣玉衡，以齊七政。」疏：「《說文》云：璿，美玉也。玉是大名，璿是玉之別稱。璣衡俱以玉飾。……璣衡者，璣為轉運，衡為橫簫，運璣使動於下，以衡望之，是王者正天文之器。漢世以來謂之渾天儀者是也。」璇，同璿。(63)以齊七政　據孔穎達《正義》云：「馬融云：日、月、星皆以璿璣玉衡度知其盈縮進退，失政所在。聖人謙讓以驗齊日、月、五星行度，知其政是與否，重審己之事也。」齊，相等、相同之義。七政，即日、月和金、木、水、火、土五星。(64)當　對著之義。(65)金墉城　位於洛陽城東北，為三國時魏明帝所築。魏主禪位於晉，出舍金墉城，即此。(66)沙門論議　即與佛僧談論釋典經義。據《魏書·卷四五·韋纘傳》云：「高祖每與名德沙門談論往復，纘掌綴錄，無所遺漏。」(67)李彪　字道固，頓丘衛國人。《魏書·卷六二》有傳。(68)曹植詩二句　此即曹植〈贈白馬王彪〉詩，見《文選·卷二四》。謁，即進見。承明廬，即承明門的直廬，在承明門之側。直廬，即值宿之處所。(69)宣武帝　即北魏宣武帝元恪。(70)甍棟干雲　甍，音ㄇㄥˊ，棟梁、屋脊。甍棟，此指門樓。干，沖犯。干雲，極言門樓之高及雲際。(71)宮觀　即供帝王遊息之宮館，此處泛指宮闕殿舍。(72)被　此處解作及、到之義。若解作覆蓋，似也說得通。(73)一門有三道　據陸機〈洛陽記〉云：「宮門及城中大道皆分作三。中央御道，兩邊築土牆，高四尺餘，外分之。唯公卿尚書章服從中道，凡人皆從左右，左入右出。夾道種榆槐樹。此三道四通五達也。」見《太平御覽·卷一九五》引。(74)九軌　洛陽城每門有三道，即所謂九軌，亦即九道之義。軌，本指車之兩輪間的距離，引申為車轍，此處作道路解。

語譯

太和十七年，高祖決定把京都遷往洛陽，並詔令司空穆亮在洛陽營建宮室。洛陽四方各城門，多依從魏、晉時的舊名。

洛陽城的東面共有三個門。北頭第一個門名爲「建春門」。漢代稱之爲「上東門」。阮籍《咏懷詩》所謂「步出上東門」，便是指的這個門。魏代和晉代時則又稱之爲「建春門」，高祖沿用魏、晉的名稱而不作改變。位於「建春門」之南的第二個門，名爲「東陽門」。漢代稱之爲「中東門」，魏代和晉代則稱之爲「東陽門」，高祖沿用魏、晉的名稱而不作改變。位於「東陽門」之南的第三個門，名爲「青陽門」。漢代稱之爲「望京門」，魏代和晉代則稱之爲「清明門」，高祖則把此門改名爲「青陽門」。

洛陽城的南面共有四個門。東頭第一個門，名爲「開陽門」。當初，漢光武帝把京都遷到洛陽，這個門開始建成時並沒有名稱。忽然一天夜裡，有一根柱子自己飛到門樓上。隨後瑯琊郡開陽縣向朝廷報告說，開陽城南門有一根柱子飛走了。朝廷的使者前來視察，所見事實確是如此。於是便以「開陽」作爲這個城門的名稱。從魏代到晉代都沿用這一名稱而不作改變，高祖也是這樣。位於「開陽門」之西的第二個門，名爲「平昌門」。漢代稱之爲「平門」，魏代和晉代稱之爲「平昌門」，高祖沿用魏、晉時的名稱而不作改變。位於「平昌門」之西的第三個門，名爲

「宣陽門」。漢代稱之爲「小苑門」，魏代和晉代稱之爲「宣陽門」，高祖沿用魏、晉時的名稱而不作改變。位於「宣陽門」之西的第四個門，名爲「津陽門」。漢代稱之爲「津門」，魏代和晉代稱之爲「津陽門」，高祖沿用魏、晉時的名稱而不作改變。

洛陽城的西面共有四個門。南頭第一個門，名爲「西明門」。漢代稱之爲「廣陽門」，魏代和晉代沿用此名而不作改變，高祖則改稱此門爲「西明門」。位於「西明門」之北的第二個門，名爲「西陽門」。漢代稱之爲「雍門」，魏代和晉代則稱之爲「西明門」，高祖則改稱此門爲「西陽門」。位於「西陽門」之北的第三個門，名爲「閶闔門」。漢代稱之爲「上西門」。此門的門樓上有一個銅製的旋璣玉衡，是用來測知日、月和五星的盈虛進退，並以此驗知朝政的得與失的。魏代和晉代稱此門爲「閶闔門」，高祖沿用這一名稱而不作改變。位於「閶闔門」之北的第四個門，名爲「承明門」。「承明門」爲高祖所設置，此門面對金墉城之前的東西大道。高祖開始遷都洛陽時，宮殿還沒有建成，於是就住在金墉城。金墉城的西面有一個「王南寺」，高祖常常到這個寺去和僧徒討論佛典經義，因此就開通了這個門，不過沒有給它命名，當世之人稱之爲「新門」。因爲當時王公卿士常常在新門迎駕，於是高祖就對御史中尉李彪說：「曹植〈贈白馬王彪〉詩言：謁帝承明廬。這個門應當以承明作爲它的名稱。」因此這個門就名爲「承明門」了。

洛陽城的北面有二個門。西頭那個門名爲「大夏門」。漢代稱之爲「夏門」，魏代和晉代稱之爲「大夏門」。宣武帝在此門建造了一座三層門樓，離地二十丈。洛陽城的其他門樓都只有二層，離地也才一百尺。惟獨大夏門門樓高聳入雲。東頭那個門名「廣莫門」。漢代稱之爲「穀門」，魏代和晉代稱之爲「廣莫門」，高祖則沿用魏、晉名稱而不作改變。從廣莫門往西，到大夏門，宮闕殿舍相連，一直延續到城上。

洛陽城每門各有三條道路，這就是所謂的「九軌」。

卷一　城内①

卷一 [illegible] 內①

一、永寧寺②

篇旨

此篇首先依序記述永寧寺所處之地理位置，寺中佛塔、佛殿、僧房之構造、裝飾和有關傳聞及寺之院牆、寺門的結構和寺院周圍的自然環境。其次簡要介紹永寧寺碑文的撰寫者常景之學識、歷任官職、政聲和品行、愛好。再次詳細記述北魏孝昌至建義年間爾朱榮舉兵入匡朝廷、擁立莊帝、亂殺無辜；北海王元顥借討伐爾朱榮為名，攻入洛陽，自立為帝，並傳書莊帝、曉以大義，後兵敗被殺；莊帝生疑心而計殺爾朱榮，爾朱榮之弟爾朱世隆等率兵反叛、擒殺莊帝等史實經過。最後又簡要介紹永寧寺佛塔為火所焚及有關傳聞，同時也敘及京都遷鄴的原因。在記述上述內容的過程中，作者楊衒之或婉曲或直接地表明了自己的觀點。

永寧寺，熙平元年③靈太后胡氏④所立也。在宮前閶闔門⑤南一里御道西。其寺東有太尉⑥府，西對永康里⑦，南界⑧昭玄曹⑨，北鄰御史臺⑩。閶闔門前御道東有左衛⑪府。府南有司徒⑫府。司徒府南有國子學⑬堂，內有孔丘像，顏淵問仁⑭、子路問政⑮在側。國子南有宗正⑯寺，寺南有太廟⑰，廟南有護軍⑱府，府南有衣冠里。御道西有右衛府，府南有太尉府，府南有將作曹⑲，曹南有九級府，府南有太社，社南有凌陰⑳里，即四朝㉑時藏冰處也。

注釋

①城內　此二字原在題目的「洛陽」二字之下，今參照吳琯本等單獨標出，較覺醒目。以下各卷同此，不再注明。②永寧寺　原本無此篇題，今爲醒目故，特另行標明。本卷及以下各卷諸篇同此，不再注明。③熙平元年　即西元五一六年。熙平，爲北魏孝明帝（元詡）年號。④靈太后胡氏　即孝明帝母，安定臨涇司徒胡國珍女。初，孝明帝即位，其母乃尊爲皇太后，並握掌朝柄。《魏書・卷一三》有傳。⑤閶闔門　此乃宮城正南之門，並非洛陽城西之閶闔門，參見本書附錄「洛陽伽藍圖」。⑥太尉　官名。秦至西漢設置，爲全國軍政首腦，與丞相、御史大夫並稱

三公。漢武帝時改稱大司馬。東漢光武帝時又改稱大司馬為太尉，與司徒、司空並稱三公。魏、晉時，大司馬與太尉各自為官，北魏因而不改。見《晉書・職官志》及杜佑《通典》。⑦永康里　位於洛陽城西之西陽門內、御道之南。⑧界　即毗連、接界。⑨昭玄曹　為掌管僧尼之官署。⑩御史臺　御史，官名。春秋戰國時列國皆有御史，掌文書及記事。秦置御史大夫，職副丞相，並以御史監都，遂有彈劾糾察之權。漢以後御史職銜屢有變化。東漢時，御史所居之署謂之御史臺，後世因之。見杜佑《通典・卷二四・職官・御史臺》。⑪左衛　北魏亦沿晉制，設有左右衛將軍之職。見《魏書・官氏志》。⑫司徒　官名。《周禮・地官》載有大司徒，主管教化，為六卿之一。漢哀帝元壽二年改丞相為大司徒。東漢時改稱司徒，主管教化，為三公之一。魏、晉沿用，北魏亦因之。⑬國子學　古代教育管理機構和最高學府。晉武帝咸寧二年（即西元二七六年）始設，與太學並立。⑭顏淵問仁　事見《論語・顏淵》篇。⑮子路問政　事見《論語・子路》篇。⑯宗正　官名。掌管王室親族之事務。⑰太廟　即帝王之祖廟。⑱護軍　官名。魏、晉時有護軍將軍及中護軍，掌軍職之選用。北魏亦因晉人之舊。⑲將作曹　即將作大匠之官署。將作大匠，官名。秦置將作少府。漢景帝時更名為將作大匠，職掌宮室、宗廟、路寢、陵園之土木營建。魏、晉沿置，北魏亦因而不改。曹，即曹省。⑳凌陰　冰室，即藏冰之地窖。凌，即積冰。㉑四朝　其說不一。或謂四朝即後漢、魏、晉及北魏。

語譯

永寧寺爲胡太后於熙平元年所建造。它位於宮前閶闔門南面一里處的御道之西。永寧寺之東有太尉府，其西則面對永康里，其南則與昭玄曹毗連，其北則和御史臺相鄰。閶闔門前御道之東有左衛府。左衛府之南有司徒府。司徒府之南有國子學堂。國子學堂內畫有孔丘之像，孔丘像之側畫有「顏淵問仁」、「子路問政」的故事。國子學堂之南有宗正寺。宗正寺之南有太廟。太廟之南有護軍府。護軍府之南有衣冠里。在御道之西有右衛府。右衛府之南有太尉府。太尉府之南有將作曹。將作曹之南有九級府。九級府之南有太社。太社之南有凌陰里，凌陰里也就是四朝時的藏冰之處。

中有九層浮圖㉒一所，架木爲之，舉㉓高九十丈。上有金剎㉔，復高十丈，合去地一千尺。去京師百里，已遙見之。初掘基至黃泉㉕下，得金像三十軀，太后以爲信法之徵㉖，是以營建過度也。剎上有金寶瓶㉗，容二十五斛㉘。寶瓶下有承露金盤㉙三十重㉚，周匝皆垂金鐸㉛，復有鐵鏁㉜四道，引剎向浮圖四角。鏁上亦有金鐸。鐸大小如一石甕㉝子。浮圖有九級，角角皆懸金鐸，合上下有一百二十鐸。浮圖有四面，面有三戶六牕，戶皆朱漆。扉㉞上各有五行金釘，合有五千四百枚。復有金環鋪首㉟，殫㊱土木㊲之功，窮造形之巧。佛事精妙，不可思議㊳。繡柱金鋪㊴，駭人心目。至於高風永夜㊵，寶鐸和鳴，鏗鏘之聲，聞及十餘里。

注釋

㉒浮圖　又作「浮屠」，即塔，梵語音譯應爲「窣堵波」。最初爲供佛骨之用，後來也用於供奉佛像，收藏佛經或保存僧人遺體。㉓舉　此即升起、飛起之義。㉔金剎　即表剎、旛柱。《法華經・卷三・授記品》「長表金剎」，慧琳《音義》云：「剎梵云掣多羅，彼土無別旛竿，即於塔覆鉢柱頭懸旛。今云剎者，語聲雖訛，以金爲之，長而有表，故言金剎也。」㉕黃泉　指地下深處。㉖信法之徵　此處猶言信奉佛法之吉兆。㉗金寶瓶　天竺（古印度）之浮圖剎表均置金寶瓶，以供盛舍利之用。㉘斛　量器名。古代以十斗爲一斛。㉙承露金盤　漢武帝好仙術，於神明臺上作承露盤，立銅仙人舒掌以接甘露，以爲飲之可以延年。㉚重　即層之義，音ㄔㄨㄥˊ。㉛鐸　即風鐸、風鈴。㉜鐵鏁　即鐵鎖鏈，以鐵環相鉤連。鏁，同鎖。㉝甕　本作「瓮」，陶製

盛器。㉞扉 即門扇。㉟鋪首 即門上用以銜環的底盤，常作獸面之形，銅製，或飾以金銀。㊱殫 即盡之義。㊲土木 此指建築佛塔之工事。㊳佛事精妙，不可思議 據《魏書．卷一九．任城王澄傳》云：「靈太后銳於繕興，在京師起永寧、太上公等佛寺，功費不少。外州各造五級浮圖。又數為一切齋會，施物動至萬計。百姓疲於土木之功。金銀之價為之踊上。削奪百官事力，費損庫藏，兼曲費左右，日有數千。」佛事，指佛教徒誦經、祈禱及供養佛像等活動。㊴金鋪 為銅製或飾金之鋪首。㊵高風永夜 高風，秋風之義。永夜，即長夜。

語譯

永寧寺中有一座九層佛塔，以樹木構成，騰空而起，高達九十丈。佛塔上立有一根旛柱，高十丈。若把佛塔和旛柱之高度合起來，則高出地面一千尺，在遠離洛陽一百里的地方就可以遙望得見。當初挖掘塔基，在挖到地下深處時，得到三十尊金像。胡太后認為這是信奉佛法之祥徵，因此在營建這一佛塔時，其費用超出了限度。金剎之上置放一只金寶瓶，其容量達二十五斛。寶瓶之下則有一具三十五層的承露金盤，其周圍都垂掛著金鈴。又有四道鐵鏈分別把金剎拉向佛塔的四角，鐵鏈上也有金鈴。鈴的大小如同一只石甕。佛塔有九級，每一角都懸掛著金鈴，把上下的金鈴合計起來共有一百二十只。佛塔有四面，每面有三門六窗，每扇門都塗著紅漆。門扇上各裝飾有五行金釘，合起來一共有五千四百枚；又裝飾有金環鋪首。建造此塔時殫極土木營建之功致，窮盡結構造形之精巧。各種佛事，精彩絕妙，實在不可思議；柱繪五彩，門飾金鋪，確乎駭人心目。至於在秋風習習之長夜，寶鈴此響彼應，和聲鏗鏘，就是在十餘里之外也可聽聞得見。

浮圖北有佛殿一所，形如太極殿㊶。中有丈八㊷金像一軀、中長㊸金像十軀、繡珠像㊹三軀、金織成像㊺五軀、玉像㊻二軀。作工奇巧㊼，冠於當世。僧房樓觀，一千餘間。雕梁粉壁，青璅綺疏㊽，難得而言。栝㊾柏松椿，扶疎簷霤㊿，藂(51)竹香草，布護堦墀(52)。是以常景碑云：「須彌(53)寶殿，兜率(54)淨宮，莫尚(55)於斯也。」

注釋

㊶太極殿　太極，指原始混沌之氣，萬物之本源。因意在上法太極，故殿借以爲名。太極殿爲宮中之正殿。以太極名殿，始於曹魏。據《初學記．卷二四》云：「歷代殿名或沿或革，惟魏之太極，自晉以降，正殿皆名之。」㊷丈八　佛教言佛身高爲一丈八尺，亦言佛身高爲一丈六尺。

㊸中長　即中等長度。意謂與常人身高相等。㊹繡珠像　即以彩絲繡成並縫綴寶珠之佛像。㊺金織成像　即用金絲線織成的佛像。㊻玉像　即以白玉雕刻而成的佛像。㊼作工奇巧　猶言製作之工藝精奇巧妙。㊽青璅綺疏　青璅，又作「青瑣」，即門上鏤刻的青色圖紋。綺疏，此指雕飾花紋的窗戶。㊾栝　木名，即檜樹。栝，音ㄍㄨㄚ。㊿扶疎簷霤　扶疎，即枝葉繁茂紛披之狀。簷，指屋簷。霤，指屋簷水，此處亦指屋簷滴水之處。(51)藂　即「叢」字之異體。(52)布護堦墀　布護，又作「布濩」，即散布之意。墀，殿上的空地，亦指臺階。(53)須彌　即佛教所謂須彌山，也譯作蘇迷盧、須彌樓，意譯為妙高、妙光。佛經言南瞻部洲等四大洲之中心，有須彌山，在大海之中，頂上為帝釋天所居。(54)兜率　即佛教所謂兜率天，是欲界六天之第四天。兜率是妙足、知足之義。《普曜經》云：「其兜術（即兜率）天有大天宮，名曰高幢，廣長二千五百六十里，菩薩常坐為諸天人敷演經典。」(55)尚　即超過之義。

語譯

佛塔之北有一所佛殿，其構造形式如同太極殿。這所佛殿中藏有一尊高一丈八尺的金像，還有十尊中長金像、三尊繡珠像、五尊金絲織成之像和二尊玉像。這些佛像製作工藝之奇巧，在當世位居第一。至於僧房樓觀，共有一千餘間。雕梁畫棟、粉壁飾墻。門刻青色圖案，窗鏤綺靡花紋。其華麗精巧很難予以說明。更有栝、柏、松、椿，枝葉紛披於屋宇之上；叢竹香草，遍被散布於臺堵之旁。正因為如此，常景所撰之碑文才這樣寫道：「卽使是須彌山之寶殿，兜率天之淨宮，也不及此寺之華麗莊嚴。」

外國所獻經像，皆在此寺。寺院牆皆施短椽，以瓦覆之，若今宮牆也。四面各開一門。南門三重，通三閣道(56)，去地二十丈，形製似今端門(57)。圖以雲氣，畫彩仙靈(58)，列錢(59)青瑣，赫奕華麗(60)。拱門有四力士(61)、四獅子(62)，飾以金銀，加之珠玉，莊嚴煥炳(63)，世所未聞。東西兩門亦皆如之。所可異者，唯樓二重。北門一道，上不施屋(64)，似烏頭門(65)。其四門外皆樹(66)以青槐，亘(67)以綠水，京邑行人，多庇(68)其下。路斷飛塵，不由渰雲之潤(69)；清風送涼，豈藉合歡(70)之發？

注釋

(56)閣道　即複道，亦即在樓閣之間以木架空的通道。(57)端門　即正門。(58)圖以雲氣，畫彩仙靈　語出左思〈吳都賦〉，見《文選・卷五》。(59)列錢　為門樓上之裝飾物。《文選・卷一》載班固〈西都賦〉云：「金釭銜璧，是爲列錢。」即於金環內鑲玉石，排列於橫木之上，如一貫錢然。(60)赫奕華麗　即顯耀盛大、繁華綺麗貌。(61)四力士　此處疑指四金剛力士。金剛力士乃佛教護法之神。(62)獅子　據《佛說太子瑞應經》云：「佛初生時，有五百獅子從雪山來，侍列門側。」故佛教稱獅子爲佛寺之守衛者。(63)煥炳　光明顯耀之義。(64)上不施屋　謂於通道之上沒有施加覆蓋之物。屋，此處指覆蓋之物。(65)烏頭門　一名烏頭大門，門有雙表，高八尺至二丈二尺，門之兩扉於上腰中心分作兩份，腰上安欞子，故俗亦謂之欞星門。見李誡《營造法式》卷六、卷三三。(66)樹　即種植之義。(67)亘　即「引」之義。(68)庇　即遮蓋、掩護之義。(69)洊雲之潤　洊雲，指含雨之雲。潤，即潮濕、潤澤。(70)合歡　即合歡扇，亦即團扇。《文選》載班婕妤〈怨歌行〉云：「裁爲合歡扇，團團似明月，出入君懷袖，動搖微風發。」

語譯

外國所獻之佛經、佛像，都珍藏在永寧寺中。永寧寺之院墻上架著短椽，短椽上覆蓋著屋瓦，就像今日宮墻之模樣。院墻四面各開一個門。其南面的門樓有三層，通往三條閣道，高二十丈，形狀與今日端門相似。門樓上繪有雲霞霧氣、天神地靈。更有金環銜璧，行列似貫錢；門扉鏤紋，以青色飾之。光明顯盛，繁華綺麗。拱門內侍列著四大金剛力士和四座獅子，皆裝飾金銀，佩綴珠玉，其神情莊嚴，光彩炫耀，爲世人聞所未聞。至於東、西兩門也都與南門大致相仿，所不同的唯獨門樓只有二層。北門只有一條閣道，上無遮蓋之物，好似烏頭門一樣。院墻四門之外，都種植青槐，引來綠水。京師的行人，多受庇於青槐交蔭之下。路絕飛塵，非因濕雲潤澤之所致；清風送涼，豈是紈扇動搖之所發？

詔中書舍人常景(71)爲寺碑文。景字永昌，河內(72)人。敏學博通，知名海內(73)。太和十九年，爲高祖所器，拔爲律博士。刑法疑獄，多訪於景。正始(74)初，詔刊(75)律令，永作通式(76)。敕景共治書侍御史高僧裕(77)、羽林監王元龜、尚書郎祖瑩(78)、員外散騎侍郎李琰之(79)等撰集(80)其事。又詔太師彭城王勰(81)、青州刺史劉芳(82)，入預(83)其議。景討正(84)科條，商榷古今(85)，甚有倫序，見行於世。今律二十篇是也。又共芳造洛陽宮殿門閣之名，經途(86)里邑之號。出除(87)長安令，時人比之潘岳(88)。其後歷位中書舍人、黃門侍郎、祕書監、幽州刺史、儀同三司，學徒以爲榮焉。景入參近侍(89)，出爲侯牧(90)，居室貧儉，事等農家。唯有經史，盈車滿架(91)。

所著文集，數百餘篇，給事中封暐伯(92)作序行於世。

注釋

(71)常景　《魏書‧卷八二》有傳。(72)河內　郡名。楚漢之際置。治所在懷縣（今武陟西南）。轄境相當今河南省黃河南北兩岸的地方。西晉移治野王（今沁陽），轄境漸小。(73)海內　四海之內，即國境之內。古人認為中國四面環海，故以海內指國境以內。(74)正始　即北魏宣武帝（元恪）第二年號（西元五〇四～五〇八年）。(75)刊　即修訂之義。(76)通式　即通行之法式，猶言普遍遵行的法度律令。(77)高僧裕　名綽，渤海人。見《魏書‧卷四八‧高允傳》。(78)祖瑩　字元珍，范陽遒人。見《魏書‧卷八二》本傳。(79)李琰之　字景珍，隴西狄道人。見《北史‧卷四七》本傳。(80)撰集　猶言撰述集錄。(81)彭城王勰　字彥和，獻文帝（元弘）第六子。見《魏書‧卷二一下》本傳。(82)劉芳　字伯文，彭城叢亭里人。見《魏書‧卷五五》本傳。(83)入預　即參與之義。預，通與。(84)討正　即討究修正。(85)商榷古今　猶言論古議今。商榷，亦作「商搉」，即商量、討論。(86)經途　即道路。經者南北向之道也。途亦作「涂」或「塗」。(87)除　意謂除去故官，就任新官。亦即拜官授職。(88)潘岳　字安仁，西晉滎陽中牟人。晉惠帝元康二年為長安令。《晉書‧卷五五》有傳。(89)近侍　親近侍奉，亦指親近侍從之人。此處猶言常景深受皇帝恩寵。

⑨⓪侯牧　即州牧。古時州官稱牧。⑨①盈車滿架　極言藏書甚多，讀書甚廣。盈車，《莊子・天下》云：「惠施多方，其書五車。」古代因稱讀書多爲「學富五車」。⑨②封暐伯　此人不詳。

語譯

於是詔令中書舍人常景撰寫永寧寺碑文。常景字永昌，祖籍河內。敏而好學，博通古今，天下聞名。太和十九年，常景爲高祖所器重，被提拔爲律博士。有關刑律法令及難以決斷之獄訟，多詢問於他。正始初年，宣武帝下詔修訂律令，用以永遠作爲天下通行之法式。勅命常景與治書侍御史高僧裕、羽林監王元龜、尚書郎祖瑩、員外散騎侍郎李琰之共同承擔撰述集錄的工作。又詔令太師彭城王勰、青州刺史劉芳參與議定。常景討正律條法規，論古議今，很有條理次序。律令修成之後，被頒行於當世。今天所見到的二十篇律令，就是常景所刊定的。常景又和劉芳一起給洛陽之宮殿門閣起名，給道路、鄉里、城邑取號。在出任長安令時，人們把他比作晉代的潘岳。此後，常景歷任中書舍人、黃門侍郎、祕書監、幽州刺史、儀同三司等職。其學生均以他的顯赫官位爲榮耀。常景在朝則爲皇帝之寵臣，出京則爲地方之長官。但其居室卻貧寒儉樸，行事則與農家相同。唯獨經史書籍，盈車滿架。其所著文集，共收文章數百餘篇。給事中封暐伯爲他的文集作序，曾刊行於當世。

裝飾畢功，明帝與太后共登之(93)。視宮中如掌內(94)，臨(95)京師若家庭。以其目見宮中，禁人不聽升之(96)。衒之嘗與河南尹胡孝世共登之，下臨雲雨，信哉不虛！時有西域沙門(97)菩提達摩(98)者，波斯國(99)胡(100)人也。起自荒裔(101)，來遊中土(102)，見金盤炫日，光照雲表(103)，寶鐸含風，響出天外。歌詠(104)贊歎，實是神功。自云：「年一百五十歲，歷涉諸國，靡(105)不周遍，而此寺精麗，閻浮(106)所無也。極佛境界(107)，亦未有此。」口唱南無(108)，合掌(109)連日。至孝昌(110)二年中，大風發屋拔樹，剎上寶瓶隨風而落，入地丈餘。復命工匠，更鑄新瓶。

注釋

(93)明帝與太后共登之　據《魏書・卷六七・崔光傳》云：「(熙平)二年(西元五一七年)八月，靈太后幸永寧寺，躬登九層浮圖。」(94)視宮中如掌內　猶言「宮中之景物盡收眼底」。(95)臨　即俯視，亦即身居高處而朝向低處。(96)不聽升之　猶言「不准隨意登上佛塔」。聽即聽任、任憑之義。升即登之義。(97)沙門　又作「桑門」，即僧徒。梵語「室羅摩拏」的音譯。義譯則為勤息、勤修善法，止息惡行之義。(98)菩提達摩　中國禪宗始祖。南天竺（即南印度）人。於南朝梁大通元年抵南海，入魏上嵩山少林寺。或云其示寂於武泰元年（西元五二八年）。見宋釋契嵩《傳法正宗記・卷五》。(99)波斯國　即今伊朗。此處謂菩提達摩爲波斯國人，與僧傳所記有異。(100)胡　中國古代對北方或西方各族的泛稱。(101)荒裔　指邊遠之地。(102)中土　指中國。(103)雲表　猶言雲外。表，外也。(104)歌詠　即口詠梵唄，佛教作法時的讚歎歌詠之聲。(105)靡　即無之義。(106)閻浮　洲名。或稱「閻浮提」。閻浮本爲樹名，提即「提鞞波」之略，義譯爲洲。洲上多長閻浮樹，故稱之爲「閻浮提」或「閻浮」。此處之閻浮實指天竺而言。(107)極佛境界　猶言窮盡佛所居之地。(108)南無　梵語。或作「那莫」、「南謨」。佛教稱合掌作稽首，以表示恭敬曰「南無」。(109)合掌　天竺以合掌表示恭敬。據《釋氏要覽・卷中》云：「合掌，若此方之叉手也。必須指、掌相著，不令虛。」(110)孝昌　北魏孝明帝（元詡）第四年號（西元五二五～五二七年）。

語譯

永寧寺裝飾完畢之後，明帝與胡太后一起登上了寺中九層佛塔。居高臨下，視宮中如視掌內，觀京師似觀家庭。由於居高則能目見宮中情景，所以禁止人們隨意登上佛塔。衒之曾與河南尹胡孝世一同登過佛塔。俯首下視，雲浮雨飄，其塔之高，確實不虛假。當時有一位西域高僧名叫菩提達摩，是波斯國人。他出生於邊遠之地，來到中國遊覽，見永寧寺金盤炫耀日輝，光彩映照雲表；寶鈴應風而響，鳴聲飄出天外。他不禁口詠梵唄，讚歎不已；以為建造此寺，實為神人之功。並且感慨道：「我已有一百五十歲，前後經過幾個國家，無不遍遊其境，而此寺之精緻華麗，則是天竺國所沒有的。甚至窮盡佛所居之處，也沒有這樣的佛寺。」於是口唱「南無」，合掌連日，以示恭敬。到了孝昌二年，大風搖撼屋宇、拔起樹木。永寧寺金剎之上的寶瓶隨風墜落，入地一丈有餘。於是又詔命工匠，再鑄一只新寶瓶。

建義元年(111)，太原王爾朱榮(112)總士馬(113)於此寺。榮字天寶，北地秀容(114)人也。世為第一領民酋長(115)、博陵郡公。部落(116)八千餘家，有馬數萬匹，富等天府(117)。武泰元年(118)二月中，帝崩(119)無子，立臨洮王世子釗以紹大業(120)，年三歲。太后貪秉朝政(121)，故以立之。榮謂并州刺史元天穆(122)曰：「皇帝晏駕(123)，春秋十九。海內士庶(124)，猶曰幼君。況今奉未言之兒以臨天下，而望昇平(125)，其可得乎？吾世荷(126)國恩，不能坐看成敗，今欲以鐵馬(127)五千，赴哀山陵(128)，兼問侍臣帝崩之由，君竟謂如何？」穆曰：「明公世跨并、肆(129)，雄才傑出，部落之民，控弦(130)一萬。若能行廢立之事，伊、霍(131)復見今日。」榮即共穆結異姓兄弟。穆年大，榮兄事之。榮爲盟主，穆亦拜榮。於是密議長君(132)諸王之中，不知誰應當璧(133)。遂於晉陽(134)，人各鑄像不成(135)，唯長樂王子攸(136)像，光相具足，端嚴特妙。是以榮意在長樂，遣蒼頭(137)王豐入洛，約(138)以爲主。長樂即許之，共剋期契(139)。榮三軍皓素(140)，揚旌南出。太后聞榮擧兵，召王公議之。時胡氏專寵(141)，皇宗(142)怨望(143)，入議者莫肯致言。唯黃門侍郎徐紇(144)曰：「爾朱榮馬邑(145)小胡，人才凡鄙，不度德量力(146)，長戟指闕(147)，所謂窮轍拒輪(148)，積薪候燎(149)。今宿衛文武(150)，足得一戰。但守河橋(151)，觀其意趣(152)；榮懸軍(153)千里，兵老師弊(154)，以逸待勞，破之必矣。」后然紇言(155)。即遣都督李神軌(156)、鄭季明(157)等，領衆五千，鎭河橋。四月十一日，榮過河內，至高頭驛。長樂王從雷陂北渡，赴榮軍所。神軌、季明等見長樂王往，遂開門降。十二日，榮軍於芒山(158)之北，河陰(159)之野。十三日，召百官赴駕，至者盡誅之。王公卿士及諸侯朝臣死者二千餘人。十四日，車駕(160)入城，大赦天下，改號爲「建義元年」，是爲莊帝。于時新經大兵，人物殲盡，流迸(161)之徒，驚駭未出(162)。莊帝肇升太極(163)，解網垂仁(164)，唯散騎常侍山偉(165)一人拜恩南闕(166)。加榮使持節中外諸軍事大將軍、開府北道大行臺、都督十州諸軍事大將軍、領左右(167)、太原王。其天穆爲侍中、太尉公、世襲并州刺史、上黨王。起家(168)爲公卿牧守(169)者，不可勝數。二十日，洛中草草(170)，猶自不安，死生相怨，人懷異慮(171)。貴室豪家，棄宅競竄；貧夫賤士，襁負(172)爭逃。於是出詔，濫(173)死者普加褒贈。三品以上贈三公，五品以上贈令僕(174)，七品以上贈州牧，白民贈郡鎮(175)。於是稍安。帝納榮女爲皇后，進榮爲柱國大將軍錄尚書事，餘官如故。進天穆爲大將軍，餘官皆如故。

注釋

(111)建義元年　即西元五二八年。建義爲北魏孝莊帝（元子攸）第一年號。(112)爾朱榮　見《魏書・卷七四》本傳。(113)總士馬　猶言統領軍隊。總，統領之義。(114)秀容　地名。亦名秀容川，其地包括山西省西北部、桑乾河、汾河下游、黃河東岸一帶。分南北二部分。北魏時爾朱氏世爲北秀容酋長，置梁郡城，在今山西省朔縣西北。(115)第一領民酋長　此爲北朝頒予部落酋長之官名。

第一爲其品級。(116)部落　爲原始社會的一種社會組織，由兩個以上血緣相近之胞族或氏族構成。部落通常有自己的地域、名稱、方言、宗教、習俗及管理公共事務之機構。(117)天府　即自然條件優越、物產富饒之地。據《漢書·張良傳》云：「此所謂金城千里，天府之國。」顏師古注：「財物所聚謂之府。言關中之地物產饒多，可備贍給，故稱天府也。」(118)武泰元年　即西元五二八年。武泰，爲臨洮王（元釗）年號。(119)帝崩　據《魏書·卷九·肅宗紀》云：「武泰元年二月，帝崩於顯陽殿，時年十九。」帝指魏孝明帝元詡。(120)立臨洮王世子釗以紹大業　世子，古代用以指天子、諸侯之嫡長子。以紹大業，猶言「以承繼皇位」。紹即承繼之義。(121)貪秉朝政　猶言貪戀執掌朝政。秉即「執掌」之義。(122)元天穆　爲高涼王孤六世孫。《魏書·卷一四》有傳。(123)晏駕　此爲古代稱帝王死亡之諱辭。(124)海內士庶　猶言天下之人。士庶即士人和庶民。(125)昇平　即「太平」之義。(126)荷　即「承受」之義。(127)鐵馬　猶言「披著鐵甲之馬」。也泛指騎兵。(128)赴哀山陵　猶言「前往陵寢哀悼」。赴，前往。哀，哀悼。山陵，舊稱帝王墳墓爲山陵。(129)世跨并、肆　猶言世代據有并州、肆州。據《魏書·卷七四·爾朱榮傳》載：榮之祖父曾恩受肆州刺史和并州刺史之職。跨，據有之義。并、肆，即并州、肆州。并州，漢置，其轄境當今內蒙古、山西大部分及河北一部分。東漢時併入冀州。三國魏復置，但轄境約當今山西省汾水中游地區。肆州，北魏太平眞君七年（西元四四六年）置。治所在今山西省忻縣西北。轄境相當今山西省恆山以南滹沱河、牧馬河流域。(130)控弦　即拉弓，此處借指士兵。(131)伊、霍　即伊尹、霍光。據《尚書·太甲序》載：伊尹爲商湯之相。湯死，其孫太甲立。太甲破壞商湯法制，被伊尹放逐桐宮。三年後迎之復位。霍光，據《漢書・霍光傳》載：漢昭帝八歲即位，光以大司馬大將軍受遺詔輔政。昭帝崩，迎立昌邑王劉賀，以其淫亂廢之，復立宣帝（劉詢）。(132)長君　古稱年長之君王爲長君。此指各藩王中之年長者。(133)當璧　猶言「爲社稷之主」。當璧之典故見載於《左傳・昭公十三年》。(134)晉陽　在今山西省太原市。(135)人各鑄像不成　據《魏書・爾朱榮傳》云：「榮發晉陽，以銅鑄高祖及咸陽王禧六王子孫像，成者當奉爲主。惟莊帝獨就。」又據趙翼《二十二史劄記・卷一四》云：以鑄像成否驗天意，定君王、后妃，乃北朝之國俗。(136)子攸　即孝莊帝，乃彭城王勰第三子，肅宗孝昌二年封長樂王，見《魏書・卷一〇・孝莊紀》。(137)蒼頭　即奴僕。(138)約　即「邀請」之義。(139)共剋期契　即嚴格限定期約。(140)皓素　即縞素。亦即白色喪服。三軍皓素，意在爲明帝發喪。(141)專寵　即獨占寵愛。此指太后大權獨攬。(142)皇宗　即帝王之宗室。(143)怨望　猶言心懷不滿。望即怨恨之義。(144)徐紇　字武伯，樂安博昌人。見《魏書・卷九三・恩倖傳》。(145)馬邑　縣名，秦置。漢屬雁門郡。晉永嘉末，地入於代。故地在今山西省朔縣境內。(146)度德量力　即衡量自己的德行和能力。語本《左傳・隱公十一年》：「度德而處之，量力而行之。」(147)長戟指闕　猶言犯上作亂。戟，古代兵器名，合戈、矛爲一體。闕，指帝王所居之宮闕。(148)窮轍拒輪　言困頓途窮，徒奮螳螂之臂。窮轍即窮途之義。拒輪，典出《莊子・人間世》：「汝不知夫螳螂乎？怒其臂以當車轍，不知其不勝任也。」(149)積薪候燎　猶言危在旦夕，自取滅亡。語本《漢書・卷四八·賈誼傳》云：「夫抱火厝之積薪之下，而寢其上，火未及然，因謂之安；方今之執，何以異此？」(150)宿衛文武　宿衛，即宮中值宿警衛者。文武，指朝中文武百官。(151)河橋　位於今河南省孟縣南。據《晉書·卷三四·杜預傳》載：「預又以孟津渡險，有覆沒之患，請建河橋於富平津。」自晉始，此為兵家必爭之地。(152)意趣　此處作「意向」、「動向」解。(153)懸軍　猶言孤軍深入敵境。(154)兵老師弊　猶言士兵衰弱、軍隊疲弊。(155)后然紇言　即胡太后同意徐紇的說法。然，即「同意」之義。(156)李神軌　李崇子，小名青肫。見《魏書·卷六六·李崇傳》。(157)鄭季明　滎陽開封人，鄭德玄之子。見《魏書·卷五六·鄭義傳》。(158)芒山　又作北邙、北芒，即邙山。位於今河南省洛陽市東北。(159)河陰　位於今河南省孟津縣東。(160)車駕　即皇帝外出時所乘之車，因以為皇帝之代稱。(161)流迸　即流離散失之義。(162)驚駭未出　猶言因驚恐駭怕而不敢露面。據《魏書·卷七四·爾朱榮傳》云：「于時或云榮欲遷都晉陽，或云欲肆兵大掠，迭相驚恐，人情駭震。京邑士子，十不一存，率皆逃竄，無敢出者。」(163)太極　即太極殿。(164)解網垂仁　喻指寬宥、施仁德。語本《史記·殷本紀》：「湯出，見野張網四面，祝曰：自天下四方皆入吾網。湯曰：嘻，盡之矣！乃去其三面，祝曰：欲左左，欲右右，不用命，乃入吾網。諸侯聞之，曰：湯德至矣，及禽獸。」(165)山偉　字仲才，河南洛陽人。見《魏書·卷八一》本傳。(166)拜恩南闕　猶言拜受官位。據《魏書·卷八一·山偉本傳》云：「爾朱榮之害朝士，偉時守直，故免禍。及莊帝入宮，仍除偉給事黃門侍郎。」(167)領左右　即領軍左右，亦即統領禁兵之義。(168)起家　猶言起於家而出任官職。(169)牧守　即州郡之長官。州官稱牧，郡官稱守。⑰草草　猶言憂慮。⑰異慮　即不同的想法。⑰襁負　即用襁褓背負。襁褓爲背負小兒的背帶和布兜。⑰濫　即「冤枉、冤屈」之義。⑰令僕　令即尚書令、中書令；僕爲太僕、太子僕等。⑰白民贈郡鎭　白民，即身無官爵之人；郡鎭，即郡守鎭將也。

語譯

建義元年，太原王爾朱榮統領兵馬，駐紮於永寧寺。榮字天寶，是北方秀容人。世代爲第一領民酋長、博陵郡公，統管部落八千餘家，有馬數萬匹，其富饒有如天府之人。武泰元年二月，孝明帝逝世。明帝無子，於是便立臨洮王之嫡親長子釗爲君，以繼承帝業。當時，釗年僅三歲，因胡太后貪戀於執掌朝政，所以才把他立爲國君。爲此，爾朱榮對并州刺史元天穆說：「明帝去世時年已十九歲，天下之人卻還是稱他爲幼君。況且今天奉立一位還不會說話的小孩去治理天下，這怎麼能希望得到太平呢？我家世代蒙受國恩，不能袖手旁觀其成敗。現在我想率領五千騎兵，赴京去哀悼明帝陵寢，同時也向各位侍臣詢問明帝去世的原因。你說怎麼樣？」元天穆回答說：「你世代據有并、肆兩州，有雄武超羣的才能。部落之民，能開弓射箭的就有一萬人。假使你能做到廢舊君立新君，那麼就是伊尹、霍光又重現於今日了。」於是爾朱榮和元天穆結爲異姓兄弟。元天穆年長，爾朱榮奉之爲兄長；爾朱榮爲舉兵之盟主，元天穆也以部屬身分參拜於他。兩人祕密商議：長君諸王之中，不知誰應成爲社稷之主。爾朱榮令人在晉陽給長君諸王各鑄一尊銅像。結果別人之像都沒有鑄成，唯獨長樂王子攸之像形神兼備，特別端莊威嚴。因此，爾朱榮決意立長樂王爲國君。並派奴僕王豐去洛陽邀請長樂王做社稷之主。長樂王馬上就答應了，並嚴切限定期約。於是爾朱榮率領身著素裝的將士，高舉大旗向南進發。胡太后聽說爾朱榮興兵起事，便召集王公大臣商議對策。當時胡太后獨攬朝柄，皇族宗室都心懷不滿，因此參加商議的都不肯發表意見。唯有黃門侍郎徐紇說道：「爾朱榮不過是偏居馬邑的胡人，才能平凡低鄙。他沒有度量自己的德行和力量就犯上作亂，這正是古人所說的困頓途窮，徒奮螳螂之臂，或是置火於積薪之下。今宮中值宿守衛的文臣武將就足夠同他決戰一場。我們只需固守河橋，以觀察榮軍動向。爾朱榮孤軍深入，一定會將士衰弱，師旅疲弊。我軍以逸待勞，打敗叛軍是必然無疑的。」胡太后贊同徐紇的說法，於是就派遣都督李神軌、鄭季明領兵五千，鎮守河橋。四月十一日，爾朱榮率軍經過河內，直抵高頭驛。這時，長樂王從雷陂潛渡至北岸，直奔榮軍駐地。神軌、季明等見長樂王前往，於是就大開城門，向榮軍投降。十二日，榮軍駐紮在芒山的北面，河陰的郊野。十三日，召令舊朝文臣武將前往迎駕，結果凡是去迎駕的全都被殺光。王公卿士及各位朝臣慘遭殺害的共有二千多人。十四日，莊帝進入洛陽城，頒詔大赦天下，改號爲建義元年。當時，天下才經過兵亂，人物幾乎殺光滅盡。那些流離散失之人，也都驚恐駭怕而不敢露面。莊帝開始登上太極殿，施以仁德，寬有舊臣，但只有散騎常侍山偉一人拜恩受官。隨後，莊帝又加封爾朱榮爲使持節中外軍事大將軍、開府北道大行臺、都督十州諸軍事大將軍、領軍左右、太原王等職。同時封元天穆為侍中、太尉公、世襲并州刺史、上黨王等職。那些自家徵召出仕而為公卿牧守之人不可勝數。二十日，洛陽城中仍是人人自危，擔憂禍從天降；死者生者相互怨恨，各自心懷不同打算。富貴之人，競相棄家躲藏；貧賤之士，爭相負物逃命。於是莊帝頒布詔令：凡屈死者普遍給予褒獎和饋贈；三品以上者贈以三公之職；五品以上者贈以令僕之職；七品以上者贈以州牧之職；身無官爵者贈以郡守鎮將之職。如此一來，人心稍稍安定下來。隨後，莊帝立爾朱榮之女為皇后，並進封爾朱榮為柱國大將軍錄尚書事，其餘的官職依然如故。進封元天穆為大將軍，其餘的官職也是依然如故。

永安二年(176)五月，北海王元顥(177)復入洛，在此寺聚兵。顥，莊帝從兄(178)也，孝昌末，鎮汲郡(179)，聞爾朱榮入洛陽，遂南奔蕭衍(180)。是年入洛，莊帝北巡(181)。顥登皇帝位，改年曰建武元年。顥與莊帝書曰：「大道既隱，天下匪公(182)；禍福不追，與能義絕(183)。朕猶庶幾五帝(184)，無取六軍(185)。正以糠粃萬乘(186)，錙銖大寶(187)，非貪皇帝之尊，豈圖六合(188)之富？直以爾朱榮往歲入洛，順而勤王(189)，終為魏賊。逆刃加於君親(190)，鋒鏑肆於卿宰(191)，元氏少長，殆欲無遺(192)。已有陳恒盜齊(193)之心，非無六卿分晉(194)之計。但以四海橫流(195)，欲篡未可，暫樹(196)君臣，假相拜置。害卿兄弟(197)，獨夫介立(198)。遵養待時(199)，臣節詎久(200)？朕覩此心寒(201)，遠投江表，泣請梁朝(202)，誓在復恥。風行建業(203)，電赴三川(204)，正欲問罪於爾朱榮，出卿於桎梏(205)；恤深怨於骨肉(206)，解蒼生於倒懸(207)。謂卿明眸擊節(208)，躬(209)來見我，共敘哀辛，同討凶羯(210)。不意駕入成皐(211)，便爾北渡。雖迫於兇手，勢不自由；或貳生素懷(212)，棄劍猜我(213)。聞之永歎，撫衿而失(214)。何者？朕之於卿，兄弟非遠。連枝分葉(215)，興滅相依。假有內鬩(216)，外猶禦侮(217)。況我與卿，睦厚偏篤(218)，其於急難(219)，凡今莫如(220)。棄親即讎(221)，義將焉據(222)也？且爾朱榮不臣之跡，暴於旁午(223)，謀魏社稷，愚智同見。卿乃明白，疑於必然(224)，託命豺狼，委身虎口，棄親助賊，兄弟尋戈(225)。假獲民地(226)，本是榮物；若克城邑，絕非卿有。徒危宗國，以廣(227)寇仇。快賊莽(228)之心，假卞莊之利(229)。有識之士，咸爲慚之。今家國隆替(230)，在卿與我。若天道助順，誓茲義舉(231)，則皇魏宗社(232)，與運(233)無窮。儻天不厭亂，胡羯未殄(234)，鵶鳴狼噬(235)，荐食(236)河北，在榮爲福，於卿爲禍。豈伊異人(237)？尺書道意，卿宜三復(238)：兼利是圖(239)，富貴可保，狥人(240)非慮。終不食言，自相魚肉(241)。善擇元吉(242)，勿貽後悔。」此黃門侍郎祖瑩之詞(243)也。時帝在長子城(244)，太原王、上黨王來赴急難(245)。六月，帝圍河內，太守元桃湯(246)、車騎將軍宗正珍孫(247)等爲顥守，攻之弗克。時暑炎赫，將士疲勞。太原王欲使帝幸晉陽，至秋更舉大義(248)，未決，召劉助筮之(249)。助曰：「必克。」於是至明(250)盡力攻之，如其言。桃湯、珍孫並斬首，以殉三軍。顥聞河內不守，親率百僚出鎮河橋，特遷(251)侍中安豐王延明(252)往守硤石(253)。七月，帝至河陽(254)，與顥隔河相望。太原王命車騎將軍爾朱兆(255)潛師渡河，破延明於硤石。顥聞延明敗，亦散走。所將(256)江淮子弟五千人，莫不解甲(257)相泣，握手成別(258)。顥與數十騎欲奔蕭衍，至長社(259)，爲社民斬其首，傳送京師。二十日，帝還洛陽，進太原王天柱將軍，餘官亦如故；進上黨王太宰，餘官亦如故。

注釋

(176)永安二年　即西元五二九年。永安爲北魏孝莊帝（元子攸）第二年號。(177)元顥　字子明，北海王詳子。見《魏書·卷二一》本傳。(178)從兄　猶言堂兄。從，此指堂房親屬。(179)汲郡　郡名。晉泰始二年（西元二六六年）置。治所在汲縣（今汲縣西南）。轄境相當今河南省新鄉市和新鄉、汲縣、輝縣等縣地。(180)蕭衍　即南朝梁武帝。字叔達，南蘭陵（今江蘇省常州縣西北）人。南齊時官雍州刺史，鎭守襄陽。乘齊內亂奪取帝位。後爲東魏降將侯景幽死。(181)巡　猶言巡幸，即帝王到外地巡視。(182)大道既隱，天下匪公　猶言「大道已經隱去，天子之位非禪讓而授聖德」。語本《禮記·禮運》：「大道之行也，天下爲公。」又：「大道既隱，天下爲家。」大道，指常理正道。天下，此指天子之位。公，猶共，指揖讓授聖而不私傳子孫。隱，即去。匪，即非之義。(183)禍福不追，與能義絕　猶言「凶吉並不隨順而至，推舉賢能之古義已經斷絕」。追，即隨順之義。禍福不追，即當禍而福至，當福而禍至。與，即舉。與能，語出《禮記·禮運》：「選賢與能，講信脩睦。」與能義絕，卽指百姓不親舉賢能推以爲主。(184)庶幾五帝　庶幾即相近、差不多之義。五帝，即黃帝、顓頊、帝嚳、唐堯、虞舜。據傳聞皆以揖讓或順承而非依武力登上帝位。(185)無取六軍　猶言無需借重軍隊，亦卽不需動武之義。取，即採用之義。六軍，據《周禮·夏官·司馬》載：「凡制軍萬有二千五百人爲軍。王六軍，大國三軍，次國二軍，小國一軍。」後六軍作爲軍隊之統稱。(186)糠粃萬乘　猶言「視萬乘之君如糠粃」。糠，即穀皮。粃，即不熟之穀。糠粃皆爲不能食之賤物。乘，音ㄕㄥˋ，即一車四馬。萬乘，指萬輛車。周制，王畿方千里，能出兵車萬乘。後因以萬乘指帝位。(187)錙銖大寶 猶言「視帝王寶座爲錙銖」。錙銖，古代重量單位。據《孫子算經》載：「稱之所起，起于黍。十黍爲一絫，十絫爲一銖。二十四銖爲一兩。」又據《說文・金部》云，六銖爲一錙。後以錙銖喻指極微小數量。大寶，即帝位。《易・繫辭下》云：「聖人之大寶曰位。」(188)六合 指天地四方。(189)順而勤王 順，即順天道。勤王，謂出兵救援王朝。(190)逆刄加於君親 據《魏書・卷一三・靈皇后胡氏傳》云：「太后對榮多所陳說，榮拂衣而起。太后及幼主並沈於河。」(191)鋒鏑肆於卿宰 鋒即刀口；鏑即箭頭。鋒鏑即刀箭，或泛指兵器。肆，即侵犯之義。(192)元氏少長，殆欲無遺 據《魏書・卷一〇・孝莊紀》載，爾朱榮殺害胡太后及幼主後，又殺害元氏諸王十餘人。(193)陳恒盜齊 陳恒即田常，陳厲公之後。據《史記・田完世家》載：陳恒初爲齊簡公之相。後殺簡公而立平公，終篡奪齊國而爲諸侯。(194)六卿分晉 六卿即晉國之韓、趙、魏、范、中行和智氏。據《史記・晉世家》載：晉昭公時六卿彊於公室。出公、哀公之世，六卿自相併吞。靜公二年，韓、魏、趙三家分晉，晉滅。(195)四海橫流 《孟子・滕文公》云：「洪水橫流，氾濫於天下。」此處喻指天下大亂，生靈塗炭。(196)樹 即設置之義。(197)兄弟 指莊帝兄無上王劭與莊帝弟始平王子正。(198)獨夫介立 猶言「一人孤立無助」。獨夫，猶一夫。指眾叛親離者。介立，即獨立，孤高自傲貌。(199)遵養待時 《詩・周頌・酌》云：「於鑠王師，遵養時晦。」《毛傳》云：「遵，率；養，取；晦，昧也。」《孔疏》云：「率此師以取是闇昧之君。」此處借指爾朱榮待時而篡位。(200)臣節詎久 臣節，指人臣之操守。詎久，猶言「豈能長久」。詎，即豈、何之義。(201)心寒　即內心戰慄、恐懼之義。(202)遠投江表，泣請梁朝　據《魏書．元顥傳》云：「顥與子冠受率左右奔於蕭衍。顥見衍，泣涕自陳，言辭壯烈。衍奇之，遂以顥爲魏王。假之兵將，令其北入。」江表，古代指長江以南地區。從中原人看來，地在長江之外，故稱江表。此處則借指梁朝。因梁朝都城爲建業（即今江蘇省南京市）。(203)風行建業　據《魏書．卷三一．元顥傳》云：「永安二年四月於梁國城南登壇燔燎，號孝基元年。」此謂舉事建業，迅猛如風。風行，比喻迅速威猛。(204)電赴三川　猶言「如閃電一樣迅速攻克洛陽」。三川，郡名。秦莊襄王時置，地在今河南省洛陽市西南一帶，因有伊、洛、河三川，故名。此處借指北魏都城洛陽。(205)桎梏　即腳鐐手銬。此處借指爾朱榮對莊王之控制。(206)骨肉　喻指至親之人。(207)解蒼生於倒懸　猶言「把百姓從困苦中解救出來」。蒼生，即百姓、眾民。倒懸，即頭向下腳向上地倒掛著，比喻處境極困苦危急。(208)明眸擊節　明眸，猶言「使眼睛明亮」、或「擦亮眼睛，明白事理」。眸，即眼珠。擊節，即點拍。擊是敲打；節爲一種樂器。擊節用以調節樂曲。此處借指心意相合。(209)躬　即親自之義。(210)凶羯　此指爾朱榮。因其爲羯族人，故云。(211)成皐　地名。位於今河南滎陽縣汜水鎮之西。春秋鄭時名虎牢，後改爲成皐。戰國屬韓，後獻於秦。地勢險要，楚漢兩軍曾相持於此。漢置縣，屬河南郡。又據《魏書．元顥傳》載：「莊帝詔濟陰王暉業爲都督，於考城拒之，爲顥所擒。又尅行臺楊昱於滎陽，爾朱世隆自虎牢走退，莊帝北幸。」本文所謂「不意駕入成皐，便爾北渡」，即指此事。(212)貳生素懷　猶言「異心生於平素之懷抱」。貳爲貳心，即離心、異心。(213)棄劍猜我　猶言「棄劍不殺爾朱榮，反而猜疑我有奪位之心」。(214)撫衿而失　猶言「手撫衣襟而感到失望」。(215)連枝分葉　即枝連葉分，同出一本。此處用以比喻兄弟關係親密。(216)鬩　即爭吵。(217)外猶禦侮　《詩・小雅・常棣》云：「兄弟鬩于牆，外禦其務（侮）。」猶言「兄弟雖相爭於內，但對外則應協力抗禦敵侮」。(218)篤　即篤厚、眞誠。(219)其於急難　《詩・小雅・常棣》云：「脊令在原，兄弟急難。」《毛傳》云：「急難，言兄弟相救於急難。」急難即急人之難。(220)凡今莫如　《詩・小雅・常棣》云：「凡今之人，莫如兄弟。」言眾人之中能救急難者莫如兄弟。(221)棄親卽讎　猶言「疏遠親人而去接近仇人」。讎，同仇。(222)義將焉據　猶言「世上哪有這樣的道理」。(223)暴於旁午　猶言「暴露於道路」，亦即路人皆知之義。暴，音ㄆㄨˋ。旁午，即交錯、紛繁之義，此指道路。(224)必然　此謂必然之事。即爾朱榮謀魏社稷之事。(225)尋戈　即動用兵器。尋，使用之義。戈，泛指兵器。(226)民地　猶言「一民尺寸之地」。(227)廣　即擴大之義。(228)莽　即王莽。據《漢書・王莽傳》載，西漢末，莽篡位稱帝，改國號爲新。(229)卞莊之利　據《戰國策・秦策》載，陳軫對秦惠王曰：「亦嘗有以夫卞莊子刺虎聞於王者乎？莊子欲刺虎，館豎子止之曰：兩虎方且食牛，食甘必爭，爭則必鬥，鬥則大者傷，小者死。從傷而刺之，一舉必有二獲。」此處喻指兄弟相爭，爾朱榮必得其利。(230)隆替　即興衰之義。(231)誓茲義舉　猶言「誓約於此次正義行動」。(232)宗社　即宗廟和社稷。常用以代稱國家。(233)與運　即國運、世運。(234)殄　即滅絕。(235)鴟鳴狼噬　用以比喻爾朱榮橫暴凶殘。鴟鳴，鴟爲猛禽，其聲惡，鳴則不祥。狼噬，狼性凶貪，常反噬。(236)荐食　猶言「屢次吞食」。荐，即數之義。數，音ㄕㄨㄛˋ，屢次、多次之義。(237)豈伊異人　《詩・小雅・頍弁》云：「豈伊異人，兄弟匪他。」鄭箋：「豈有異人疏遠者乎？皆兄弟與王至親。」此亦表示兄弟最爲親近，不比旁人。(238)三復　猶言「反覆思考」。(239)兼利是圖　猶言「加倍謀利」。兼即加倍。利即利益。(240)狗人　即曲從於人。(241)自相魚肉　猶言「自相殘害」。(242)元吉　即大吉利。《易・坤》云：「黃裳元吉。」《孔疏》云：「元，大也。」(243)祖瑩之詞　據《魏書・卷八二・祖瑩傳》載：「元顥入洛，以瑩爲殿中尚書。莊帝還宮，坐爲顥作詔罪狀爾朱榮，免官。」(244)長子城　魏屬上黨郡。故城在今山西省長子縣西。(245)赴急難　謂趨救急人之難。(246)元桃湯　《魏書・莊帝紀》作元襲。(247)珍孫　見《魏書・卷七三・崔延伯傳》。(248)大義　即正道之義。(249)召劉助筮之　劉助，《魏書》作劉靈助。《魏書・卷九一》有傳。筮，即卜筮、占卜，以測吉凶。(250)至明　意即極其清楚明白。(251)遷　即升遷官職。(252)延明　安豐王猛之子。見《魏書・卷二〇・延明傳》。(253)硤石　地名。位於河南省孟津縣西。爲黃河津渡處。因石路阻隘故有此名。(254)河陽　古縣名。春秋晉邑。漢置縣，治所在今河南孟縣西。(255)爾朱兆　字萬仁，榮從子。《魏書・卷七五》有傳。(256)將　即率領之義。(257)解甲　即脫掉盔甲。(258)握手成別　意即握手相別。(259)長社　古縣名。西漢置。治所在今河南省長葛東。北魏以後歷爲潁川郡、潁州、鄭州、許州及潁昌府治所。

語譯

永安二年五月，北海王元顥又攻入洛陽，兵馬駐紮在永寧寺。元顥是孝莊帝的堂兄。孝昌末年，他鎮守汲郡，聽說爾朱榮攻入洛陽，於是就投奔南朝梁武帝蕭衍。永安二年，元顥攻入洛陽時，正逢莊帝在北方巡視。於是元顥登上皇帝寶位，改年號為建武元年。元顥在寫給莊帝的書信中說道：「常理正道已經隱去，天子之位不再禪讓而授與聖德。禍福凶吉並不隨順，舉賢之義已經絕跡。我之仁德可同五帝相比，能以揖讓而得帝位，無須興師動武。所以我視萬乘之君如糠粃，視帝王寶座如錙銖。我並非貪心於皇帝之尊貴，更不是圖謀天下之富有。只是因為爾朱榮於前年攻入洛陽，聲稱順天道而援救王朝，但終究成為我大魏之賊臣。皇親國戚遭其殺害，公卿府宰亦被屠戮。對元氏老少，他幾乎想斬盡無遺。由此看來，榮賊已有『陳恒篡奪齊國』之野心，更藏『六卿瓜分晉國』之詭計。只是由於天下大亂，他想篡位而不可能；於是才暫且分設君臣之位，而假意相互拜置。他殺害你的兄弟，使你一人孤立無助；他等待時機篡位，其人臣之操守豈能保持長久？看到這些，我心驚膽戰，這才遠遠投奔江南，泣請梁朝借兵於我，立誓要報復所受之恥辱。我舉事於建業，威猛如風行；攻克入洛陽，迅速如電赴。我正是為了清算爾朱榮之罪惡，解除他對你的控制；同時也是為了安撫心懷深怨之親人，把老百姓從困苦中解救出來。我以為你應眼明心亮，與我意旨相合，並且親來見我，共敘家國哀痛和辛酸，同討凶殘之仇敵。沒想到我攻占成皋時，你卻乘機北渡而去。雖說你是爲凶敵所脅迫，身不由己；但或許是因爲你素來胸懷貳心，因此才棄劍不討凶敵，反而猜疑於我。聽說這些事，我不禁聲聲長嘆，手撫衣襟而深感失望。爲什麼呢？我與你本是親兄弟，猶如枝與葉同出一本，或興或滅，自相依連。假如我們之間發生內部爭吵，也應共同抗禦外侮。何況我和你關係和睦，感情篤厚。再說凡今之人，莫如兄弟能相救於急難。若拋棄親人而去接近仇人，世上哪有這樣的道理！況且爾朱榮反叛之跡，路人皆知；其謀魏社稷之野心，愚者智者均已看清。而你卻明明白白地懷疑這種必然之事，把自己的性命託付給豺狼，把自己的身體委託於虎口，拋棄親人幫助逆賊，致使兄弟之間兵戎相見。假如獲得一民尺寸之地，那本是爾朱榮之物，倘若攻克一個城鎮，也絕非爲你所據有。相反則徒然危害國家，從而擴大對賊寇之仇恨。如果所做之事會使王莽之流感到高興，或是給予仇敵以『卞莊之利』，那麼凡是有卓越見識之人都會因此而感到慚愧。今天，家族和國家或興或廢，正決定於你和我。如果天道輔助順應，立誓相約於這次正義之舉，那麼大魏之國運無有窮盡。倘若天道並不厭惡混亂，爾朱榮命不該絕，讓他繼續橫暴凶殘，屢屢吞食河北，那麼這對爾朱榮而言是福，對你則爲禍。我與你是最親近之兄弟，豈能有如旁人那麼疏遠？因而借此信以表達我的意思，你應當反覆思之：如果你加倍謀利，富貴可保，但須曲從爾朱榮之邪謀；如果你始終都不背棄諾言，則會導致自相殘殺。因此願你妥善地作出最有利的選擇，以免將來後悔。」這篇書信爲黃門侍郎祖瑩所撰寫。當時，莊帝正在長子城，太原王、上黨王都趕來解救其急難。六月，莊帝圍困河內。太守元桃湯、車騎將軍宗正珍孫等爲元顥防守此地，莊帝加緊進攻但沒有取勝。此時正逢炎暑天熱，將士疲勞不堪。太原王想讓莊帝去晉陽，到秋涼時再出兵征討。莊帝難以決斷，便召劉助進宮占卜，以測吉凶。劉助占卜之後說道：「必定能攻克河內。」於是在明白此事結果之後便盡力攻打，果然如劉助所言。桃湯、珍孫都被斬首，用以爲陣亡的三軍殉葬。元顥聽說河內沒守住，親自率領眾位僚屬鎮守河橋，並特意升遷和委派侍中安豐王延明去守硤石。七月，莊帝來到河陽，與元顥隔河相望。太原王命車騎將軍爾朱兆率兵偷渡過河，在硤石攻破延明之防守。元顥等人聽說延明已被打敗，也四散奔逃而去。元顥所率領的五千江淮子弟，都丟盔棄甲，相向流淚，握手而別。元顥則帶領數十位隨從打算去投奔蕭衍，但逃到長社時爲百姓所殺，將其首級傳送到京師。二十日，莊帝回到洛陽，又進封太原王爾朱榮爲天柱大將軍，其別的官職依然如舊。進封上黨王元天穆爲太宰，其別的官職也是依然如舊。

永安三年，逆賊爾朱兆囚莊帝於寺。時太原王位極心驕，功高意侈[260]，與奪臧否肆意[261]。帝恐，謂左右曰：「朕寧作高貴鄉公[262]死，不作漢獻帝[263]生。」九月二十五日，詐言產太子，榮、穆並入朝，莊帝手刃榮於明光殿，穆爲伏兵魯暹所殺。

榮世子部落大人[264]亦死焉。榮部下車騎將軍爾朱陽都等二十人隨入東華門[265]，亦為伏兵所殺。唯右僕射爾朱世隆[266]素在家，聞榮死，總榮部曲[267]，燒西陽門，奔河橋。至十月一日，隆與榮妻北鄉郡長公主至芒山馮王寺[268]，為榮追福薦齋[269]。即遣爾朱侯[270]討伐。爾朱那律歸等，領胡騎一千，皆白服來至郭下，索太原王尸喪[271]。帝升大夏門望之，遣主書牛法尚謂歸等曰：「太原王立功不終，陰圖釁逆[272]，王法無親[273]，已依正刑[274]，罪止榮身，餘皆不問。卿等何為不降？官爵如故。」歸曰：「臣從太原王來朝陛下，何忽今日枉致無理[275]，臣欲還晉陽，不忍空去，願得太原王尸喪，生死無恨。」發言雨淚，哀不自勝。羣胡慟哭，聲振京師。帝聞之，亦為傷懷。遣侍中朱元龍[276]齎[277]鐵券[278]與世隆，待之不死，官位如故。世隆謂元龍曰：「太原王功格天地[279]，道濟生民[280]，赤心奉國，神明[281]所知。長樂不顧信誓，枉害忠良，今日兩行鐵字，何足可信？吾為太原王報仇，終不歸降！」元龍見世隆呼帝為長樂，知其不款[282]，且以言帝。帝即出庫物置城西門外，募敢死之士以討世隆，一日即得萬人。與歸等戰於郭外，凶勢不摧。歸等屢涉戎場[283]，便利擊刺[284]。京師士眾未習軍旅[285]，雖皆義勇，力不從心。三日頻戰，而游魂[286]不息。帝更募人斷河橋。有漢中人李苗[287]為水軍，從上流放火燒橋。世隆見橋被焚，遂大剽[288]生民，北上太行。帝遣侍中源子恭[289]、黃門侍郎楊寬[290]領步騎三萬鎮河內。世隆至高都[291]，立太原太守長廣王曄[292]為主，改號曰建明元年。爾朱氏自封王者八人。長廣王都晉陽[293]，遣潁川王爾朱兆舉兵向京師。子恭軍失利，兆自雷陂涉渡，擒莊帝於式乾殿。帝初以黃河奔急，謂兆未得猝濟，不意兆不由舟楫，憑流而渡[294]。是日水淺，不沒馬腹，故及此難。書契所記，未之有也。衒之曰：「昔光武受命[295]，冰橋凝於滹水[296]；昭烈[297]中起，的盧踊於泥溝[298]。皆理合於天，神祇所福。故能功濟宇宙，大庇生民。若兆者，蜂目豺聲[299]，行窮梟獍[300]，阻兵安忍[301]，賊害君親。皇靈[302]有知，鑒其凶德[303]，反使孟津[304]由膝，贊其逆心。《易》稱天道禍淫，鬼神福謙[305]，以此驗之，信為虛說。」時兆營軍尚書省，建天子金鼓[306]，庭設漏刻[307]，嬪御妃主[308]，皆擁之於幕[309]。鎖帝於寺門樓上。時十二月，帝患寒，隨[310]兆乞頭巾，兆不與。遂囚帝送晉陽，縊於三級寺。帝臨崩禮佛，願不為國王。又作五言曰：「權去生道促(311)，憂來死路長(312)，懷恨出國門(313)，含悲入鬼鄉(314)！隧門一時閉(315)，幽庭豈復光(316)？思鳥吟青松，哀風吹白楊。昔來聞死苦，何言身自當(317)。」至太昌元年(318)冬，始迎梓宮(319)赴京師，葬帝靖陵。所作五言詩即為挽歌詞(320)。朝野聞之，莫不悲慟。百姓觀者，悉皆掩涕而已！

注釋

(260)意侈　猶言「意態放縱」。侈即邪行、放縱之義。(261)與奪臧否肆意　意即任意地給予或剝奪、褒獎或貶斥。(262)高貴鄉公　即曹髦，三國時魏文帝孫。據《三國志・魏志・高貴鄉公紀》裴注引《漢晉春秋》云：齊王芳廢，髦即帝位，朝政為大將軍司馬昭所把持。髦忿而謂王沈等人曰：「司馬昭之心，路人所知也。吾不能坐受廢辱，今日當與卿自出討之。」遂帥僮僕數百鼓噪而出司馬昭之宅，竟為成濟所弒，卒年二十。(263)漢獻帝　即劉協。據《後漢書・卷九・獻帝紀》云：獻帝被迫遜位，曹丕稱天子，奉獻帝為山陽公，邑一萬戶，位在諸侯王之上。(264)榮世子部落大人　即爾朱榮之長子爾朱菩提。部落大人，即部落首領。(265)東華門　即宮城東北頭一門。見本書附錄「洛陽伽藍圖」。(266)爾朱世隆　字榮宗，為爾朱榮之堂弟。《魏書・卷七五》有傳。(267)總

榮部曲　猶言「統率爾朱榮之部屬」。總即統率。部曲爲軍隊編制之稱。(268)芒山馮王寺　芒山，見本篇注(158)。馮王寺，因此寺爲馮熙所建，故稱之。馮熙爵昌黎王，信佛法，自出家財在諸州鎮建佛國精舍七十二處。見《魏書·卷八三·外戚列傳·馮熙傳》。(269)追福薦齋　猶言「追悼、祭祀」。追福，爲死者祈求冥福。薦齋，即祭祀之義。薦，供時物而祭。齋，古人祭祀前淸心潔身以示恭敬。(270)爾朱侯　侯與下文所言之爾朱那律歸均爲朔北胡羯，附於爾朱榮，故復冠爾朱之姓。(271)尸喪　即尸體。喪，死者遺體。(272)陰圖釁逆　猶言「陰謀造反」。釁即罪之義。逆即背叛之義。(273)王法無親　意即王法公正而不偏親私。(274)正刑　即正法。(275)枉致無理　猶謂「枉遭無理之害」。(276)朱元龍　名瑞，代郡桑乾人。《魏書·卷八〇》有傳。(277)賫　即賚的異體字。賚即賞賜之義。(278)鐵券　古代帝王頒賜功臣授以世代享受某種特權之鐵契。(279)功格天地　猶言「其功之大可與天地等同」。格，至之義。(280)道濟生民　猶言「其道之行足以救助百姓」。(281)神明　即神祇，亦即天地之神。(282)不款　即無歸降之誠意。款即誠之義。(283)戎場　即戰場、沙場之義。戎即戰爭、征戰之義。(284)便利擊刺　意即使槍擊劍，迅速敏捷。便利，即敏捷迅速之義。擊刺指劍術槍法而言。(285)軍旅　指作戰之事。(286)游魂　本指游蕩之鬼魂。此處比喻羯胡之苟延殘喘，變亂不已。(287)漢中人李苗　漢中，郡名。秦置，因水爲名，治所在南鄭(今陝西省漢中東)。轄境歷代多有變遷。李苗，字子宣，梓潼涪人。見《魏書·卷七一·李苗傳》。(288)剽　即刼掠之義。(289)源子恭　字靈順，西平樂都人。見《魏書·卷四一·源賀傳》。(290)楊寬　字蒙仁，華陰人。見《魏書·

卷五八・楊播傳》。(291)高都　地名。戰國時屬魏地。漢置縣，屬上黨郡。北魏永安年中於縣置高都郡。故城在今山西省晉城縣。(292)長廣王曄　字華興，小字盆子，南安王楨孫。莊帝初封長廣王。見《魏書・卷一七・南安王楨傳》。(293)都晉陽　即建都晉陽，或以晉陽爲都城。(294)憑流而渡　猶言「涉河而渡」。憑流即憑河，無舟而徒步渡河之義。(295)光武受命　光武，即漢光武帝劉秀。受命，謂受之天命。此爲古之帝王託神權以自重之辭。(296)冰橋凝於滹水　據《後漢書・卷五〇・王霸傳》載：漢更始二年正月，光武徇薊，王郎移檄購光武。光武即南馳至下曲陽，傳聞王郎兵在後，從者皆驚恐。至滹沱河，無船可渡。適遇天寒冰合，乃得過。滹水即滹沱河，位於今河北省西部。(297)昭烈　即三國蜀漢昭烈帝劉備。(298)的盧踊於泥溝　據《三國志・蜀先主傳》裴注引《世語》載：劉備赴荊州依劉表。表憚其爲人，不任信用。曾請備宴會，蔡瑁欲取之。備覺，僞如厠，乘的盧馬潛逃而去。走墮襄陽城西檀溪水中，溺不得拔。先主急曰：「的盧！今日厄矣！可努力！」的盧馬一躍三丈，遂得過。的盧，馬名，據傳爲「奴乘客死、主乘棄世」之凶馬。(299)蜂目豺聲　語出《左傳・文公元年》。此處借以極言爾朱兆形貌凶狠醜陋。(300)行窮梟獍　猶言「其行爲殘暴可同梟獍這種凶禽猛獸相比」。窮，即極之義。梟，食母之凶鳥。獍，食父之凶獸。見任昉《述異記》。(301)阻兵安忍　猶言「倚仗軍隊而安於爲殘忍之事」。阻即倚仗之義。安即安於之義。忍指殘忍之事。(302)皇靈　即天神。(303)鑒其凶德　猶言「鑒明其凶惡之德性」。鑒即鑒別之義。(304)孟津　古黃河津渡名，位於今河南省孟津縣東北、孟縣西南。(305)天道禍淫，鬼神福謙　猶言「天道使作惡者受禍，鬼神使謙遜者得福」。㉝⑯金鼓　此處指金屬樂器和鼓。㉝⑰漏刻　亦稱「刻漏」、「漏壺」，古代計時器。㉝⑱嬪御妃主　此處泛指嬪妃宮女。御，即嬪妃。主即公主之簡稱。㉝⑲幕即幕府。㉛⑩隨　即順便之義。㉛⑪權去生道促　猶言「權勢已去而覺生路之短促」。㉛⑫憂來死路長　猶言「憂從心來而感死路之漫長」。㉛⑬懷恨出國門　猶言「胸懷一腔仇恨而出家國之門」。㉛⑭含悲入鬼鄉　猶言「飽含無比悲憤而入鬼魅之鄉」。㉛⑮隧門一時閉　猶言「隧道之門一時封閉」。隧即隧道，多指墓道。㉛⑯幽庭豈復光　猶言「墓穴之內豈能再見日光？」幽庭，指墓穴。㉛⑰何言身自當　猶言「何曾說道自身也會承受淒苦」。㉛⑱太昌元年　即西元五三二年。太昌，即魏孝武帝（元脩）第一年號。㉛⑲梓宮　即皇帝之棺。㉜⑳挽歌詞　即哀悼死者之歌詞。挽，意即對死者表示悼念。

語　譯

永安三年，叛賊爾朱兆將莊帝囚禁於永寧寺內。當時太原王身處高位，心性驕傲，功勞雖大而意態放縱，或與或奪、或褒或貶，任意行事。莊帝見此驚恐不安。對左右侍臣說：「我寧可學高貴鄉公壯烈而死，也不願像漢獻帝那樣苟且偷生。」九月二十五日，莊帝謊稱皇后剛生太子，於是爾朱榮和元天穆一同入朝慶賀，莊帝趁機親手將爾朱榮殺死於明光殿；元天穆則爲伏兵魯暹所殺。爾朱榮長子部落大人爾朱菩提也同時遇害。爾朱榮之部下車騎將軍爾朱陽都等二十人跟隨入東華門，也爲伏兵所殺。唯有右僕射爾朱世隆向來不出家門，聽說其堂兄爾朱榮被莊帝殺死，於是就統率爾朱榮之部屬，焚燒西陽門，逃往河橋。到十月一日，爾朱世隆和爾朱榮之妻北鄉郡長公主去芒山馮王寺祭祀追悼爾朱榮。隨即又派爾朱侯率兵討伐。爾朱那律歸等率領一千身著素服之騎兵，來到洛陽外城下，索討太原王爾朱榮之遺體。莊帝聞訊登上大夏門觀望，並派主書牛法尚對爾朱那律歸等人說：「太原王立功有始無終，陰謀造反，王法不徇私親，因此已依法將其處死。不過，叛逆之罪只由爾朱榮一人承擔，其餘的協從之人一概不予追究。你們爲什麼不歸降呢？若歸降的話，你們的官爵則可依然如故。」爾朱那律歸說：「我跟隨太原王來朝拜莊帝，今日他爲何寃枉遭受無理之害？我們打算回到晉陽，但不忍心空手而去，希望討回太原王遺體，這樣，或生或死都無所怨恨了。」邊說邊淚如雨下，悲痛得難以忍受。他所率領的將士也都悲痛不已，他們的哭聲震動了京師洛陽。莊帝聽見了也不禁悲從心來。於是派侍中朱元龍把一份鐵契賞給世隆，以不死之恩賜之，許其官位依然如故。世隆對元龍說：「太原王功勞之大可與天地等同，其道義之推行足以救助百姓，其事奉國家則可謂赤膽忠心。這些都是爲神明所知道的。長樂王置其眞誠誓言而不顧，寃屈地殺害忠臣良將。今天僅憑這兩行鐵字，怎足以使人信任於他？因此我決心要爲太原王報仇洩恨，始終不會歸降的。」朱元龍見爾朱世隆直接稱呼莊帝爲長樂王，知他毫無歸降誠意，於是就如實回稟給莊帝。莊帝馬上拿出庫藏之物，放在洛陽城之西門外，以招募敢死之士去討伐爾朱世隆，一天就招募了一萬人。於是就與爾朱那律歸等人大戰於城郭之外，但並沒有摧毀其囂張氣焰。因爲爾朱那律歸等人多次奔涉於戰場，其使槍擊劍迅速敏捷。莊帝所招募的京師之士，從未練習過作戰之事，因此雖然都見義勇爲，但仍然是力不從心。連續大戰三日，而爾朱那律歸等人仍然苟延殘喘，變亂不止。於是莊帝又招募勇士去毀斷河橋。有漢中人李苗率領水軍從上游乘舟夜下，放火燒橋。爾朱世隆見橋被焚毀，於是對百姓大肆搶劫，然後北上太行山。莊帝派侍中源子恭、黃門侍郎楊寬率領三萬步兵和騎兵去鎭守河內。爾朱世隆率眾到了高都郡，立太原太守長廣王元曄爲君王，改年號爲建明元年。爾朱氏自封王者有八人。長廣王以晉陽爲都城，派潁川王爾朱兆率兵向京師洛陽進軍。源子恭領兵與其交戰失利。爾朱兆則率軍自雷陂徒步渡過黃河，在式乾殿擒住莊帝。當初，莊帝以爲黃河浪奔水急，爾朱兆難以於倉卒間渡過。可是沒料到爾朱兆不用船隻就徒步過河了。這天水淺，不及馬腹，因此莊帝才遭此難。至於書上所記載的，都沒有說明這一點。對此，衒之評論道：「後漢光武帝受天之命時，急于渡過滹沱河，於是河水爲之凝成冰橋。蜀漢昭烈帝中興而起時，急于逃脫敵人之追殺，於是的盧馬爲之躍出泥溝。這些都是情理合乎天意，當然也是神靈賜福的結果。因此他們才能功貫宇宙，廣泛地庇護百姓。但是像爾朱兆之流，蜂目豺聲，貌醜聲惡；行同梟獍，凶狠殘暴。他倚仗軍隊，安於做殘忍之事，殺害皇親，若天神有知，也應鑒明其凶惡之德性。可是，卻反而使孟津渡之水深與膝齊，以贊助爾朱兆叛逆之心。《易經》云：天道使作惡之人受禍，鬼神使謙遜之人得福。以此來加以驗證，實在是虛妄之論。」當時，爾朱兆駐軍之地爲尚書省，其堂上建有天子之金鼓，庭內設有計時之漏刻。嬪妃宮女皆擁集其幕府。爾朱兆把莊帝鎖於永寧寺門樓之上。當時正是十二月，莊帝感到寒冷，追著向爾朱兆討一幅頭巾以禦寒，但是爾朱兆不給他。隨後便用囚車把莊帝送往晉陽，並把他吊死在三級寺。莊帝臨死前向佛施禮，希望來生不再做國王。又作五言詩云：「權去生道促，憂來死路長。懷恨出國門，含悲入鬼鄉。隧門一時閉，幽庭豈復光？思鳥吟青松，哀風吹白楊。昔來聞死苦，何言身自當！」直到太昌元年冬天，才把莊帝之棺木迎回京師，葬於靖陵。莊帝所作五言詩也就成了哀悼他的挽詞。朝野之士，凡聽到這首挽詞的無不深感悲痛；那些圍觀的老百姓，也都掩面垂淚而哭泣。

永熙三年[321]二月，浮圖爲火所燒。帝登凌雲臺[322]望火，遣南陽王寶炬[323]、錄尚書事長孫稚[324]將羽林[325]一千救赴火所[326]，莫不悲惜，垂淚而去。火初從第八級中平旦[327]大發，當時雷雨晦冥[328]，雜下霰雪[329]，百姓道俗，咸來觀火。悲哀之聲，振動京邑。時有三比丘赴火[330]而死。火經三月不滅。有火入地尋柱[331]，周年猶有煙氣。其年五月中，有人從東萊郡[332]來云：「見浮圖於海中，光明照耀，儼然[333]如新，海上之民，咸皆見之。俄然[334]霧起，浮圖遂隱。」至七月中，平陽王[335]爲侍中斛斯椿

(336)所挾，奔於長安(337)。十月而京師遷鄴(338)。

注釋

(321)永熙三年　即西元五三四年。永熙爲魏孝武(元脩)第二年號。(322)淩雲臺　位於河南省洛陽宣陽門內。爲三國魏文帝所築，高二十丈，登之可見孟津。(323)南陽王寶炬　即西魏孝文帝。《魏書・卷二二》有傳。(324)長孫稚　字承業，代人，《魏書・卷二五》有傳。(325)羽林　皇帝衛軍之名稱。(326)救赴火所　猶言「去失火處救火」。(327)平旦　即「平明」，亦即天大亮之時。(328)晦冥　即昏暗之義。(329)霰雪　即雪珠，俗稱米雪。(330)比丘赴火　乃佛家捨身救難，功德無量之舉。比丘，譯音字。義爲「乞士」。佛教指出家修行之男僧。因僧人需上於諸佛乞法，下於施主乞食，故有此稱。(331)入地尋柱　此指火順著柱子燃燒，直入地下。(332)東萊郡　郡名，漢初置，屬青州。轄山東舊登州萊州等地。治所在掖，即今山東省掖縣。晉爲東萊國，南朝後爲東萊郡。(333)儼然　即「宛然」、「好像眞的」之義。(334)俄然　即「突然」之義。(335)平陽王　即魏孝武帝(元脩)，原爲平陽王。(336)斛斯椿　字法壽，廣牧富昌人。《魏書・卷八〇》有傳。(337)長安　古都城。本秦離宮，漢高帝七年始都於此。西魏亦以此爲都。故城在今陝西省西安市西北。(338)遷鄴　見本書〈序〉注㉛。

語譯

永熙三年二月，永寧寺佛塔被火所燒，孝武帝登上凌雲臺察看火勢，並派南陽王寶炬、錄尚書事長孫稚率羽林軍一千人去佛塔救火。眾人見佛塔遭此火災，無不悲痛惋惜，都流淚而去。佛塔之火，是在天大亮時開始從第八級中間大燒起來的。當時雷雨交加，天色昏暗，還夾雜下著雪珠。老百姓以及僧人俗士都來觀看火情。其悲哀之聲，振動京師洛陽。當時有三位比丘跳入火中，捨身救難、自焚而死。這次大火一直燒了三個月還沒有熄滅。甚至還有火順著柱子燒入地下，整整一年還有煙氣飄出。

這年五月間，有人從東萊郡到洛陽來說：「見佛塔出現在大海之中，光明照耀，宛然如新建。海上之民全都親眼所見。後來海上突然升起大霧，佛塔也就隱沒了。」到七月間，孝武帝為侍中斛斯椿所挾持，於是就逃奔到長安。十月，京師遷往鄴城。

二、建中寺

篇旨

此篇首先簡要介紹了建中寺之來歷、構造及其所處地理位置。其次則詳細記敘了與建中寺緊密相關的政治史實。

建中寺，普泰元年①，尚書令樂平王爾朱世隆所立也。本是閹官②司空劉騰③宅。屋宇奢侈，梁棟踰制④，一里之間，廊廡⑤充溢⑥。堂比宣光殿⑦，門匹⑧乾明門⑨，博敞弘麗⑩，諸王莫及也。在西陽門內御道北，所謂延年里。劉騰宅東有太僕寺⑪，寺東有乘黃署⑫，署東有武庫署⑬，即魏相國司馬文王⑭府庫，東至閶閹宮門是也。

注釋

①普泰元年　即西元五三一年。普泰爲北魏節閔帝（元恭）之年號。②閹官　即太監。③劉騰　字青龍，平原城人。《魏書・卷九四》有傳。④踰制　猶言「越過規格或法式」。⑤廊廡　即堂前之廊屋。⑥充溢　此即繁多之義。⑦宣光殿　北魏殿名，亦沿晉殿名之舊。⑧匹　即「匹敵」、「對等」之義。⑨乾明門　據《元河南志・卷三》載，此即宮東門。⑩博敞弘麗　猶言「寬廣弘大壯麗」。⑪太僕寺　爲劉騰處理公務之所。太僕亦掌管皇帝乘輿之事。劉騰曾任此官。⑫乘黃署　即掌管馬匹之官署。乘黃，馬名，亦稱「飛黃」。⑬武庫署　管藏兵器之官署。⑭司馬文王　即司馬昭。《晉書・卷三》有紀。司馬昭曾任三國魏之相國。

語譯

建中寺，是尚書令樂平王爾朱世隆於普泰元年建造的。此寺本是太監劉騰之舊宅。其屋宇之構造，奢侈浪費；其梁棟之選用，超越法式。一里之內，廊屋過道繁多。其堂可與宣光殿相比，其門正和乾明門對等，其寬廣、弘大、壯麗，是諸王之宅所難以比得上的。

此寺位於西陽門內御道之北，也就是所謂的延年里。劉騰宅之東有太僕寺，太僕寺之東有乘黃署，乘黃署之東有武庫署，這武庫署也就是三國時魏之相國司馬昭的府庫。從武庫署往東，可直達閶闔宮門。

西陽門內御道南，有永康里。里內復有領軍將軍元叉⑮宅。掘故井得石銘云是漢太尉荀彧⑯宅。正光⑰年中，元叉專權，太后幽隔永巷⑱，騰爲謀主⑲。叉是江陽王繼⑳之子，太后妹婿㉑。熙平初，明帝幼沖㉒，諸王權上㉓。太后拜叉爲侍中領軍左右，令總禁兵㉔，委以腹心㉕，反得幽隔永巷六年㉖。太后哭曰：「養虎自齧㉗，長虺成蛇㉘。」至孝昌二年㉙，太后反政㉚，遂誅叉等，沒騰田宅。元叉誅日，騰已物故㉛，太后追思騰罪，發墓殘尸㉜，使其神靈無所歸趣㉝。以宅賜高陽王雍㉞。建明元年㉟，尚書令樂平王爾朱世隆爲榮追福㊱，題以爲寺㊲。朱門黃閣，所謂僊居也。以前廳爲佛殿，後堂爲講室㊳，金花寶蓋㊴，遍滿其中。有一涼風堂，本騰避暑之處，淒涼常冷，經夏無蠅，有萬年千歲之樹也。

注釋

⑮元叉　字伯儁，江陽王元繼之長子。《魏書・卷一六》有傳。⑯荀彧　字文若，三國時人，《三國志・魏志・卷一〇》有傳。⑰正光　北魏孝明帝（元詡）第三年號（西元五二〇～五二五年）。⑱幽隔永巷　猶言「幽禁隔離於永巷之中」。永巷，宮中之長巷，爲幽禁妃嬪、宮女之地。永乃長之義。⑲謀主　即主謀之人。⑳江陽王繼　即元繼，字伯仁，襲封江陽王，《魏書・卷一六》有傳。㉑太后妹婿　即胡太后之妹夫。㉒明帝幼沖　謂孝明帝幼小也。沖即幼小之義。㉓諸王權上　權上，即專權於上，亦即朝政大權爲諸王所把持。上即「在上者」，指君主。此處所謂諸王指高陽王雍、任城王澄、清河王懌，皆相繼位列三公。㉔禁兵　即皇帝之親兵。㉕腹心　喻指親信。㉖幽隔永巷六年　據史載，胡太后以正光元年（西元五二〇年）七月被廢，正光六年（西元五二五年）四月復位攝政，凡幽禁六年。㉗齧　即「咬」、「啃」之義。㉘長虺成蛇　猶言「撫養小蛇而成大蛇」。長，音ㄓㄤˇ，撫養之義。㉙孝昌二年　即西元五二六年。孝昌，即孝明帝（元詡）年號。㉚反政　即復位執政。㉛物故　即死亡之義。㉜殘尸　即毀害尸體。㉝趣　即趨附之義。㉞高陽王雍　字思穆，獻文帝（拓跋弘）之子，《魏書・卷二一》有傳。㉟建

明元年 即西元五三〇年。建明爲北魏東海王（元曄）的年號。㊱追福 見本卷〈永寧寺〉篇注㉖⑨。㊲題以爲寺 猶言題名爲佛寺。㊳講室 即宣講佛經之處。㊴金花寶蓋 金花，即以金銀製作之蓮花。寶蓋，即以繒製成之幡蓋。二者皆爲佛寺供具之物。

語譯

西陽門內御道之南，有永康里。里內有領軍將軍元叉的住宅。曾在挖掘宅內舊有的水井時，得到一篇石刻的銘文。據銘文所說，這是漢代太尉荀彧的住宅。正光年間，元叉獨攬大權，把胡太后幽禁隔離在永巷之中，劉騰則是此事的主謀。元叉是江陽王元繼之長子，胡太后之妹夫。熙平初年，孝明帝年幼，朝政大權爲諸王所把持。於是胡太后就任命元叉爲侍中領軍左右，令他統領禁兵，並把他當作親信。可是反而被他幽禁隔離於永巷之中，達六年之久。在遭幽禁時，胡太后哭道：「這眞是養虎反被虎所咬，養虺成大蛇反被蛇所傷。」到了孝昌二年，胡太后復位執政，於是就誅殺了元叉等人，沒收了劉騰的田產和住宅。元叉遭誅殺時，劉騰已經死了。胡太后回想到劉騰的罪惡，就挖掘其墳墓、毀害其屍體，使其靈魂沒有歸宿依附之處。並把劉騰的住宅賜給高陽王元雍。建明元年，尚書令樂平王爾朱世隆因爲要在此宅爲爾朱榮追求冥福，所以就把此宅題名爲佛寺。此宅門漆紅色，閣塗黃彩，眞所謂是神仙之住所。此宅改作佛寺之後，前廳作爲供佛之殿，後堂當作講經之室。至於金銀蓮花和繒織幡蓋，則擺滿了各處。寺中還有一個涼風堂，這本是劉騰避暑之處。此堂一年四季都淒涼寒冷，整個夏天不見蚊蠅。堂中有千年、萬年長生之樹。

二、長秋寺

篇旨

此篇先介紹長秋寺之來歷及其所處地理位置；隨後記敘長秋寺之佛塔及塔內所藏之佛像。同時也較為詳細地記敘了四月四日「行像」時的熱鬧場面。

長秋寺，劉騰所立也。騰初爲長秋令卿①，因以爲名。在西陽門內御道北一里，亦在延年里，即是晉中朝②時金市③處。寺北有濛汜池④，夏則有水，冬則竭矣。

注釋

①長秋令卿　據《魏書・卷九四・劉騰傳》載：劉騰「後遷大長秋卿」。至於「長秋令卿」未見他書，故疑「令」爲衍文。大長秋爲漢所置，乃皇后近侍，多由宦官充任。後魏亦因襲之。②中朝　猶「中葉」，指的是西晉以洛陽爲京師的那段時間。③金市　爲古時洛陽之街市名。④濛汜池　爲三國時魏明帝所開掘。古稱太陽沒入之處爲濛汜，此池因以爲名。汜，音ㄙˋ。

語譯

長秋寺，是劉騰建造的。劉騰最初任長秋卿之職，因而以「長秋」作爲這個寺的名稱。長秋寺位於西陽門內御道北面的一里之處，也就是延年里，即晉朝中葉時的「金市」之所在。寺之北有濛汜池，夏天有水，冬天則乾竭無水了。

中有三層浮圖一所，金盤靈剎⑤，曜諸城內。作六牙白象負釋迦在虛空中⑥。莊嚴佛事⑦，悉用金玉。作工⑧之異，難可具陳⑨。四月四日，此像常出⑩，辟邪師子⑪導引⑫其前。吞刀吐火⑬，騰驤一面⑭；綵幢上索⑮，詭譎不常⑯。奇伎異服，冠於都市⑰。像停之處，觀者如堵⑱，迭相踐躍⑲，常有死人。

注釋

⑤金盤靈剎　此乃佛塔頂上之形製。本卷〈永寧寺〉篇云：「剎上有金寶瓶，……寶瓶下有承露金盤。」即指此。並參見該篇注㉔和㉙。⑥作六牙白象負釋迦在虛空中　釋迦，即佛名釋迦牟尼之略稱。在虛空中，據佛經載，佛降生時，乘著六牙白象，從兜率天出發，無量諸天，作諸妓樂，燒眾多香，散天妙華，遍滿虛空中，放大光明，普照十方。四月八日，佛降神母胎。此處所謂「作六牙白象負釋迦在虛空中」，指根據此故事雕刻的佛降生之相。⑦莊嚴佛事　猶言「佛像裝飾華麗美盛」。莊嚴，此指佛像之裝飾美盛。佛事，此指供養佛像而言。⑧作工　此指雕刻之工藝。⑨具陳　即「陳述」。具亦「陳述」之義。⑩此像常出　據佛經載，佛涅槃後，後人恨不能親覩眞容，於是造「佛降生相」，或「太子巡城像」，於佛降生日(即四月八日)載以車輦，周行城內外，受眾人瞻仰禮拜，謂之「行像」。此云「此像常出」，即指此像經常參與「行像」而言。⑪辟邪師子　皆獸名。此爲人所裝扮，非眞獸。師子即獅子。⑫導引　即在前面引路。⑬吞刀吐火　此指祕幻奇伎。⑭騰驤一面　騰驤，即馬之奔跑馳騁。此指馬戲而言。一面，即一邊

之義。⑮緣幢上索 緣幢，疑即緣橦，雜技名。橦即竿，緣橦即緣竿，亦即爬竿也。上索，雜技名，即「走索」，亦即「空中走繩」。⑯詭譎不常 謂怪誕而不常見。⑰冠於都市 意即遍滿都市。冠，覆蓋之義。⑱堵 即土牆。⑲迭相踐躍 猶言「互相踐踏」。

語 譯

寺中有一所佛塔，塔頂所置之承露金盤和靈刹，光彩奕奕，照耀城內。寺中藏有一尊「佛降生相」，刻畫的是佛乘六牙白象從虛空中飄然降生的情景。這尊佛像全用金玉裝飾，因而顯得華麗美盛。至於佛像雕刻工藝之奇異，是很難陳述出來的。每逢四月四日，這尊佛像便被載去參加「行像」活動。「行像」時用人裝扮的辟邪獅子在佛像前面引路。行像所經之處，人們或表演「吞刀吐火」，或表演「馬戲」，或表演「爬竿」，或表演「空中走繩」，或表演並不常見的幻術。還有那些奇妙之伎藝和怪異之服裝，遍滿都市。至於佛像所停之處，圍觀者更是多如土墻，相互推擁踐踏，以致死人之事常常發生。

四、瑤光寺

篇旨

此篇首先介紹瑤光寺之地理位置和西游園內各種景觀；隨後記敘寺內佛塔之形製、講殿尼房之構造、裝飾和有關傳聞，最後記敘金墉城內外諸建築物。

瑤光寺，世宗宣武皇帝①所立也。在閶闔城門②御道北，東去千秋門③二里。

千秋門內道北有西游園，園中有凌雲臺，即是魏文帝所築者④。臺上有八角井，高祖⑤於井北造涼風觀，登之遠望，目極洛川⑥。臺下有碧海曲池。臺東有宣慈觀，去地十丈。觀東有靈芝釣臺⑦，累木爲之⑧，出於海中⑨，去地二十丈。風生戶牖，雲起梁棟，丹楹刻桷⑩，圖寫列僊。刻石爲鯨魚，背負釣臺；既如從地踊出，又似空中飛下。釣臺南有宣光殿⑪，北有嘉福殿⑫，西有九龍殿。殿前九龍吐水成一海⑬。凡四殿，皆有飛閣向靈芝臺往來，三伏⑭之月，皇帝在靈芝臺以避暑。

注釋

①世宗宣武皇帝　即元恪，高祖孝文皇帝第二子。見《魏書・卷八・世宗紀》。②閶闔城門　此有別於閶闔宮門。參見「洛陽伽藍圖」。③千秋門　爲宮西之門。見「洛陽伽藍圖」。④園中有凌雲臺二句　魏文帝，即三國魏文帝曹丕。據《三國志・魏志・卷三・文帝紀》載，文帝於黃初二年（西元二二一年）築陵雲臺。故此處「凌」當作「陵」。⑤高祖　指北魏高祖孝文帝拓跋宏。⑥洛川　即洛水。⑦靈芝釣臺　乃魏文帝於黃初三年（西元二二二年）開掘靈芝池，長寬各一百五十步，深二丈。上有連樓飛閣，四出閣道釣臺。⑧累木爲之　猶言「以樹木結構而成」。⑨海中　指靈芝釣池之中。⑩丹楹刻桷　猶言楹漆丹彩，桷刻圖紋。楹即廳堂前柱。桷即方形之屋椽。⑪宣光殿　見本卷〈建中寺〉篇注⑦。⑫嘉福殿　爲三國時魏殿名，魏文帝曹丕及魏明帝曹睿皆死於此殿。見《三國志・魏志》。⑬九龍吐水成一海　據《三國志・魏志・明帝紀》裴注

引《魏略》云：魏明帝時掘九龍池，引穀水過九龍殿前，由九龍吐注池中。⑭三伏　即初伏、中伏、末伏。為夏天最熱之時，總稱大伏天。

語譯

瑤光寺為魏世宗宣武皇帝所建造，位於閶闔城門御道之北，其東邊距離千秋宮門二里之路。在千秋宮門內道之北有西游園，園中有一座陵雲臺，也就是魏文帝所建造的那座陵雲臺。臺上有一口八角井。高祖孝文皇帝在井之北面建造了一座涼風觀，登上涼風觀放眼遠望，洛水盡收眼底。陵雲臺下面是碧海曲池，其東面是宣慈觀，高達十丈。宣慈觀之東面有靈芝釣臺，純以樹木構成，聳立於靈芝釣池之中，高達二十丈。釣臺之中，風生於戶牖之內，雲起於梁棟之旁；楹漆丹彩，桷刻花紋，圖繪列位神仙。一塊以石刻成的鯨魚，背負著釣臺。釣臺既如從地下踊出，又似從空中飛下。釣臺之南有宣光殿，其北有嘉福殿，其西有九龍殿，殿前有九龍池，池水皆從九龍口中吐出。西游園內共有四個殿，每殿都有空中閣道與靈芝釣臺相連接。每逢三伏熱天，皇帝便在靈芝臺內避暑。

有五層浮圖一所，去地五十丈。僊掌凌虛⑮，鐸垂雲表，作工之妙，埒⑯美永寧⑰。講殿尼房⑱，五百餘間。綺疏連亘⑲，戶牖相通，珍木香草，不可勝言。牛筋⑳狗骨㉑之木，鷄頭㉒鴨脚㉓之草，亦悉備焉。椒房㉔嬪御，學道㉕之所，掖庭㉖美人，並在其中㉗。亦有名族處女㉘，性愛道場㉙，落髮辭親，來儀㉚此寺。屏㉛珍麗之飾，服修道之衣㉜，投心八正㉝，歸誠一乘㉞。永安三年㉟中，爾朱兆入洛陽㊱，縱兵大掠，時有秀容㊲胡騎數十人，入瑤光寺婬穢，自此後頗獲譏訕㊳。京師語曰：「洛陽男兒急作髻㊴，瑤光寺尼奪作婿。」

注釋

⑮僊掌凌虛 僊掌，即仙人以手掌擎承露盤。凌虛，即升入空際，亦即所謂高入雲空。⑯埒 即等同之義。⑰永寧 即永寧寺。⑱尼房 即尼姑所居之房。因瑤光寺爲尼寺，故有此言。⑲綺疏連亘 綺疏，謂窗牖鏤爲綺紋。疏，即刻鏤之義。連亘，即連接。⑳牛筋 木名，葉似杏而尖，白色，皮正赤，多曲少直，可爲弓弩之幹，或稱之爲檍。㉑狗骨 木名，即枸杞，又稱狗

杞。落葉小灌木，莖叢生，有短刺，葉卵狀披針形。㉒鷄頭　即「芡」，多年生草本，全株有刺，葉圓盾形，浮於水面。夏季開花，種子稱「芡實」或「鷄頭米」，球形，黑色。㉓鴨腳　亦名鴨掌，葵的一種。因葉似鴨掌，故名。㉔椒房　漢代后妃所住之宮殿，用椒和泥塗壁，取其溫暖有香氣，兼有多子之義，故名。嬪御，即妃嬪。御，即妃嬪之義。㉕學道　指學習佛理。㉖掖庭　亦作「掖廷」。宮中兩旁之別舍。亦爲妃嬪所居之地。㉗並在其中　據《魏書・皇后傳》載：北魏皇后削髮爲尼並居於瑤光寺中者有孝文廢皇后馮氏、宣武皇后高氏、孝明皇后胡氏。至於其妃嬪出家者則更多，故有此言。㉘處女　即未出嫁的女子。㉙性愛道場　猶言「生性喜愛修道」。道場，即佛教誦經禮拜修道之處，此借指修習佛道。㉚儀　即來之義。㉛屛　即摒棄之義。㉜修道之衣　此指尼姑所穿之衣。㉝八正　即佛經所謂八正道，也就是正見、正思維、正語、正業、正命、正精進、正念、正定。佛教認爲八正道爲聖者所行之道。㉞一乘　見本書〈序〉注⑤。㉟永安三年　即西元五三〇年。永安爲孝莊帝（元子攸）第二年號。㊱爾朱兆入洛陽　此指爾朱兆涉河而過，擒莊帝於式乾殿之事。見〈永寧寺〉篇。㊲秀容　地名，指北秀容，爲爾朱氏祖居之地，在今山西省朔縣西北。㊳譏訕　即譏笑、諷刺。㊴髻　即挽束於頭頂之髮。

語　譯

寺內有一所五層佛塔，離地達五十丈。塔頂有仙人以掌擎承露金盤，高入空際；佛塔四周有金鈴懸於雲外。其製作之精妙，堪與永寧寺比美。寺內有講殿尼房共五百餘間，綺窗彼此連接，戶牖相互溝通。珍貴樹木和香草，多得難以說盡。就連牛筋、狗骨之類的樹木，雞頭、鴨腳之類的異草，也都齊全。因此椒房之妃嬪，均以此寺為學道之所；掖庭之美人，都來此寺皈依佛門。也有名門望族未出嫁的女子，生性喜愛修習佛理，於是也削去頭髮，辭別親人，到此寺來當尼姑。她們拋棄珍麗之裝飾，穿上修道之衣裳，潛心修習八正之道，眞誠信奉一乘之法。在永安三年時，爾朱兆攻入洛陽，縱容兵士大肆擄掠。當時有來自秀容之地的數十位騎兵，闖入瑤光寺，行奸淫穢亂之事。自此以後，此寺之尼姑頗受譏誚。當時京師就有流言道：「洛陽男兒急作髻，瑤光寺尼奪作婿。」

瑤光寺北有承明門㊵，有金墉城㊶，即魏氏所築。晉永康㊷中，惠帝幽于金墉城㊸。東有洛陽小城㊹，永嘉㊺中所築。城東北角有魏文帝百尺樓，年雖久遠，形製如初㊻。高祖在城內作光極殿，因名金墉城門為光極門。又作重樓飛閣，遍城上下，從地望之，有如雲也。

注釋

㊵承明門　即洛陽城之西北門。見「洛陽伽藍圖」。㊶金墉城　見本書〈序〉注㊿。㊷永康　爲晉惠帝（西元三〇〇～三〇一年）。㊸惠帝幽于金墉城　晉惠帝爲王倫所廢，幽禁於此。見《晉書・惠帝紀》。㊹洛陽小城　位於金墉城之東。見「洛陽伽藍圖」。㊺永嘉　爲西晉懷帝（司馬熾）年號（西元三〇七～三一三年）。㊻形製如初　猶言「形狀和結構與初建時一樣」，意即毫無變化。

語譯

瑤光寺之北有承明門，還有三國時魏明帝所建造的金墉城。西晉永康年間，惠帝被廢後就是幽居在這座金墉城裡。金墉城之東有洛陽小城，此城是永嘉年間建造的。金墉城之東北角有三國魏文帝所建造的百尺樓，雖然年代相隔久遠，但此樓之形狀和結構仍與初建時沒有差別。高祖曾在金墉城內建造了一所光極殿，因此便稱金墉城門爲「光極門」。金墉城上下四方又都建滿了層樓飛閣，若從地上仰望，這些樓閣彷彿雲彩一般。

五、景樂寺

篇旨

此篇首先介紹景樂寺之來歷及其所處地理位置，隨後記敘景樂寺佛殿之構造和此寺於齋日期間常設女樂、百戲的熱鬧場面。

景樂寺，太傅①清河文獻王懌②所立也。懌是孝文皇帝之子，宣武皇帝之弟。閶闔③南、御道東，西望永寧寺正相當④。寺西有司徒府，東有大將軍高肇⑤宅，北連義井里。義井里北門外有桑樹數株，枝條繁茂，下有甘井一所，石槽鐵罐，供給行人，飲水庇蔭，多有憩者。

注釋

①太傅　官名。春秋時晉國設置。爲輔弼國君之官。戰國後廢，漢復置，次於太師。歷代沿置，多爲大官加銜，並無實職。②清河文獻王懌　即元懌，字宣仁。《魏書・卷二二》有傳。③閶闔　此即閶闔宮門。④正相當　猶言「正相對」。⑤高肇　字首文，高祖文昭皇后之兄，北海人。見《魏書・卷八三・外戚列傳》。

語譯

景樂寺，爲太傅清河文獻王元懌所建造。元懌是孝文皇帝之子，宣武皇帝之弟。景樂寺位於閶闔宮門之南、御道之東，向西望去，正與永寧寺遙遙相對。寺西有司徒府，寺東有大將軍高肇之故宅，寺北則與義井里相連。義井里北門外有幾株桑樹，生長得枝條繁茂。樹下有一口水質甘美之井，井旁放置石槽鐵罐，供行人借蔭乘涼時飲水之用，行人中確實有很多人在此休息。

有佛殿一所，像輦⑥在焉，雕刻巧妙，冠絕⑦一時。堂廡⑧周環⑨，曲房⑩連接，輕條⑪拂戶，花蘂⑫被庭。至於六齋⑬，常設女樂⑭，歌聲繞梁⑮，舞袖徐轉，絲管⑯寥亮⑰，諧妙入神⑱。以是尼寺，丈夫⑲不得入。得往觀者，以為至天堂。及文獻王薨⑳，寺禁㉑稍寬，百姓出入，無復限礙㉒。後汝南王悅㉓復修之。悅是文獻㉔之弟。召諸音樂㉕，逞伎寺內㉖。奇禽怪獸，舞抃㉗殿庭。飛空幻惑㉘，世所未覩。異端奇術㉙，總萃㉚其中。剝驢投井㉛，植棗種瓜，須臾之間，皆得食之。士女㉜觀者，目亂睛迷。自建義㉝已後，京師頻有大兵，此戲遂隱也。

注釋

⑥像輦　即像車，亦即行像時載佛像之四輪車。輦，即車也。⑦冠絕　即「遠遠超過」、「獨一無二」之義。⑧堂廡　堂下四周之廊屋。⑨周環　即環繞四周。⑩曲房　即內室、密室。⑪輕條　即輕柔之樹條。⑫花蘂　即花蕾，含苞未放的花蓇朵。⑬六齋　即六個齋日，其為每月之八日、十四日、十五日、二十三日、二十九日、三十日。⑭女樂　即歌女舞女。⑮歌聲繞梁　比喻歌聲高亢迴旋，經久不息。語出《列子・湯問》。⑯絲管　即弦樂器（如二胡）和管樂器

（如竹笛），亦泛指音樂。⑰寥亮　亦作憀亮，意即聲音清澈響亮。⑱諸妙入神　猶言「和諸美妙到了神奇的境界」。⑲丈夫　古時以稱成年之男子。⑳薨　周代稱天子死曰崩、諸侯死曰薨。後世因之。㉑寺禁　即寺之禁令。㉒無復限礙　猶言「不再予以限制和阻礙」。㉓汝南王悅　即元悅，亦孝文帝之子。《魏書‧卷二二》有傳。㉔文獻　即文獻王元懌。㉕召諸音樂　猶言「召請各種音樂人才」。㉖逞伎寺內　意即「在寺內顯露伎藝」。㉗舞抃　即歡欣起舞。㉘飛空幻惑　指魚龍之戲，是一種或化爲比目魚、或化爲黃龍的變幻之戲術。飛空，即騰空。幻惑，即變幻迷惑。㉙異端奇術　意即異於常情的奇怪戲術。異端，即不合正統、不合常情。㉚總萃　即不聚集之義。㉛剝驢投井　此與下文所謂「植棗種瓜」皆爲幻術。剝驢，即肢解驢馬。㉜士女　即成年男女。㉝建義　北魏孝莊帝（元子攸）第一年號（西元五二八年）。

語譯

景樂寺有一所佛殿，殿內還保存著一輛供「行像」用的「像車」，其雕花刻紋之巧妙，在當時也是獨一無二的。殿堂四周爲廊屋環繞，殿內密室彼此相互連接。枝條輕柔，拂過戶牖；花蕾欲放，遮蔽庭院。至於「六齋」期間，寺內常常安排歌伎舞女表演歌舞，其歌聲繞梁，舞袖徐轉；絲、管之樂器奏出憀亮的樂曲，和諸美妙到了神奇境界。因爲景樂寺爲尼姑所居之寺，所以成年男子不能擅自進入。偶有獲准前去觀看者，都認爲是到了天堂。等到文獻王元懌死後，此寺之禁令才稍稍放寬。百姓或出或入，不再予以限制和阻礙。此後汝南王元悅又對景樂寺重新進行了翻修。元悅是文獻王元懌之弟。他召請各種音樂人才，讓他們在寺內顯露才藝。還有奇禽怪獸，在殿前庭院歡欣起舞；更有騰空而起、變化惑眾之幻術，均爲世上所未見過。至於其他種種異於常情之奇怪戲術，也都聚集在此寺之中。如把驢馬肢解後投入井裡，種植棗子和瓜菓，過一會兒就都能吃得著。前來觀看的那些成年男女，直看得眼花撩亂，迷惑不解。自從建義年間以來，京師洛陽頻頻遭受大的戰爭，因此這種幻戲也就隱匿不見了。

六、昭儀尼寺

篇旨

此篇首先簡要介紹昭儀尼寺之地理位置及胡太后臨朝時宦官專權的情形，隨後詳細記敘昭儀尼寺之石像、池及池南願會寺之神桑，最後敘及光明寺之來歷及有關傳聞。

昭儀尼寺，閹官等所立也。在東陽門內一里御道南。東陽門內御道北有太倉、導官二署①。東南治粟里，倉司官屬②住其內。

注釋

①太倉、導官二署　二者皆爲主管糧食之官。②倉司官屬　猶言「太倉、導官所管屬之官

吏」。

語譯

昭儀尼寺，為太監等人所建造。位於東陽門內一里處的御道之南。東陽門內御道之北有太倉署和導官署。二署之東南是治粟里，太倉、導官之屬吏皆住於其內。

太后③臨朝④，閹寺⑤專寵，宦者⑥之家，積金滿堂。是以蕭忻云：「高軒⑦斗升⑧者，盡是閹宦之嫠婦⑨；胡馬鳴珂⑩者，莫非黃門⑪之養息⑫也。」忻，陽平⑬人也。愛尚文籍⑭，少有名譽⑮，見閹寺寵盛，遂發此言，因即知名⑯，為治書侍御史。

注釋

③太后　即靈太后胡氏。④臨朝　即當朝處理國事。⑤閹寺　即閹官、太監。⑥宦者　亦即

閹官。⑦高軒　對他人之車的尊稱。⑧斗升　斗爲斗帳，即車帳，因其形如覆斗，故名。升爲帳帷。⑨嫠婦　即寡婦。因閹官蓄嬪御，故以嫠婦譏誚之。⑩鳴珂　猶言「玉飾叮噹作響」。珂爲馬籠頭上之玉飾。⑪黃門　即閹官。⑫養息　即養子。⑬陽平　郡名。其郡治位於今河北省館陶縣。⑭愛尚文籍　即喜愛崇尚文章書籍。⑮少有名譽　年少時就有文名。⑯知名　即名爲人所知。

語譯

在胡太后當朝執政時，太監專權受寵，家中皆金玉滿堂。所以蕭忻才這樣說道：「在車輦帳帷之內乘坐者，盡是太監所蓄之嫠婦；給馬佩掛叮噹作響之玉飾者，無不是太監之養子。」蕭忻是陽平人，喜愛文章，崇尚書籍，年少時就有文名。他見太監專權受寵到了極點，於是就說出了這種憤慨之辭。他也因此而知名於世，後來當上了治書侍御史。

寺有一佛二菩薩⑰，塑工精絕⑱，京師所無也。四月七日⑲，常出詣景明⑳，景明三像㉑恒出迎之，伎樂㉒之盛，與劉騰㉓相比。堂前有酒樹麵木㉔。

昭儀寺有池，京師學徒謂之翟泉也。衒之按㉕：杜預㉖注《春秋》云：「翟泉在晉太倉㉗西南。」按：晉太倉在建春門內，今太倉在東陽門內，此地今在太倉西南，明非翟泉也。後隱士趙逸㉘云：「此地是晉侍中石崇㉙家池，池南有綠珠樓㉚。」於是學徒始寤㉛，經過者想見綠珠之容也。

池西南有願會寺，中書侍郎王翊㉜捨宅所立也。佛堂前生桑樹一株，直上五尺，枝條橫遶，柯葉傍布㉝，形如羽蓋㉞。復高五尺，又然。凡爲五重，每重葉椹㉟各異。京師道俗謂之神桑。觀者成市㊱，布施㊲者甚眾。帝㊳聞而惡㊴之，以爲惑眾㊵，命給事中黃門侍郎元紀㊶伐殺㊷之。其日雲霧晦冥㊸，下斧之處，血流至地，見者莫不悲泣。

注釋

⑰菩薩 佛教名詞。梵文菩提薩埵的音譯之略，義譯「覺有情」，即「上求菩提（覺悟）、下

化有情（眾生）」的人。原爲釋迦牟尼修行尚未成佛時的稱號，後廣泛用作對大乘思想實行者的稱呼。一般對崇拜的神像也以此稱之。⑱塑工精絕　猶言「雕塑工藝精細絕妙」。⑲四月七日　據佛典載，佛降生日爲四月八日，通常要舉行「行像」活動。北魏時，像輦皆從景明寺出發，故各寺皆於四月七日出佛像至景明寺。詳見本書卷三〈景明寺〉。⑳景明　即景明寺。㉑三像　北魏所刻石像多爲三尊式，卽中爲本尊，左右爲脇侍。如洛陽龍門石窟卽是。㉒伎樂　即女樂、歌伎。㉓劉騰　因長秋寺爲劉騰所建造，故此處以劉騰代稱長秋寺。㉔酒樹麵木　酒樹，即椰子樹。據《齊民要術》云，採其花汁作酒，飲之，亦醉也。麵木，其說不一，或謂桄榔木，可以爲麵，百姓資之爲糧，見《後漢書・西南夷傳》。㉕按　即審查之義。㉖杜預　字元凱，京兆杜陵（今陝西省西安東南）人。西晉學者。撰有《春秋左氏經傳集解》等。㉗晉太倉　見本卷〈建春門〉篇。㉘趙逸　見卷二〈建陽里東〉篇。㉙石崇　字季倫，渤海南皮人。《晉書・卷三三》有傳。㉚綠珠樓　石崇有伎名綠珠，美而豔。樓則因以爲名。㉛寤　通「悟」，即醒悟、理解之義。㉜王翊　字士游，琅邪臨沂人。《魏書・卷六三》有傳。㉝傍布　猶言「向旁邊分布」。傍，通旁。㉞羽蓋　即以翠羽爲飾的車蓋。㉟椹　即桑樹之果實。㊱觀者成市　猶言「觀看的人多得如同上市集似的」。㊲布施　佛教語。梵語「檀那」，爲六波羅蜜之一。分爲三種：一財施，謂施捨財物救濟貧人；二法施，謂說法度人；三無畏施，謂以無畏施於人，救人於厄難之中。㊳帝　指孝武帝元修。㊴惡　即討厭之義。㊵惑眾　即惑亂眾人。㊶元紀　字子綱，任城王元澄之子。見《魏書・

卷一九・任城王澄傳》。㊷伐殺 即砍伐之義。㊸雲霧晦冥 猶言「雲霧密布、天色昏暗」。

語譯

昭儀寺內藏有一尊佛像、二尊菩薩像，其雕塑工藝之精細絕妙，是京師洛陽所沒有的。每逢四月七日，這三尊像便出行至景明寺，景明寺也常以三像出寺迎接。而歌伎舞女之多，則可與長秋寺相比。此寺佛殿堂前還種植有酒樹麵木。

昭儀寺有一個水池，京師那些求學之人稱之爲「翟泉」。衒之按：杜預注《春秋》時說：「翟泉位於晉代太倉之西南。」據查證，晉代太倉在建春門內，今天的太倉在東陽門內。這裡所說的昭儀寺之池在今天的太倉之西南，因此明擺著不是翟泉。後來隱士趙逸說：「昭儀寺之池爲晉代侍中石崇的私家水池。池之南建有一座綠珠樓。」於是那些求學之人才得以弄明白，並且凡是從這個池邊經過的人都會想像到綠珠的美豔容貌。

池之西南面有願會寺，是中書侍郎王翊把自己的住宅施捨出來建立的。此寺佛堂之前生長著一株桑樹。它向上長到五尺高時，樹條橫伸環繞，枝葉向旁邊分布，其形狀如同用翠羽裝飾而成的車蓋；然後再向上長到五尺高時，又是這樣。一共有五層，每層的桑葉和桑椹各不相同。京師的僧徒和俗士都稱之爲「神桑」。前往觀看的人多如上市集一般，布施財物的人也特別多。孝武帝聽說此事後，很討厭這株桑樹，認爲這是惑眾，命給侍中黃門侍郎元紀把它砍掉。砍伐這株桑樹的那天，雲霧密布、天昏地暗。樹幹上斧頭砍伐之處，有血流到地上。看見的人沒有不悲痛哭泣的。

寺南有宜壽里，內有苞信縣㊹令段暉宅，地下常聞鐘聲。時見五色光明，照於堂宇。暉甚異之，遂掘光所㊺，得金像一軀，可㊻高三尺。並有二菩薩。趺坐㊼上銘云：「晉泰始㊽二年五月十五日侍中中書監荀勗㊾造。」暉遂捨宅爲光明寺。時人咸云：「此荀勗舊宅。」其後，盜者欲竊此像，像與菩薩合聲喝賊，盜者驚怖，應即殞倒㊿。眾僧聞像叫聲，遂來捉得賊。

注釋

㊹苞信縣　北魏時屬新蔡郡，治所在今河南息縣東北七十里處。㊺光所　即發出光明之處。㊻可　即大約。㊼趺坐　猶言「佛之跏趺下的石座」。跏趺，見本卷〈景林寺〉篇注⑳。㊽泰始　爲晉武帝（司馬炎）第一年號（西元二六五～二七四年）。㊾荀勗　字公曾，潁川潁陰人。

《晉書・卷三九》有傳。⑩殞倒　猶言「倒地而昏死」。

語譯

昭儀寺之南有宜壽里，內有苞信縣令段暉的住宅。其宅內地下經常聽見鐘聲。有時還出現五色之光，把屋內都照亮了。段暉覺得很奇怪，於是就在發光之處挖掘，得到一尊金佛像，大約高三尺左右，並且還挖出二尊菩薩像。在佛像之跏趺下的石座上刻有銘文道：「晉泰始二年五月十五日侍中中書監荀勗造。」於是段暉就把自己的住宅施捨出來作爲光明寺。當時的人都說：「這是荀勗的舊宅。」此後，有一位盜賊想偷走這尊佛像。當他行竊時，這尊佛像與另外二尊菩薩像合聲喝斥盜賊，盜賊驚駭恐懼，應聲倒地而昏死。寺內眾僧聽見喝斥聲，於是就趕來把盜賊擒住。

七、胡統寺

篇旨

此篇介紹了胡統寺之來歷、所處地理位置、結構及寺尼的佛學造詣。

胡統寺，太后從姑①所立也。入道爲尼②，遂居此寺。在永寧③南一里許。寶塔④五重，金刹⑤高聳。洞房⑥周匝⑦，對戶交疏⑧，朱柱素壁，甚爲佳麗。其寺諸尼，帝城⑨名德⑩，善於開導⑪，工談義理⑫。常入宮與太后說法⑬。其資養緇流⑭，從無比也。

注釋

①太后從姑　太后，即靈太后胡氏。從姑，即從祖姑的簡稱，亦即父親的堂姊妹。②入道為尼　出家為尼。入道，佛教用語，出家為僧尼即謂之入道。③永寧　即永寧寺。④寶塔　即佛塔。由於佛教徒用七件寶物裝飾其塔，故有此名。⑤金剎　見本卷〈永寧寺〉注㉔。⑥洞房　即深邃之內室。⑦周匝　即環繞一周。⑧對戶交疏　猶言「門相對、窗交錯」。疏即窗。⑨帝城　即京師。⑩名德　佛教對有重望之僧尼也稱名德。⑪開導　即啟發誘導。⑫工談義理　工談，即擅長談論佛理。義理，此處指佛學道理。⑬說法　佛家稱佛道為法，故以講道為說法。⑭緇流　即僧徒。因僧徒著緇衣，故有此稱呼。

語譯

胡統寺，為胡太后之從祖姑所建造。她出家當尼姑，就是住在這座寺中。胡統寺位於永寧寺南面一里多的地方。寺內有一座五層寶塔，其金剎高聳入雲；還有深邃的內室，環繞一周，其門相對，其窗交錯，紅柱白壁，非常漂亮。寺裡的各位尼姑，在京師都享有重望。她們善於啟發誘導，擅長談論佛理，因此常常入宮為胡太后講道。而胡太后資助供養僧尼，則從來無人可以和她相比。

八、修梵寺

篇旨

此篇先簡要介紹修梵寺之地理位置、結構形製和寺內金剛力士，隨後比較詳細地記敘了永和里內董卓等人的住宅及有關傳聞。

修梵寺，在青陽門內御道北。嵩明寺復在修梵寺西。並①雕墻峻宇②，比屋連甍③，亦是名寺也。修梵寺有金剛④，鳩鴿不入，鳥雀不棲。菩提達摩云：「得其眞相⑤也。」

注釋

①並　即「同」之義。②雕墻峻宇　猶言牆壁畫彩，屋宇高峻。雕，通彫，本意刻鏤，引申為彩畫、裝飾之義。峻即高大。③比屋連甍　猶言「屋宇並列、屋脊相連」。甍即屋脊。④金剛　即金剛力士，亦即手執金剛杵（杵為印度武器）護法之二天神（俗稱哼哈二將）。⑤眞相　佛教用語，即實相、本相，亦即本來面目。

語譯

修梵寺位於青陽門內御道之北，嵩明寺又在修梵寺之西。二寺都是牆壁畫彩、屋宇高峻，房舍並列、屋脊相連，也都是著名的佛寺。修梵寺有金剛力士守門，鳩鴿不敢飛入寺中，鳥雀不敢棲於寺內。菩提達摩曾說：「這雕像表現出金剛力士的眞實面目。」

寺北有永和里，漢太師董卓⑥之宅也。里南北皆有池，卓之所造，今猶有水，冬夏不竭。里中有太傅錄尚書事長孫稚⑦、尚書右僕射郭祚⑧、吏部尚書邢巒⑨、廷尉卿元洪超⑩、衛尉卿許伯桃⑪、涼州刺史尉成興⑫等六宅。皆高門華屋，齋館⑬敞麗，楸槐蔭途⑭，桐楊夾植⑮，當世名為貴里。掘此地者，輒⑯得金玉寶玩⑰之物。時邢巒家常掘得丹砂⑱，及錢數十萬，銘云：「董太師之物。」後夢卓夜中隨巒索此物，巒不與之，經年巒遂卒矣。

注釋

⑥董卓　字鍾穎，東漢隴西臨洮（今甘肅省岷縣）人。《後漢書・卷一〇二》有傳。⑦長孫稚　見本卷〈永寧寺〉篇注(324)。⑧郭祚　字季祐，太原人。《魏書・卷六四》有傳。⑨邢巒　字洪賓，河門鄭人。《魏書・卷六五》有傳。⑩元洪超　遼西公意烈之玄孫。《魏書・卷一五》有傳。⑪許伯桃　《魏書》無傳。⑫尉成興　名聿，字成興。《魏書・卷二六》有傳。⑬齋館　即房舍，多指書房、學舍。⑭蔭途　猶言「樹蔭遮蓋道路」。⑮夾植　可釋為夾道而植。⑯輒　猶「即」、「就」、「則」之義。⑰寶玩　即寶貴之玩賞物品。⑱丹砂　即硃砂，礦物名。為煉汞的主要原料。色鮮紅，供藥用，亦可作顏料。

語譯

修梵寺之北有永和里，東漢太師董卓之故宅就在此里。永和里的南、北兩邊各有一池，那是董卓所建造的。直到今天池中還有水，冬夏兩季都不乾竭。里中還有太傅錄尙書事長孫稚、尙書右僕射郭祚、吏部尙書邢巒、廷尉卿元洪超、衛尉卿許伯桃、涼州刺史尉成興等六人故宅。都是高門大戶，屋宇華麗，房舍寬敞。楸槐之蔭遮蓋道路，桐楊之樹夾道而植。因此，永和里在當世就被稱爲「貴里」。在此地挖掘就可得到金玉和寶貴的玩賞之物。當時邢巒家就經常掘得丹砂，還挖掘到數十萬錢。有銘文刻道：「此爲董太師之物。」後來邢巒夢見董卓夜中追隨自己索討此物，邢巒不給。過了一年，邢巒就死了。

九、景林寺

篇旨

此篇先介紹景林寺之地理位置、景林寺之結構及寺西園內之景物和寺內之禪房。隨後比較詳細記敘了盧白頭之履歷及其學問造詣。

景林寺，在開陽門內御道東。講殿疊起①，房廡連屬②，丹楹炫日，繡桷迎風③，實爲勝地④。寺西有園，多饒⑤奇果。春鳥秋蟬，鳴聲相續⑥。中有禪房⑦一所，內置祇洹精舍⑧，形製雖小，巧構難比。加以禪閣⑨虛靜⑩，隱室⑪凝邃⑫，嘉樹夾牖⑬，芳杜匝階⑭，雖云朝市⑮，想同巖谷⑯。靜行⑰之僧，繩坐⑱其內，餐風服道⑲，結跏⑳數息㉑。

注釋

①疊起　猶言「層疊而起」。②連屬　即連接。③丹楹炫日，繡桷迎風　丹楹、繡桷，見本卷〈瑤光寺〉篇注⑩。④勝地　即名勝之地。勝即佳妙之義。⑤多饒　猶言「豐富」。饒即多之義。⑥相續　即相互連續，亦即鳴聲此起彼落。⑦禪房　即坐禪之室。禪，梵語稱「禪那」，意即「靜思息慮」。⑧祇洹精舍　此處指禪房內修法之處所。祇洹，又作「祇園」，即「祇樹給孤獨園」之略稱。爲釋迦牟尼去舍衛國說法時與僧徒停居之處。精舍，即塔廟，爲息心修煉者所棲之處。⑨禪閣　此亦指禪房。⑩虛靜　此指禪房空寂幽靜。⑪隱室　即隱密之室，指祇園精舍。⑫凝邃　即幽深。⑬夾牖　指樹木夾掩窗戶。⑭芳杜匝階　芳杜，即芳香之杜若。杜若又作杜蘅、杜蓮。爲一種香草。匝階，猶言「環繞臺階」。匝即環繞之義。⑮朝市　猶言「朝廷與市肆」。⑯想同巖谷　猶言「意想中如同身處巖谷」。因習禪須靜寂，故宜於山棲穴居。此禪房在城內，但使人「想同巖谷」，可見其地之幽靜。⑰靜行　即修清淨行。亦即在心中和行爲上遠離罪惡與煩惱。⑱繩坐　直坐、直腰打坐。⑲餐風服道　猶言「食用風和道」，比喻不畏艱苦、潛心修習佛理。⑳結跏　即結跏趺坐，此爲佛僧坐禪的一種姿勢，即交疊左右足背於左右股上而坐。

㉑數息　此為佛僧靜修之法。即數鼻息之出入，使心恬靜寧一。

語譯

景林寺位於開陽門內御道之東。寺內講殿層疊而起，房舍廊屋相互連接。楹柱漆以丹彩，炫耀日暉；屋椽刻以花紋，迎接來風。此寺實屬名勝之處。寺之西面有一所林園，其中有很多奇花異果。春鳥秋蟬，其鳴聲此伏彼起，連續不斷。園中還有一所禪房，內面安置了「祇洹精舍」，其形製雖然較小，但結構之精巧卻是很難有比得上的。再加上禪閣空寂，隱室幽深，嘉美之樹木掩映戶牖，芳香之杜若環繞臺階，雖然就在朝廷和城市裡，但意想中卻與巖谷沒有什麼不同。那些修清淨行的僧徒，於祇園精舍中直腰打坐，餐風服道，結跏趺坐，數息靜心。

有石銘一所，國子博士盧白頭㉒為其文。白頭一字景裕，范陽㉓人也。性愛恬靜㉔，丘園㉕放敖㉖，學極《六經》㉗，說通百氏㉘。普泰㉙初，起家㉚為國子博士，雖在朱門㉛，以注述為事，注《周易》行之於世也。

注釋

㉒盧白頭　《魏書・卷八四・儒林傳》有傳。㉓范陽　郡名。故城在今河北省涿縣。㉔恬靜　即恬適清靜。㉕丘園　即丘墟、園圃，多指隱居之地。㉖放敖　即孤傲不羣。敖，通傲。㉗六經　即六部儒家經典，亦即於《詩》、《書》、《禮》、《易》、《春秋》五經之外加上《樂經》。㉘說通百氏　猶言「道理（或學說）貫通諸子百家」。說，道理、學說之義。㉙普泰　北魏節閔帝（元恭）年號（西元五三一～五三二年）。㉚起家　見本卷〈永寧寺〉篇注⑱。㉛朱門　紅漆門。古代王侯貴族之住宅大門漆成紅色，以示尊貴。因稱豪門為朱門。

語譯

寺內有一塊石銘，是國子博士盧白頭撰寫的銘文。盧白頭字景裕，范陽郡人。其生性喜愛恬適清靜，曾放縱自傲於丘墟、園圃之間。其學問窮盡《六經》之精義，其道理貫通百家之主張。普泰初年，他起於家而為國子博士。他雖然置身於豪門貴族之列，但仍以注經述理為能事，由他所注釋的《周易》就流傳於世。

十、建春門

篇旨

此篇首先介紹建春門御道南之官署、御道北之晉太倉和晉太倉南之翟泉；隨後依次記敘翟泉西華林園內和景陽山四圍之景觀；最後記敘景陽山南百果園內仙人棗和王母桃及果林南之「苗茨碑」和果林西之各種景觀。

建春門內御道南有勾盾①、典農②、籍田③三署。籍田南有司農寺④。御道北有空地，擬作東宮⑤，晉中朝⑥時太倉處也。太倉南有翟泉，周迴⑦三里，即《春秋》所謂王子虎、晉狐偃盟於翟泉⑧也。水猶澄清，洞底⑨明淨，鱗甲潛藏，辨其魚鼈。高祖⑩於泉北置河南尹⑪，中朝時步廣里⑫也。

注釋

①勾盾　又作「鉤盾」，晉大鴻臚屬官有鉤盾令，主管近池苑囿遊觀之處。②典農　即典農中郎將，漢末曹操始設，分置於實行屯田的地區，掌管農業生產、民政和田租，職權相當於太守。歷代或有變更。③籍田　西漢文帝設籍田令，掌耕國廟社稷之田。東漢及三國魏廢，晉後置。④司農寺　是爲官署，非佛寺之寺。⑤東宮　即太子所居之宮。⑥晉中朝　見本卷〈長秋寺〉篇注②。⑦周迴　亦作「周迴」，即「周圍」之義。⑧盟於翟泉　即結盟於翟泉之地。事見《左傳·僖公二十九年》。⑨洞底　猶「洞澈見底」。洞澈即透明之義。⑩高祖　即北魏高祖孝文帝拓跋宏。⑪河南尹　此指河南尹之官署。據《元河南志·三》云：「河南尹廨，翟泉之北。」⑫步廣里　據陸機《洛陽記》載：「步廣里在洛陽城內宮東。」

語譯

在建春門內御道之南，有勾盾署、典農署和籍田署。在籍田署之南有司農寺。在御道之北有一塊空地，當初是打算用來建造東宮的，晉代中葉時的太倉署就位於此處。在太倉之南有翟泉，周圍有三里，這也就是《春秋》所記載的「王子虎、晉狐偃結盟於翟泉」的那個翟泉。泉水仍然清涼明淨，洞澈見底。水中潛藏著鱗甲動物，仔細辨認則可知道那是魚鼈。高祖孝文帝曾在翟泉之北設置了河南尹，那個地方就是晉代中葉時的步廣里。

泉西有華林園⑬，高祖以泉在園東，因名爲蒼龍海⑭。華林園中有大海，即漢天淵池⑮。池中猶有文帝⑯九華臺。高祖於臺上造清涼殿。世宗⑰在海內作蓬萊山，山上有僊人館。臺上有釣臺殿。並作虹蜺閣⑱，乘虛來往⑲。至於三月禊日⑳，季秋巳辰㉑，皇帝駕龍舟鷁首㉒，遊於其上。海西有藏冰室，六月出冰以給百官。海西南有景陽山，山東有羲和㉓嶺，嶺上有溫風室；山西有姮娥㉔峰，峰上有寒露館。並飛閣㉕相通，凌山㉖跨谷。山北有玄武㉗池，山南有清暑殿。殿東有臨澗亭，殿西有臨危臺。

注釋

⑬華林園　三國魏明帝曹叡起名芳林園，齊王芳改爲華林園。⑭蒼龍海　因蒼龍爲東方七宿之總稱，而翟泉又在華林園之東，故以此名之。⑮漢天淵池　據《三國志·卷二·魏文帝紀》載，天淵池爲魏文帝於黃初五年（西元二二四年）挖掘。故「漢天淵池」應爲「魏天淵池」。⑯文帝　即三國魏文帝曹丕。⑰世宗　即北魏世宗宣武帝元恪。⑱虹蜺閣　此閣爲空中閣道，故以虹蜺名之。⑲乘虛來往　猶言「凌空來往」。因閣道懸空，故云。⑳禊日　即修禊之日。修禊，古代民俗於農曆三月上旬的巳日（魏以後大多指三月初三），到水邊嬉遊採蘭，以驅除不祥，稱爲修禊。㉑季秋巳辰　猶言「農曆九月的上巳日」。上巳日指農曆每月上旬的巳日。㉒龍舟鷁首　龍舟，刻成龍紋之大舟。鷁首，船首有鷁鳥之像。㉓羲和　駕馭日車之神。㉔姮娥　即月神。㉕飛閣　因閣道懸空相通，故云。㉖凌山　即越過山。㉗玄武　北方水神之名。

語譯

翟泉之西有華林園。因爲翟泉位於華林園之東，所以高祖孝文帝給它取名爲蒼龍海。華林園中有一個大海，那就是三國時魏代的天淵池。池中還有魏文帝建築的九華臺，高祖孝文帝在臺上建造了一個清涼殿。世宗宣武帝在天淵池內建造了蓬萊山，山上又修了仙人館。九華臺上面還修建了釣臺殿，並建造了虹蜺閣，可以凌空往來於其上。至於春禊時的三月初三，或秋禊時的上巳日，皇帝便駕駛著刻有龍紋、畫有鷁鳥的大舟，遊覽於天淵池上。天淵池之西有藏冰室，每逢六月便從中取出冰塊，以賞賜給百官。天淵池之西南有景陽山，山東有羲和嶺，嶺上有溫風室；山西有姮娥峰，峰上有寒露館；並有懸空飛閣凌山跨谷，相互連通。山北有玄武池，山南有清暑殿，殿東有臨澗亭，殿西有臨危臺。

景陽山南有百果園，果別作林㉘，林各有堂㉙。有僊人棗，長五寸，把之㉚兩頭俱出，核細如鍼，霜降㉛乃熟，食之甚美。俗傳云出崑崙山㉜，一曰西王母㉝棗。又有僊人桃，其色赤，表裏照徹㉞，得露乃熟。亦出崑崙山，一曰王母桃也。果林南有石碑一所，魏文帝所立也，題云「苗茨㉟之碑」。高祖於碑北作苗茨堂。永安中年㊱，莊帝習馬射㊲於華林園，百官皆來讀碑，疑苗字誤。國子博士李同軌㊳曰：「魏文英才㊴，世稱三祖㊵，公幹㊶、仲宣㊷，為其羽翼㊸。但未知本意如何，不得言誤也。」銜之時為奉朝請㊹，因即釋曰：「以蒿覆之，故言苗茨。

何誤之有？」眾咸稱善㊺，以爲得其旨歸㊻。

果林西有都堂，有流觴㊼池，堂東有扶桑海。凡此諸海，皆有石竇㊽流於地下，西通穀水㊾，東連陽渠㊿，亦與翟泉相連。若旱魃(51)爲害，穀水注之不竭，離畢滂潤(52)，陽穀(53)泄之不盈。至於鱗甲異品(54)，羽毛殊類(55)，濯波浮浪(56)，如似自然(57)也。

注釋

㉘果別作林　猶言「百果依類分別爲林」。㉙林各有堂　猶言「每片果林都各自長在山上一塊平坦寬闊之處」。㉚把之　猶言「一把握住」。㉛霜降　二十四節氣之一。㉜崑崙山　位於山東省牟平縣東南，周圍八十餘里。傳說山中多仙人洞府。㉝西王母　神話中的女神。㉞表裏照徹　此處指仙人桃內外紅透。㉟苗茨　即茅茨，亦即茅屋也。苗，古通茅。㊱永安中年　永安，北魏孝莊帝（元子攸）第二年號（西元五二八～五三〇年）。永安中年當爲西元五二九年。㊲習馬射　即練習騎馬射箭。㊳李同軌　高邑人。《魏書・卷八四・儒林列傳》有傳。㊴英才　即傑出人才。㊵三祖　指曹操、曹丕、曹叡。㊶公幹　劉楨字公幹。《三國志・魏志・卷二一》有傳。

㊷仲宣　王粲字仲宣。《三國志・魏志・卷二一》有傳。㊸羽翼　即輔佐之義。㊹奉朝請　古代諸侯春季朝見天子叫朝，秋季朝見叫請。漢代對退職大臣、將軍及皇室、外戚，多給以奉朝請名義，使得參加朝會。晉代以奉車、駙馬、騎三都尉奉朝請。南朝爲安置閒散官員。㊺衆咸稱善　猶言「衆人都稱讚解釋得好」。㊻旨歸　即意旨、意義。㊼流觴　古代於農曆三月上巳日就水濱宴飲，認爲可祓除不祥。後人因引水環曲成渠，在上流放置酒杯，任其順流而下，停在誰面前，誰即取飲，叫做「流觴」。㊽石竇　即石穴。㊾穀水　河名。在河南省。出河南澠池縣，經澠池合澠水，又東合澗水爲澗河。㊿陽渠　引穀水遶洛陽城南以至城東，皆名陽渠。(51)旱魃　古代謂能致旱災之神。(52)離畢滂潤　離即歷。畢爲畢宿，即二十八宿之一，位於天之西方。離畢，即「月歷于畢」，亦即月經過星之畢宿。滂潤，即滂沱大雨貌。(53)陽穀　即陽渠和穀水。(54)鱗甲異品　猶言「品種相異之魚鼈」。(55)羽毛殊類　猶言「類別不同的水鳥」。(56)濯波浮浪　猶言「在波浪中或潛或浮」。濯爲洗之義。(57)自然　即自然而然，亦即自由自在之義。

語譯

景陽山之南有一個百果園，百果依類分列成林，每片果林都長在山上寬平之處。園內有仙人棗，長五寸，如果一把握住，還會露出兩頭來；棗核如鍼那麼細。到霜降時才成熟，吃起來味道很美。據民間傳說，此棗出產自崑崙山，它還有一個稱呼叫西王母棗。園內又有仙人桃，紅顏色，而且內外都紅透，遇霜就成熟。也是出產自崑崙山，它也有另一個名字叫王母桃。

果林之南有一塊石碑，爲魏文帝所立。碑文寫道：「苗茨之碑。」高祖孝文帝在此碑之北建有一座苗茨堂。永安年間，孝莊帝在華林園練習騎馬射箭，百官都來讀碑文，有人懷疑「苗」字用得不當。國子博士李同軌說：「魏文帝是傑出人才，世人把他和魏武帝曹操、魏明帝曹叡並稱爲三祖。當時名士王粲、劉楨爲其輔佐之臣。因此，只能說我們還沒有弄清碑文的本意是什麼，不能說苗字有錯誤。」銜之當時是奉朝請，於是就解釋道：「因用蒿草覆蓋屋頂，所以才稱之爲苗茨。哪有什麼用錯字的呢？」在場的人都說解釋得好，認爲這才眞正把握住了碑文的本意。

果林之西是都堂，還有流觴池。堂之東有扶桑海。凡是這類海，都有石穴供水流於地下，並且西與穀水相通，東和陽渠相連，同時也和翟泉相連。倘若旱魃爲害，便引穀水灌入而使海不枯竭；倘若月歷畢宿，天降滂沱大雨，那麼又有陽渠排水而使海不漫溢。至於諸種魚鼈，各種水鳥，在海中或潛或浮，似乎自由自在、恬然自樂。

卷二　城東

一、明懸尼寺

篇旨

此篇首先介紹明懸尼寺之來歷和地理位置，同時辯明寺北石橋之建造年代。隨後簡要記敘了寺中之塔及寺東之租場。

明懸尼寺，彭城武宣王勰所立也。在建春門外石橋南。穀水周圍遶城，至建春門外，東入陽渠石橋①。橋有四石柱。在道南，銘云：「漢陽嘉四年②將作大匠③馬憲造。」逮④我孝昌三年⑤，大雨頹橋⑥，南柱始埋沒。道北二柱，至今猶存。

衒之按：劉澄之⑦《山川古今記》、戴延之⑧《西征記》並云：「晉太康元年⑨造。」此則失之遠矣。按：澄之等並生在江表⑩，未游中土⑪，假因征役⑫，暫來經過；至於舊事，多非親覽，聞諸道路⑬，便爲穿鑿⑭，誤我後學⑮，日月已甚⑯。

注釋

①東入陽渠石橋　猶言「向東流入石橋下之陽渠」。參見「洛陽伽藍圖」。②陽嘉四年　即西元一三五年。陽嘉爲東漢順帝（劉保）第二年號。③將作大匠　官名。秦置將作少府。漢景帝更名爲將作大匠，職掌宮室、宗廟、路寢、陵園等的土木營建。魏晉沿置。此後其名稱及職責多有變更。④逮　即「及」、「到」之義。⑤孝昌三年　即西元五二七年。孝昌爲北魏孝明帝（元詡）第四年號。⑥頹橋　即沖塌了石橋。頹，即倒塌之義。⑦劉澄之　據《隋書・卷三三・經籍志》載，劉氏爲「齊都官尚書」。⑧戴延之　據《封氏聞見紀》載，戴氏爲晉末宋初人。⑨太康元年　太康爲晉武帝（司馬炎）第三年號。太康元年即西元二八〇年。⑩江表　指長江以南之地。在中原人看來，此地處於長江之外，故以江表稱之。⑪中土　此指中原。即河南省一帶。⑫

征役　即行役，亦即因服役或公務而跋涉在外。⑬聞諸道路　猶言「道聽塗說」。⑭穿鑿　猶言「牽強附會」。⑮後學　即後進的學者。後來也用作對前輩而言的自謙之詞。⑯日月已甚　猶言「日長月久」，即時間很長久之義。

語譯

明懸尼寺，為彭城武宣王勰所建造。此寺位於建春門外石橋之南。穀水環繞洛陽城一周，到建春門外才向東流入石橋下的陽渠之中。石橋有四根石柱。在路南的石柱上刻有銘文：「漢陽嘉四年將作大匠馬憲造。」到了我朝孝昌三年，大雨將橋沖塌，路南面的石柱才被埋沒。但路北面的二根石柱至今還存在。衒之按：劉澄之的《山川古今記》和戴延之的《西征記》都寫道：「此橋於晉太康元年造。」這就失誤太遠了。按：澄之等人都出生在江南，沒有遊過中原地區。假使因為服役或公務而跋涉在外，也只是暫時經過洛陽；至於以往的舊事，多半沒有親眼見到。他們只憑道聽塗說就牽強附會地作出了判斷，貽誤後進學者，已有很長的日月了。

有三層塔一所，未加莊嚴⑰。寺東有中朝時常滿倉，高祖令為租場，天下貢賦

⑱所聚蓄也。

注釋

⑰莊嚴　即裝飾之義。⑱貢賦　即賦稅。下之所供稱爲「貢」，上之所取稱爲「賦」。

語譯

明懸尼寺有一座三層佛塔，沒有加以裝飾。寺之東有晉代中葉時的常滿倉，高祖命令拿它作爲租場，天下之貢品賦收全都聚集蓄藏於此。

二、龍華寺

篇旨

此篇首先介紹龍華寺之來歷、地理位置和建陽里土臺之形製及臺樓之金鐘。隨後詳細敘述了蕭綜之身世。

龍華寺，宿衛羽林虎賁①等所立也。在建春門外陽渠南。寺南有租場。陽渠北有建陽里，里內有土臺，高三丈，上作二精舍。趙逸云：「此臺是中朝旗亭②也。」上有二層樓，懸鼓擊之以罷市③。有鐘一口，撞之，聞五十里。太后以鐘聲遠聞，遂移在宮內，置凝閑堂前，與內講④沙門打爲時節⑤。孝昌初，蕭衍⑥子豫章王綜⑦來降，聞此鐘聲，以爲奇異，遂造「聽鐘歌」三首，行傳於世。

注釋

①宿衛羽林虎賁　宿衛，在宮中值宿警衛者。羽林，即羽林郎，皇帝衛軍之長官。虎賁，即虎賁郎，宮中掌宿衛之官。②旗亭　即市樓。③罷市　即歇市、散市。④內講　即宣講內典。佛僧稱佛理爲內典。⑤打爲時節　猶言「打鐘報時」。時節，即時候。⑥蕭衍　即梁武帝。⑦豫章王綜　據《魏書・卷五九・蕭讚傳》云：「讚字德文，本名綜，孝昌元年秋降魏。」

語譯

龍華寺，爲宿衛、羽林、虎賁等所建造。此寺位於建春門外陽渠之南。寺南有租場。

陽渠之北有建陽里，里內有一座土臺，高三丈；臺上建有二間「精舍」。隱士趙逸說：「這座臺是晉代中葉的旗亭所在。」臺上還有一座二層樓閣，樓內懸掛著一面鼓，擊之則散市。樓內曾經還懸掛著一口鐘，撞之則聲音可傳至五十里。因爲鐘聲傳得很遠，於是胡太后就命令將其移入宮內，放在凝閑堂前，以便宣講內典的僧徒擊鐘報時。孝昌初年，梁武帝蕭衍之子豫章王蕭綜前來歸降。他聽見此鐘聲，感到很奇怪，於是便創作了「聽鐘歌」三首，流傳於世。

綜字世謙，僞齊昏主寶卷⑧遺腹子⑨也。寶卷臨政⑩婬亂，吳人苦之⑪。雍州刺史蕭衍立南康王寶融爲主，舉兵向秣陵⑫，事既克捷⑬，遂殺寶融而自立。寶卷有美人⑭吳景暉，時孕綜經月，衍因幸⑮景暉，及綜生，認爲己子，小名緣覺，封豫章王。綜形貌舉止，甚似昏主，其母告之，令自方便⑯。綜遂歸我聖闕⑰，更名曰讚，字世務⑱，始爲寶卷追服三年喪⑲。明帝拜綜太尉公，封丹陽王。永安年中，尚⑳莊帝姊壽陽公主，字莒犂。公主容色美麗，綜甚敬之。與公主語，常自稱下官㉑。授齊州刺史，加開府㉒。及京師傾覆㉓，綜棄州北走。時爾朱世隆專權，遣取公主至洛陽，世隆逼之，公主罵曰：「胡狗！敢辱天王女乎！」世隆怒，遂縊殺之。

注釋

⑧寶卷　即齊東昏侯蕭寶卷，西元四九九～五〇一年在位。⑨遺腹子　父親去世之後才出生者。⑩臨政　即掌管朝政。⑪吳人苦之　猶言「吳地之人苦於其害」。東漢時，今江蘇省為吳郡地，後因此別稱吳。南齊蕭氏都建業（故址在今南京市），故對南齊人以吳人稱之。⑫秣陵　即建業。⑬事既克捷　指消滅寶卷之事已成功。⑭美人　漢代用以稱妃嬪。後世王朝多因之。⑮幸即寵愛之義。⑯令自方便　猶言「讓其見機行事」。⑰聖闕　即聖上（皇帝）所居之宮闕。此處含義則為「皇魏聖朝」。⑱字世務　其字與《魏書．蕭讚傳》有異。⑲追服三年喪　古制，父母死則應服喪三年。追即追補之義。⑳尚　本是匹配之義，後專指娶帝王之女。㉑下官　官吏自稱之謙詞。㉒開府　即開建府署，辟置僚屬。漢制，惟三公可開府。魏晉以後，開府者益多，因而別置開府儀同三司之名。㉓京師傾覆　猶言「京師淪陷」。此指爾朱兆入洛。

語譯

蕭綜字世謙，是齊代昏主蕭寶卷的遺腹子。蕭寶卷掌管朝政時縱欲放蕩，吳地之人苦於其害。雍州刺史蕭衍擁立南康王寶融為君，舉兵向京師秣陵進攻。攻克秣陵並消滅蕭寶卷之後，蕭衍又殺了蕭寶融，自立為帝。蕭寶卷有一位妃子名叫吳景暉，當時已懷有蕭綜達一月之久。因蕭衍寵愛吳景暉，所以在蕭綜降生之後便把他認作了自己的兒子，爲他取小名緣覺，並封他爲豫章王。蕭綜的形貌舉止，與昏主蕭寶卷十分相同。當蕭綜長大成人之後，母親將其身世告訴了他，讓他見機行事。於是蕭綜就歸順我皇魏聖朝了，並改名爲蕭讚，字世務。他爲其生父蕭寶卷追服了三年喪。此後，孝明帝拜蕭綜爲太尉公，並封其爲丹陽王。永安年間，蕭綜娶莊帝之姊壽陽公主莒犂爲妻。公主容色美麗，蕭綜十分敬愛她。和公主說話時，常常稱自己爲「下官」。蕭綜後來又被授予齊州刺史之職，並加封開府儀同三司。當爾朱兆攻入洛陽、京師淪陷時，蕭綜放棄齊州向北逃走。此時，爾朱世隆獨掌朝廷大權。他派人把公主從齊州押到洛陽，並威逼公主。公主罵道：「你這胡狗！竟敢侮辱身爲天王之女的我嗎！」爾朱世隆大怒，於是下令把公主吊死了。

三、瓔珞寺

篇旨

此篇簡要介紹瓔珞寺之地理位置及建陽里內諸佛寺和有關情況。

瓔珞寺在建春門外御道北，所謂建陽里也，即中朝時白社①地，董威輦②所居處。里內有瓔珞、慈善、暉和、通覺、暉玄、宗聖、魏昌、熙平、崇眞、因果等十寺。里內士庶③二千餘戶，信崇三寶④。眾僧利養⑤，百姓所供也。

注釋

①白社　即白社里。②董威輦　董京，字威輦，晉代隱士。見《晉書・隱逸傳》。③士庶　即士人與庶民。④三寶　此指佛教。所謂佛寶（指釋迦牟尼）、法寶（指教義）和僧寶（指教團、俗眾）。⑤利養　此即給養之義。

語譯

瓔珞寺位於建春門外御道之北，就是所謂建陽里，也就是晉代中葉時的白社里之所在、晉代隱士董威輦所居之處。

建陽里內有瓔珞、慈善、暉和、通覺、暉玄、宗聖、魏昌、熙平、崇眞、因果等十寺。里內還居住了二千多戶士人和庶民，他們都信奉崇敬佛、法、僧三寶。諸寺眾僧的生活給養，全都爲百姓所提供。

四、宗聖寺

篇旨

此篇主要介紹了宗聖寺之佛像。

宗聖寺有像一軀，高三丈八尺，端嚴①殊特②，相好畢備③，士庶瞻仰，目不暫瞬④。此像一出⑤，市井皆空，炎光輝赫⑥，獨絕世表⑦。妙伎雜樂，亞於⑧劉騰⑨，城東士女⑩，多來此寺觀看也。

注釋

①端嚴　猶言「端正莊嚴」。②殊特　即特殊、特別之義。③相好畢備　即相與好全都具備。據佛經載，佛降生時有三十二種大人相，八十種好，統稱「相好」（好即悉皆妙好之義）。因此以「相好」爲佛身塑像之敬稱。④暫瞬　意即暫時眨眼。⑤此像一出　指佛像「出遊」，即參加「行像」活動。⑥炎光輝赫　猶言「光輝顯耀」。⑦獨絕世表　猶言「世外獨絕」，亦即舉世獨一無二之義。⑧亞於　即「僅次於」。⑨劉騰　即爲劉騰所立之長秋寺。見本書卷一。⑩士女　即成年男女。

語譯

宗聖寺內藏有一尊佛像，其高達三丈六尺，端正莊嚴，「相好」全都具備。此像一旦出遊「行像」，街市里巷全都空無一人。此像光輝顯耀，舉世獨一無二。那些美妙歌伎及百戲，僅次於長秋寺。因此洛陽城東的成年男女多來此寺觀看。

五、崇眞寺

篇旨

此篇首先詳細記敘了崇眞寺比丘惠凝死而復活後所講述的故事，反映了北魏佛教重禪誦、輕義學的特點。其次簡要介紹了東石橋之地理位置及有關史實。

崇眞寺比丘惠凝死經七日還活。經閻羅王①檢閱②，以錯召放免③。惠凝具④說：「過去之時，有五比丘同閱。一比丘云是寶明寺智聖，以坐禪⑤苦行⑥得升天堂。有一比丘是般若寺道品，以誦經四十卷《涅槃》⑦，亦升天堂。有一比丘云是融覺寺曇謨最，講《涅槃》、《華嚴》⑧，領眾千人。閻羅王曰：『講經者心懷彼我⑨，以驕凌物⑩，比丘中第一麤行⑪。今唯試⑫坐禪、誦經，不問講經。』其曇謨最曰：『貧道⑬立身⑭以來，唯好講經，實不闇誦⑮。』閻羅王勅付司⑯，即有青衣⑰十人，送曇謨最向西北門。屋舍皆黑，似非好處。有一比丘云是禪林寺道弘，自云：『教化四輩檀越⑱，造一切經⑲，人中金象⑳十軀。』閻羅王曰：『沙門之體㉑，必須攝心守道㉒，志在禪誦，不干世事，不作有為㉓。雖造作經象，正欲得他人財物；既得它物，貪心即起；既懷貪心，便是三毒㉔不除，具足煩惱㉕。』亦付司，仍與曇謨最同入黑門。有一比丘云是靈覺寺寶明，自云：『出家㉖之前，嘗作隴西㉗太守，造靈覺寺成，即棄官入道。雖不禪誦，禮拜㉘不缺。』閻羅王曰：『卿作太守之日，曲理枉法㉙，劫奪民財，假㉚作此寺，非卿之力，何勞說此㉛。』亦付司，青衣送入黑門。」時太后聞之，遣黃門侍郎徐紇㉜依惠凝所說，即訪寶明等寺。城東有寶明寺，城內有般若寺，城西有融覺、禪林、靈覺等三寺。問智聖、道品、曇謨最、道弘、寶明等，皆實有之。議曰：「人死有罪福。即請坐禪僧一百人，常在內殿供養㉝之。」詔「不聽持經象沿路乞索㉞，若私有財物造經象者，任意㉟。」凝亦入白鹿山㊱居隱修道。自此以後，京邑比丘，悉皆禪誦，不復以講經爲意。

注釋

①閻羅王　佛家語，亦稱閻魔王或燄王。簡稱閻王。即佛經中所謂掌管地獄之主。②檢閱　即查看。此處指查閱生死簿。③放免　即放歸免死。④具　即「詳盡」、「一五一十地」。⑤坐禪　即僧尼佛教徒修行的功課，每天在一定時間靜坐，排除雜念，使心神恬靜自在。⑥苦行　即佛教徒的一種修行方法。爲表示虔誠或求得解脫而忍受身體折磨。⑦《涅槃》　即《涅槃經》，佛經名。分大、小乘兩類。小乘《涅槃經》記載佛入滅之歷史；大乘《涅槃經》以闡明教義爲主。⑧《華嚴》　即《華嚴經》，佛經名。全名爲《大方廣佛華嚴經》。「大方廣」爲所證之法，佛以華（花）莊嚴法身，故稱「華嚴」。⑨心懷彼我　猶言「心中暗分你與我」。佛家以「眞如」爲萬物之本體。故從眞如角度看，世上一切（包括人）都爲眞如所派生。依此則萬物歸一，無有彼此之分。若心存彼此，則未深諳佛理，煩惱難以除盡。⑩以驕凌物　猶言「以驕己而凌逼他物」。佛家認爲，既然萬物爲眞如所派生，那麼萬物處於平等地位。若「以驕凌物」，則是三毒未除之表現。⑪麄行　即粗淺行爲。⑫試　即考查之義。⑬貧道　僧人自稱之詞。⑭立身

猶言「樹立己身」，或卓然自立成人。⑮闔誦　猶言「閉門坐禪誦經」。⑯勑付司　勑，即詔命之義。付司，猶言「交付有司」。古代設官分職，各有專司，因稱官吏爲「有司」。⑰青衣　自漢代以後，青衣爲卑賤者之服。故常以青衣指稱僕役之人。⑱檀越　梵名，意即施主。⑲一切經　佛教經書的總稱。又叫大藏經，簡稱藏經。⑳人中金象　指佛像。佛之德號頗多，有所謂「人中象王」、「人中獅子」、「人中龍王」等。人中義即人類之中。㉑體　猶體行，亦即親自實行，或曰修行。㉒攝心守道　猶言「收攝心思、恪守佛道」。㉓有爲　亦作「有爲法」，佛教用以指因緣所生之世間事物。㉔三毒　佛教以貪欲、瞋恚、愚癡爲三毒，爲一切煩惱之根本。㉕煩惱　佛教指身心爲貪欲等所困惑而產生的精神狀態。㉖出家　佛教名詞。指離開家庭，去寺院做僧侶。㉗隴西　即隴西郡，三國魏時移治襄武（今甘肅省隴西南）。北魏時轄境相當今隴西縣附近地區。㉘禮拜　佛家稱對佛菩薩和上座大德頂禮爲禮拜。㉙曲理枉法　即歪曲事理、違反法規。㉚假　即「借」之義。㉛何勞說此　猶言「何須多費口舌」。勞即費、煩之義。㉜徐紇　博昌人。見《魏書・卷九三・恩倖列傳》。㉝供養　佛家以資養「佛、法、僧」三寶，奉獻香華、燈明、飲食曰供養。又有財供養、法供養之分。此處當屬財供養。㉞乞索　即乞討之義。㉟任意　即任憑其意爲之。㊱白鹿山　位於河南省輝縣西南。以其山上有石如鹿形而得名。

語譯

崇眞寺的比丘惠凝，死去七天之後又活了過來。原因是經過閻羅王的查閱，他是被錯召去的，所以才被放回免死。惠凝詳盡地說道：「我死過去之後，見有五位比丘同時被閻羅王查閱。一位比丘是寶明寺的智聖，他因爲坐禪、苦行而得以升入天堂。另有一位比丘是般若寺的道品，他因爲誦四十卷《涅槃經》也得以升入天堂。第三位比丘是融覺寺的曇謨最，他宣講《涅槃經》和《華嚴經》，擁有徒眾一千人。閻羅王說：『講經者心中暗藏你我之別，以驕縱自己而凌逼他物，這是比丘中最粗淺的行爲。現在只是考查你坐禪、誦經如何，不問你講經怎樣。』曇謨最說：『我自從樹立己身以來，只喜愛講經，確實沒有閉門坐禪誦經。』於是閻羅王命令把他交付有司。隨即便有身著青衣者十人把曇謨最送進西北之門。那裡的房間都是黑的，似乎不是好地方。第四位比丘是禪林寺的道弘，他自我表白道：『我教育感化了四代的施主，翻印了大藏經，雕塑了十尊人中獅子金像。』閻羅王說：『沙門之修行，必須收攝思慮、恪守佛道，志在坐禪誦經，不干預世間之事，不造作「有爲法」。你雖翻印經像，但正是爲了得到他人之財物；既然想得到財物，貪心也就隨即而生；既然胸懷貪心，便是「三毒」沒有除滅，「煩惱」全都存在。』於是也把他交付有司，讓他仍和曇謨最同入黑門。第五位比丘是靈覺寺的寶明，他自我申述道：『出家之前，我曾任隴西太守，建造了靈覺寺。此寺建成之後，我便放棄官職、皈依佛道；雖不坐禪誦經，但禮拜並不缺少。』閻羅王說：『你任太守之日，歪曲事理、違反法規，劫奪民財，用以建造此寺。因此建寺並非你的功勞，何需多費口舌。』於是也把他交付有司，令身著青衣之人送入黑門。」當時胡太后聽說此事，便派黃門侍郎徐紇按照惠凝所說的去查訪寶明等寺。寶明寺在城東，般若寺在城內，融覺、禪林、靈覺三寺在城西。經查問，智聖、道品、曇謨最、道弘、寶明等都實有其人。胡太后議論道：「人死之後有的獲罪有的得福。馬上把一百位坐禪僧請來，常在內殿供養他們。」並且詔令「不得聽憑僧人手持佛經佛像沿路乞求索討。如果是用私自財物去造作經像，則任憑其意。」惠凝也進入白鹿山隱居並修習佛道。從此以後，京師的比丘也都從事禪誦，不再把講經放在心上。

出建春門外一里餘，至東石橋，南北而行㊲，晉太康元年㊳造。橋南有魏朝時馬市，刑嵇康㊴之所也。橋北大道西有建陽里，大道東有綏民里，里內有河間㊵劉宣明宅。神龜㊶年中，以直諫忤旨㊷，斬於都市。訖㊸目不瞑㊹，尸行百步，時人談以枉死。宣明少有名譽，精通經史，危行㊺及於誅死。

注釋

西元二八〇年。㊴嵇康　字叔夜。《晉書・卷四九》有傳。㊵河間　郡名。北魏置。今屬河北省，因地處黃河與永定河之間而得名。㊶神龜　北魏孝明帝（元詡）第二年號（西元五一八～五二〇年）。㊷直諫忤旨　猶言「因直言規勸而違反皇帝旨意」。㊸訖　即完畢、終了。㊹瞑　即閉目之義。㊺危行　即正直的行為。

㊲南北而行　指東石橋通向南北。㊳太康元年　太康即晉武帝司馬炎第三年號。太康元年為

語　譯

出建春門外一里多就到了東石橋。此石橋通向南北，是晉代太康元年建造的。橋之南有魏朝時的馬市，就是嵇康受極刑的地方。橋北面的大道之西有建陽里，大道之東有綏民里，里內有河間人劉宣明之故宅。神龜年中，劉氏因直言規勸而違背皇帝旨意，被斬於都市。斬首完畢之後，他死不瞑目，屍體也行走了一百步，當時的人談論他是含冤而死的。劉宣明從小就有聲名，精通經史，沒想到竟因正直行為而被斬首。

六、魏昌尼寺

篇旨

此篇簡要介紹魏昌尼寺之來歷及其地理位置。

魏昌尼寺，閹官瀛州①刺史李次壽②所立也。在里③東南角，即中朝牛馬市處也，刑嵇康之所。東臨石橋。此橋南北行，晉太康元年中朝時市南橋也。澄之等④蓋見此橋⑤銘，因而以橋爲太康初造也。

注釋

①瀛州　北魏太和十一年置，並置河間郡，地在今河北省河間縣一帶。②李次壽　李堅，字次壽，高陽易人。《魏書·卷九四·閹官列傳》有傳。③里　指建陽里。④澄之等　即劉澄之、戴延之等，見本卷〈明懸尼寺〉篇注⑦及⑧。⑤此橋　當指建春門外石橋。如此則與前面文義不相貫暢。故疑此篇有脫略。

語譯

魏昌尼寺，爲太監瀛州刺史李次壽所建造。此寺位於建陽里的東南角上，也就是晉代中葉時的牛馬市所在地，嵇康就是在此處受斬刑的。此寺東臨石橋，石橋通向南北，晉太康元年中葉時稱之爲市南橋。劉澄之等人可能見到此橋石柱上刻有銘文，所以才說此橋建造於太康初年。

七、景興尼寺

篇旨

此篇簡要介紹景興尼寺之來歷、地理位置及其所藏之像輦。

石橋①南道有景興尼寺，亦閹官所共立也。有金像輦②，去地三丈，上施寶蓋③，四面垂金鈴、七寶④珠、飛天伎樂⑤，望之雲表。作工甚精，難可揚榷⑥。像出之日，常詔羽林一百人舉此像。絲竹雜伎⑦，皆由旨給⑧。

注釋

①石橋　指東石橋。②金像輦　即金色像車，備「行像」時載佛像之用。③寶蓋　即用珍珠寶玉裝飾的華蓋。④七寶　即金、銀、琉璃、頗梨、珊瑚、瑪瑙和硨磲。⑤飛天伎樂　飛天，即佛教中所謂飛舞空中之神。飛天伎樂，即充任伎樂的飛天。⑥揚榷　即粗略，舉其大概之義。⑦伎　此處通「技」。⑧旨給　猶言「皇帝降旨所供給」。

語譯

東石橋的南道上有景興尼寺，此寺也是太監等人所共同建造的。寺中有一輛金像車，高三丈，上面有裝飾著珍寶的華蓋，四周則垂掛著金鈴、七寶珠和充任伎樂的飛天之神，望去彷若飄遊雲外。此像車製作工藝十分精細，很難描述清楚它的大概情況。每逢「行像」之日，皇帝常常詔令羽林軍一百人舉著佛像；至於各種音樂和雜伎，也都是由皇帝降旨供給的。

八、建陽里東

篇旨

此篇首先簡要介紹建陽里東之綏民里內大略情況；隨後由綏民里東崇義里內杜子休宅敘及隱士趙逸的言行，並對史官「貴遠賤近」、「生愚死智」的劣行進行批評；最後簡要介紹了崇義里東之七里橋及橋東之「三門」。

建陽里東有綏民里，里內有洛陽縣，臨渠水①。縣門外有「洛陽令楊機②清德碑」。

注釋

①渠水　指陽渠之水。②楊機　字顯略，天水冀人。《魏書·卷七七》有傳。

語譯

建陽里的東面是綏民里，洛陽縣治就座落在綏民里內，並且臨近陽渠之水。縣治門外立著一塊「洛陽令楊機清德碑」。

綏民里東崇義里，里內有京兆③人杜子休宅。地形顯敞④，門臨御道。時有隱士趙逸，云是晉武⑤時人，晉朝舊事，多所記錄。正光⑥初，來至京師，見子休宅，歎息曰：「此宅中朝時太康寺也。」時人未之信，遂問寺之由緒⑦，逸云：「龍驤將軍王濬⑧平吳⑨之後，始立此寺。本有三層浮圖，用塼⑩爲之。」指子休園中曰：「此是故處。」子休掘而驗之，果得塼數萬，並有石銘云：「晉太康六年，歲次乙巳，九月甲戌朔⑪，八日辛巳，儀同三司襄陽侯王濬敬造。」時園中果菜豐蔚⑫，林木扶疎⑬，乃服逸言，號爲聖人。子休遂捨宅爲靈應寺，所得之塼，還爲三層浮圖。好事者遂尋問⑭晉朝京師何如今日？逸曰：「晉時民少於今日，王侯第宅與今日相似。」又云：「自永嘉⑮已來二百餘年，建國稱王者十有六君⑯，皆遊其都邑，目見其事。國滅之後，觀其史書，皆非實錄⑰，莫不推過於人⑱，引善自向⑲。苻生⑳雖好勇嗜酒，亦仁而不煞㉑。觀其治典㉒，未爲凶暴，及詳㉓其史，天下之惡皆歸焉。苻堅㉔自是賢主，賊君取位㉕，妄書生惡㉖。凡諸史官，皆是類也。人皆貴遠賤近㉗，以爲信然㉘。當今之人，亦生愚死智㉙，惑已甚矣。」人問其故。逸曰：「生時中庸㉚之人耳。及其死也，碑文墓志㉛，莫不窮天地之大德，盡生民之能事，爲君共堯舜連衡㉜，爲臣與伊皋等跡㉝。牧民㉞之官，浮虎慕其清塵㉟；執法之吏，埋輪謝其梗直㊱。所謂生爲盜跖㊲，死爲夷、齊㊳，佞言傷正㊴，華辭損實㊵。」當時構文㊶之士，慚逸此言。步兵校尉李澄問曰：「太尉府前塼浮圖㊷，形製甚古，猶未崩毀，未知早晚造㊸？」逸云：「晉義熙十二年㊹，劉裕伐姚泓㊺，軍人所作。」汝南王㊻聞而異之，拜為義父。因而問：「何所服餌㊼，以致長年？」逸云：「吾不閑㊽養生㊾，自然長壽。郭璞㊿嘗為吾筮(51)云：壽年五百歲。今始逾半(52)。」帝給步挽車(53)一乘，遊於市里。所經之處，多記舊跡。三年以後遁去，莫知所在。

注釋

③京兆　即漢代京畿的行政區劃名，為三輔之一，即今陝西省西安市以東至華縣之地。後世因稱京都為京兆。④顯敞　即顯豁寬敞。⑤晉武　即晉武帝（司馬炎）。⑥正光　即北魏孝明帝（元詡）第三年號（西元五二〇～五二五年）。⑦由緒　即緣故、因由之義。⑧王濬　字士治，晉弘農湖人。見《晉書・卷四二》本傳。⑨平吳　即滅掉吳國。吳即三國之東吳。晉太康元年（西元二八〇年）正月，王濬率軍攻吳，吳末帝孫皓兵敗投降，吳遂滅亡。⑩塼　同「磚」。⑪九月甲戌朔　甲戌當為丙辰。此處有誤。又，此處乙巳、甲戌、辛巳均為干支，以紀時也。⑫豐蔚　即豐富茂盛。⑬扶疎　即「扶疏」，繁茂紛披貌。⑭尋問　即探問、追問之義。⑮永嘉　即晉懷帝（司馬熾）年號（西元三〇七～三一三年）。⑯十有六君　指十六國之君，即前趙劉淵、後趙石勒、

前燕慕容儁、前秦苻健、後秦姚萇、蜀李雄、後涼呂光、後燕慕容垂、西秦乞伏國仁、北燕馮跋、南涼禿髮烏孤、南燕慕容德、北涼沮渠蒙遜、夏赫連勃勃、前涼張軌、西涼李暠等。⑰實錄　即符合事實的記載。⑱推過於人　即把過錯推給別人。⑲引善自向　猶言「把對的好的歸於自己」。⑳苻生　字長生，晉時前秦之君。苻健第三子，健卒即帝位。見《晉書・苻生載記》。㉑仁而不煞　猶言「施仁政而不濫殺無辜」。㉒治典　即治國之法典。㉓詳　此即「審察」之義。㉔苻堅　字永固。爲苻生從弟。殺生自立爲帝。見《晉書・苻堅載記》。㉕賊君取位　猶言「弒君而篡奪帝位」。賊即害之義。㉖妄書生惡　猶言「無中生有地記載苻生之惡行」。㉗貴遠賤近　以遠者爲貴、以近者爲賤。㉘以爲信然　猶言「認爲無可懷疑、的確如此」。㉙生愚死智　即視生者爲愚蠢之人，視死者爲聰明之人。㉚中庸　即平庸、中等之才。㉛墓志　即「墓誌銘」，埋在墓中的誌墓文。用正方兩石相合，一刻誌銘，一題死者姓氏、籍貫、官爵，平放於棺前。㉜連衡　猶言「比肩」。㉝伊皐等跡　伊，即伊尹，名摯。曾佐商湯伐夏桀，被尊爲阿衡（宰相）。皐，即皐陶，亦稱「咎繇」，偃姓。傳說爲舜之臣，掌刑獄之事。等跡，猶言「等同其事跡」，亦即同等功勞。㉞牧民　即治民，亦即以養畜來比喻官之治民。㉟浮虎慕其清塵　據《後漢書・卷七九上・儒林傳・劉昆傳》云，昆爲弘農太守時，崤、澠驛道多虎災。昆爲政三年，仁化大行，虎皆負子渡河而去。此處即用此典。清塵，此指爲官清明廉潔。㊱埋輪謝其梗直　據《後漢書・卷八六・張綱傳》云：漢順帝選遣八使徇行風俗，唯綱年少，官次最微。他人皆赴任，唯綱獨埋其車輪於洛陽都亭曰：「豺狼當路，安問狐狸？」遂奏劾大將軍梁冀等罪行，京師震動。㊲盜跖　名跖，相傳爲春秋末期之大盜，故有此稱呼。㊳夷、齊　即伯夷、叔齊，分別爲商末孤竹君之長子及次子。初，孤竹君以叔齊爲繼承人。孤竹君死，叔齊讓位於伯夷，夷不受。後二人皆投奔周。周武王滅商，二人逃到首陽山，不食周粟而死。㊴佞言傷正　其義即「讒佞之言必傷害正直之人」。㊵華辭損實　猶言「浮華之辭必損害事情的眞實」。㊶構文　即結構文章，亦即寫文章。㊷塼浮圖　即以磚砌成之佛塔。㊸未知早晚造　猶言「未知何年建造」。㊹義熙十二年　義熙，爲東晉安帝（司馬德宗）第三年號。義熙十二年即西元四一六年。㊺劉裕伐姚泓　事見《晉書・卷一〇・安帝紀》及《宋書・卷二・武帝紀》。劉裕，即宋武帝。姚泓，即後秦之君主。㊻汝南王　即元悅，見本書卷一〈景樂寺〉篇注㉓。㊼服餌　猶言「服食」。指依照道教方法服食丹藥以求長生。㊽閑　即「習」之義。㊾養生　即攝養身心，以期保健延年。㊿郭璞　字景純，晉河東聞喜人。見《晉書・卷七二》本傳。(51)筮　即卜筮。(52)逾半　即過半。(53)步挽車　亦作「步輓車」，即用人拉的車。

語　譯

綏民里之東有崇義里，崇義里內有京都洛陽人杜子休之故宅。此宅所處地形顯豁寬敞，其門面對著御道。當時有一位隱士名叫趙逸，據說是晉武帝時候的人。他對於晉朝的舊事，多有記錄。正光初年，他來到京師，看見杜子休的住宅時歎息道：「此宅就是晉代中葉時的太康寺。」當時人們並不相信，便詢問太康寺的建造緣由。趙逸回答道：「晉代龍驤將軍王濬消滅吳國之後，才建造了此寺。寺內本來有一座三層佛塔，是用磚砌成的。」他並且指著杜子休園中說：「這裡就是佛塔的所在之處。」杜子休掘地來驗證他的話，果然得到幾萬塊磚，同時也挖掘出一塊石銘，其文寫道：「晉太康六年，歲次乙巳，九月甲戌朔，八日辛巳，儀同三司襄陽侯王濬敬造。」當時，園中瓜果蔬菜豐富茂盛，樹木枝條繁密紛披。因此大家才信服趙逸所說的話，並稱之爲聖人。至於杜子休則捐獻出了自己的住宅，把它改建爲靈應寺；他所挖出的幾萬塊磚，還是用來建造一座三層佛塔。那些好事者仍向趙逸追問道：「晉朝時的京師與今日相比怎麼樣？」趙逸回答說：「晉朝時的人口要比今日少，王侯的房屋則與今日相似。」又說：「自從晉懷帝永嘉以來的二百多年間，建國稱王者共有十六人，他們的京師我都遊覽過，並且親眼見到他們的各種事情。當他們的國家滅亡之後，再觀看有關的史書，其記載的內容都與事實不相符合，沒有不是把過錯推給別人，把好的歸於自己。比如苻生雖然喜好鬥勇和喝酒，但是也施仁政而不濫殺無辜；只要閱讀一下他的治國法典，就可知道他沒有做過凶暴之事。可是詳察關於他的史書，則可發現，天下的罪惡全都歸其所有了。苻堅自然是一位賢明的君主，但他殺害國君篡奪帝位之後，就在史書中無中生有地寫上苻生的罪惡。所有的史官，都是這種人。人都是以遠者爲貴、以近者爲賤，並且認爲『遠者貴、近者賤』是無可懷疑的事。今天的人也是把生者看作愚蠢之人，把死者看作聰明之人，因此所受的迷惑是很深的。」有人問這是什麼原因。趙逸說：「人活著的時候，只不過是個平庸之輩。等到他死了，其碑文墓誌無不寫盡天地之間的大仁盛德，無不道盡人所能做的所有事情。是君王則說他與堯、舜比肩，是人臣則說他與伊尹、皐陶同功；是治理百姓之官，則說他如同漢之劉昆，連老虎也仰慕其清廉，負子渡河，不再為害；是執掌法律之吏，則說他如同漢之張綱，埋輪奏劾權貴，人皆感謝其梗直。這就是所謂『活著時被當作盜跖，死之後則成為伯夷、叔齊；讒佞之言必傷害正直之人，浮華之辭必損害眞實之事。』」當時寫文章的人都因趙逸的這些話而感到慚愧。步兵校尉李澄問道：「太尉府前的那座磚砌的佛塔，形狀外貌十分古老，但仍沒有崩塌毀壞。不知它建於什麼年代？」趙逸回答道：「晉朝義熙十二年，也就是劉裕討伐姚泓的那一年，為軍人所建造。」汝南王元悅聽到這些，感到十分驚奇，於是就拜趙逸為義父，問趙逸吃過什麼，以致能延年益壽。趙逸回答：「我不練習養生之道，自然就長壽了。晉代郭璞曾為我卜筮說，我的年壽是五百歲，現在才活過了一半。」這樣，皇帝給趙逸一輛步挽車，讓他遊覽於都市鄉里。對曾經歷過之處，他大多記得那裡的舊事故跡。三年以後，他悄悄離開了京師，不知道在哪裡了。

崇義里東有七里橋，以石為之，中朝時杜預之荊州[54]，出頓之所[55]也。七里橋東一里，郭門[56]開三道，時人號為三門。離別者多云：「相送三門外。」京師士子[57]，送去迎歸，常在此處。

注釋

[54]杜預之荊州　杜預，字元凱，京兆杜陵人。見《晉書・卷三四》本傳。杜預之荊州，指杜預以尚書身分都督荊州軍事。之，往、去之義。[55]出頓之所　猶言「出發之前屯兵之處」。頓，即屯，駐兵之義。[56]郭門　即外城之門。[57]士子　此處指士大夫之流。

語譯

崇義里的東面有一座七里橋，此橋是用石頭建造的。晉代中葉時，杜預將到荊州去。他出發之前就是在此處屯兵的。七里橋東面一里之處，外城開了三道門，當時人們稱之為「三門」。凡是離別的人大多這樣說：「相送三門外。」京師的士大夫迎往送來，常常也是在這個地方。

九、莊嚴寺

篇　旨

此篇簡要介紹莊嚴寺之地理位置及東安里內主要建築。

莊嚴寺，在東陽門外一里御道北，所謂東安里也。北為租場①。里內有駙馬都尉司馬悅②、濟州刺史刁宣③、幽州刺史李眞奴④、豫州刺史公孫驤⑤等四宅。

注　釋

①租場　見本卷〈明懸尼寺〉篇。②司馬悅　字慶宗。《魏書·卷三七》有傳。③刁宣　史

書無傳。④李眞奴　李訢，字元盛，小名眞奴，范陽人。《魏書・卷四六》有傳。⑤公孫驤　史書無傳。

語　譯

莊嚴寺位於東陽門外一里處的御道之北，也就是所謂東安里。東安里之北是租場。東安里內有駙馬都尉司馬悅、濟州刺史刁宣、幽州刺史李眞奴和豫州刺史公孫驤等四人的住宅。

十、秦太上君寺

篇旨

此篇首先介紹秦太上君寺之來歷及所處地理位置；隨後介紹寺內建築、環境佈置及寺僧情況；最後詳細記敘齊人「懷塼」之俗及荀濟對齊人的詆毀和崔孝忠為齊人所作的辯解。

秦太上君寺①，胡太后所立也。在東陽門外二里御道北，所謂暉文里。里內有太保崔光②、太傅李延寔③、冀州刺史李韶④、祕書監鄭道昭⑤等四宅。並豐堂崛起⑥，高門洞開⑦。趙逸云：「暉文里是晉馬道里，延寔宅是蜀主劉禪⑧宅，延寔宅東有修和宅，是吳主孫皓⑨宅。李韶宅是晉司空張華⑩宅。」

當時太后正號崇訓⑪，母儀天下⑫，號父為秦太上公⑬，母為秦太上君。為母追福⑭，因以名焉。

注釋

①秦太上君寺　秦太上君為胡太后之母。此寺為胡太后遣太監劉騰所修建。②崔光　字長仁，東清河鄃人。見《魏書・卷六七》本傳。③李延寔　字禧，隴西人。《魏書・卷三九》有傳。④李韶　字元伯，《魏書・卷三九》有傳。⑤鄭道昭　字僖伯，滎陽開封人。《魏書・卷五六》有傳。⑥豐堂崛起　猶言「高大的房屋拔地而起」。豐，即高大之義。崛起，即高聳之義。⑦洞開　即敞開。⑧蜀主劉禪　即三國蜀漢後主、劉備之子。降魏後，被送到洛陽，封為安樂公。見《三國志・蜀書・後主傳》。⑨吳主孫皓　三國吳末帝，字元宗，孫權之孫。降晉，被送到洛陽，封為歸命侯。見《三國志・吳書・三嗣主傳》。⑩張華　字茂先。《晉書・卷三六》有傳。⑪崇訓　據史書載：胡太后居崇訓宮，其號亦為崇訓太后。⑫母儀天下　猶言「為天下人母者之典範」。母儀，即為人母者之典範，多用於皇后。⑬秦太上公　胡太后父名胡國珍，嘗領雍州刺史，故號贈秦公。⑭追福　即「追福薦齋」，見本書卷一〈永寧寺〉篇注(269)。

語譯

秦太上君寺，爲胡太后所建造。此寺位於東陽門外二里處御道之北，也就是所謂暉文里。暉文里內有太保崔光、太傅李延寔、冀州刺史李韶和祕書監鄭道昭等四人的住宅。他們的住宅都是高屋聳起，大門敞開。趙逸說：「暉文里就是晉代的馬道里。延寔住宅就是三國蜀後主劉禪的故宅；延寔住宅之東有修和宅，那是三國吳末帝孫皓的故宅；李韶住宅就是晉代司空張華的故宅。」

當時，胡太后的正式稱號爲崇訓皇太后，她成了天下人母者之典範。她的父親的贈號爲秦太上公，她的母親的贈號爲秦太上君。又因爲胡太后是在此寺爲母追福薦齋的，所以就稱此寺爲秦太上君寺。

中有五層浮圖一所，修剎⑮入雲，高門向街。佛事莊飾，等於永寧⑯。誦室禪堂，周流⑰重疊。花林芳草，徧滿堦墀⑱。常有大德⑲名僧講一切經⑳，受業沙門㉑，亦有千數。

注釋

⑮修刹　即長刹。見〈永寧寺〉篇。修即「高」、「長」之義。⑯永寧　即永寧寺。⑰周流　亦即周匝流遍，或四周布滿之義。⑱堦墀　即臺階。墀即堦。⑲大德　佛教對僧人的尊稱。梵語爲「婆檀陀」。⑳一切經　即大藏經。參見本卷〈崇眞寺〉篇注⑲。㉑受業沙門　猶言「從師的僧徒」。受業即從師學習。業爲大板，古無紙，以竹簡木板代之，故稱知識的傳授爲受業。

語譯

寺內有一座五層佛塔，其長刹聳入雲霄，高門開向街道。寺內各種佛事及裝飾，皆與永寧寺相同。誦室禪堂，層疊列布四周；花林芳草，遮遍蓋滿臺階。大德名僧，常來此寺宣講大藏經。至於此寺從師學習的僧徒，也有千人左右。

太傅李延寔者，莊帝舅也。永安年中，除青州刺史㉒。臨去奉辭㉓。帝謂寔曰：「懷塼㉔之俗，世號難治。舅宜好用心，副朝廷所委㉕。」寔答曰：「臣年迫桑榆㉖，氣同朝露㉗，人間稍遠㉘，日近松邱㉙。臣已久乞閒退㉚，陛下㉛渭陽興念㉜，寵及老臣，使夜行罪人㉝，裁錦㉞萬里。敬奉明敕㉟，不敢失墜㊱。」時黃門侍郎楊寬㊲在帝側，不曉「懷塼」之義，私問舍人㊳溫子昇㊴。子昇曰：「吾聞至尊㊵兄彭城王㊶作青州刺史，問其俗，賓客從至青州者云：齊土㊷之民，風俗淺薄，虛論高談，專在榮利㊸。太守初欲入境，皆懷塼叩首，以美其意㊹，及其代下還家㊺，以塼擊之。言其向背㊻速於反掌。是以京師謠語曰：獄中無繫囚㊼，舍內無青州㊽，假令家道惡㊾，腹中不懷愁㊿。懷塼之義起於此也。」

注釋

㉒除青州刺史　猶言「官拜青州刺史」。除，即除故官拜新官，或曰拜官曰除。青州，漢置，魏晉因之。南北朝仍置州，但治所屢遷，轄領不一。舊治在今山東省益都縣。㉓奉辭　即奉召辭行。㉔懷塼　本義詳見下文。後常用以比喻勢利，翻面無情。㉕副朝廷所委　猶言「與朝廷之委任相稱」。亦即不辜負朝廷的信任。㉖桑榆　指日落處，用以比喻垂老之年。㉗氣同朝露

猶言「生命如同朝露那麼短暫」，亦即活的時間不會長了。氣，即呼吸之氣，喻指生命。㉘人間稍遠　猶言「離人世愈來愈遠」。稍，即逐漸之義。㉙日近松邱　猶言「日益接近墳墓」。松邱，即墳墓。㉚閒退　猶言「辭官閒居」。㉛陛下　古代對帝王的尊稱。陛下本義爲階下。臣與君言，不敢直指天子，故呼陛下者而告之。㉜渭陽興念　猶言「因甥舅之情而生想法」。渭陽，《詩・秦風・渭陽》云：「我送舅氏，曰至渭陽。」渭陽即渭水之陽。後人常以渭陽表示甥舅。㉝夜行罪人　據《三國志・魏志・卷二六・田豫傳》載，田豫因年邁而屢乞遜位，不允。豫曰：「年過七十而以居位，譬諸鐘鳴漏盡，而夜行不休，是罪人也。」此處自稱「夜行罪人」，正與前文「年迫桑榆」之義呼應。㉞裁錦　典出《左傳・襄公三十一年》，子皮欲使尹何爲邑，子產曰：「不可。子有美錦不使人學製焉，大官大邑，身之所庇也。而使學者製焉，其爲美錦，不亦多乎？」製即裁之義。後以裁錦稱爲官主政，含有「治邑如學裁錦」的自謙之義。㉟明敕　猶言「英明的敕命」。㊱失墜　意即出現差錯或過失。㊲楊寬　字景仁，弘農華陰人。見《周書・卷二二》本傳。㊳舍人　官名。秦置太子舍人，爲太子屬官。魏置中書通事舍人，掌詔誥呈奏之事。以後名稱屢更，職權也不一致。㊴溫子昇　字鵬舉，太原人。《魏書・卷八五》有傳。㊵至尊　即最尊貴的地位，多用作帝王之尊稱。㊶彭城王　此指元劭，乃孝莊帝之兄。㊷齊土　即齊地，此指青州。青州爲春秋戰國時齊國之地，故有此言。㊸榮利　指名位利祿。㊹以美其意　指以此舉動表達其歡迎之美意。㊺代下還家　猶言「被替換回家」。代下即替下、更換之義。㊻向背，即歸向和背棄。㊼繫囚：即在押的囚犯。㊽舍內無青州：舍內，即公舍之內，亦即官署之內。青州，此指青州刺史。㊾家道惡：家道，即家計、家產、家景。惡即不好、壞之義。㊿不懷愁：意即不是懷的愁而是懷的塼。暗含譏刺。

語譯

太傅李延寔是莊帝的舅舅。永安年中，官拜青州刺史。赴任之前他奉召辭行，莊帝對他說：「青州有『懷塼』的風俗，世人都說那是個難以治理的地方。舅舅應當盡心盡力，不辜負朝廷的委任。」李延寔回答道：「我已近垂老之年，如同朝露一樣不會活很久了。因爲我正逐漸遠離人世，日益走近墳墓，所以我早就已經乞求辭官閒居。但陛下出於對甥舅之情的考慮，恩寵於我，使我這『夜行罪人』如學『裁錦』一樣治邑於萬里之外。我將敬奉陛下英明的敕命，不敢讓過錯出現。」當時黃門侍郎楊寬侍奉於莊帝身邊，他不曉得「懷塼」的涵義，私下請教溫子昇。溫子昇回答道：「我聽說莊帝之兄彭城王元劭任青州刺史時，詢問當地的風俗。有位跟隨到青州的賓客回答說：齊地之民，風俗淺薄，高談虛論，專求名位利祿。每位太守初來此地，他們都懷塼叩首，以表達歡迎的美意；及其被替換回家，他們則對他投擲塼頭，予以攻擊。這說明齊地之民向背之變化快於反掌。因此京師有歌謠說道：『獄中無繫囚，舍內無青州，假令家道惡，腹中不懷愁。』懷塼的涵義就產生於此。」

潁川(51)荀濟(52)，風流名士，高鑒妙識(53)，獨出(54)當世。清河(55)崔叔仁(56)稱齊大夫。濟曰：「齊人外矯仁義(57)，內懷鄙吝(58)；輕同羽毛，利等錐刀(59)。好馳(60)虛譽，阿附成名(61)。威勢所在，側肩競入(62)，求其榮利，甜然濃泗(63)。比於四方，慕勢(64)最甚。」號齊士子為「慕勢諸郎」。臨淄(65)官徒(66)布在京邑，聞懷慱慕勢，咸共恥之。唯崔孝忠(67)一人不以為意。問其故，孝忠曰：「營丘(68)風俗，太公餘化(69)；稷下儒林(70)，禮義所出。今雖凌遲(71)，足為天下模楷(72)。荀濟人非許、郭(73)，不識東家(74)，雖復芻言自口(75)，未宜榮辱(76)也。」

注釋

(51)潁川　郡名，秦置，以潁水得名。治所在陽翟（今禹縣），轄境相當今河南省登封、寶豐以東，尉氏、郾城以西，密縣以南，葉縣以北等地。其後轄境漸小，治所屢有遷移。(52)荀濟　字子通，其先潁川人，世居江左。《北史・卷八三》有傳。(53)高鑒妙識　猶言「見識精闢」。鑒即審察之義。(54)獨出　即超羣出眾。(55)清河　郡國名，漢高祖置，治所在清陽(今清河東南)。轄境相當今河北省清河及棗強、南宮各一部分，山東省臨清及高唐等各一部分。東漢改為國。晉以後轄境漸小，北魏仍為郡。(56)崔叔仁　崔休子。《魏書・卷六九》有傳。(57)外矯仁義　猶言「外表假裝講仁講義」。矯即詐稱、假託之義。(58)內懷鄙吝　猶言「內心懷著鄙薄、貪吝的想法」。(59)輕同羽毛，利等錐刀　猶言「競爭輕如羽毛之名位，趨向微如錐刀之利益」。(60)馳　即追逐之義。(61)阿附成名　猶言「迎合成名之輩」。阿附，即阿曲附益，迎合之義。(62)側肩競入　猶言「斜肩競從旁入」。亦即善於鑽營。(63)甜然濃泗　猶言「把濃厚的鼻涕當作甜蜜」。(64)慕勢　追慕威勢。(65)臨淄　古邑名，以城臨淄水而得名。故址在今山東省淄博市東北舊臨淄。(66)官徒　即官屬，亦即正官之屬吏。(67)崔孝忠　為崔修和之子，博陵安平人。《魏書・卷五七》有傳。(68)營丘　古邑名。在今山東省淄博市臨淄北，以營丘山得名。周武王封呂尚於齊，建都於此。後改名臨淄。(69)太公餘化　猶言「太公遺留下的教化」。太公指姜太公呂尚。(70)稷下儒林　稷下，即齊國都城臨淄稷門(城西南首門)附近地區。齊宣王繼其祖桓公、父威王在此擴建學宮，招攬文學游說之士數千人，任其講學議論。稷下儒林，猶言「集於稷門之下的儒生學士」。儒林，言其多也。(71)凌遲　即日漸低落。(72)模楷　即楷模、典範。(73)許、郭　指許劭、郭泰，皆以善品鑒人物著名。《後漢書・卷九八》並有傳。(74)不識東家　傳說孔丘的西鄰不知孔子之才學，逕稱為東家丘。後用為典故，示不識人之意。(75)莠言自口　猶言「醜惡之言自口說出」。(76)未宜榮辱　猶言「未必應當由此而生榮辱之感」。

語譯

潁川荀濟是一位風流名士。其見識之高妙，在當世則超羣出眾。清河崔叔仁號稱齊地士大夫。荀濟批評說：「齊人外表講仁講義，而內懷鄙薄、貪吝之心。他們競爭輕同羽毛的名位，趨向微如錐刀的利益；喜好追逐虛假的榮譽，阿曲附益成名的權貴。哪裡有威勢，他們就在哪裡側肩競從旁入。他們追求那些名位利祿，眞如把濃的鼻涕當成了甜蜜。與四方之士相比，數他們追慕威勢最爲熱心。」爲此，齊地士大夫被稱爲「慕勢諸郎」。來自齊土臨淄的官屬遍布京城。他們聽說「懷塼」、「慕勢」，都感到羞恥。唯有崔孝忠一人竟毫不在意。有人問他這是什麼原因，孝忠回答說：「營丘的風俗，那是姜太公所遺留下的教化；稷下的儒士，更是禮義之所出處。今日雖然齊地風氣日漸低落，但仍然足以爲天下人的楷模。荀濟這人並不是許劭、郭泰那樣的名士，他也屬於『不識東家丘』者之列。因此雖然醜惡的話語從他口中說出，但是未必應當因此而有或榮或辱的感受。」

十一、正始寺

篇旨

此篇首先介紹正始寺之地理位置及百官施錢修寺的情況；隨後在簡要介紹昭德里之住宅的同時，詳細記敘了張倫所修建的景陽山之風景，並全文載錄了姜質的〈庭山賦〉，盡攄讚美之意。

正始寺，百官所立也。正始①中立，因以爲名。在東陽門外御道南，所謂敬義里也。里內有典虞曹②。簷宇③清淨，美於景林④。眾僧房前，高林對牖，青松綠檉⑤，連枝交映。多有枳樹，而不中食⑥。有石碑一枚，背上有侍中崔光施錢四十萬，陳留侯李崇⑦施錢二十萬，自餘百官各有差⑧，少者不減五千已下，後人刊之⑨。

注釋

①正始　即北魏宣武帝元恪第二年號（西元五〇三～五〇八年）。②典虞曹　官署名。據《晉書·職官志》載，典虞屬太僕。③簷宇　本爲屋簷，此處借稱寺內講殿僧舍。④景林　即景林寺。見本書卷一。⑤檉　木名，即河柳。⑥不中食　猶言「不適於食用」。枳之果實小而味酸，不能食，可入藥。⑦李崇　字繼長，頓邱人。《魏書·卷六六》有傳。⑧各有差　猶言「各有差異」，亦即有多有少之義。⑨刊之　即刻在石碑之上。

語譯

正始寺爲百官所建造。因爲它建造於正始之年，所以才稱之爲「正始寺」。正始寺位於東陽門外御道之西，也就是所說的敬義里。敬義里內還有典虞曹。正始寺屋舍清淨，比景林寺還要美麗。在眾位僧徒的房前，樹木高大，對窗而立；青松綠檉，連枝交映。枳樹頗多，但其果實則不能食用。寺中還立了一塊石碑，其背面刻有「侍中崔光施錢四十萬，陳留侯李崇施錢二十萬」等字，其餘百官施錢有多有少，各不相同，但少者也不少於五千錢以下。這些都是後人刻在石碑上的。

敬義里南有昭德里。里內有尚書僕射游肇⑩、御史中尉李彪⑪、七兵部尚書崔休⑫、幽州刺史常景⑬、司農張倫⑭等五宅。彪、景出自儒生，居室儉素⑮。惟倫最爲豪侈⑯，齋宇光麗⑰，服翫⑱精奇，車馬出入，逾於邦君⑲。園林山池之美，諸王莫及。倫造景陽山⑳，有若自然㉑。其中重巖複嶺，嶔崟㉒相屬㉓；深蹊洞壑，邐迤㉔連接。高林巨樹，足使日月蔽虧㉕；懸葛垂蘿，能令風煙出入。崎嶇石路，似壅而通；崢嶸㉖澗道，盤紆㉗復直。是以山情野興㉘之士，游以忘歸。天水㉙人姜質㉚，志性疏誕㉛，麻衣葛巾㉜，有逸民之操㉝。見倫山愛之，如不能已，遂造〈庭山賦〉行傳於世。其辭曰：「夫偏重者㉞，愛昔先民㉟之由樸由純㊱，然則純樸之體㊲，與造化而梁津㊳。濠上之客㊴，柱下之史㊵，悟無爲㊶以明心㊷，託自然㊸以圖志㊹。輒以山水爲富，不以章甫㊺爲貴，任性浮沉㊻，若淡兮無味㊼。今司農張氏，實踵(48)其人，巨量(49)煥於物表(50)，夭矯(51)洞達其眞(52)。青松未勝其潔，白玉不比其珍。心託空而栖有(53)，情入古以如新。既不專流宕(54)，又不偏華尙(55)。卜居(56)動靜之間(57)，不以山水爲忘。庭起半丘半壑，聽以目達心想(58)。進不入聲榮(59)，退不爲隱放(60)。爾乃決石(61)通泉，拔嶺(62)簷前，斜與危(63)雲等並(64)，旁(65)與曲棟(66)相連。下天津(67)之高霧，納滄海之遠煙。纖列(68)之狀一如古，崩剝(69)之勢似千年。若乃絕嶺懸坡，蹭蹬蹉跎(70)，泉水紆徐(71)如浪峭，山石高下復危多。五尋百援(72)，十步千過(73)，則知巫山(74)弗及，未審蓬萊(75)如何。其中霧花露草，或傾或倒。霜幹風枝，半聳半垂。玉葉金莖，散滿階坪。然目之綺(76)，烈鼻之馨(77)，既共陽春等茂，復與白雪齊清。或言神明之骨，陰陽之精，天地未覺生此，人鬼焉識其名？羽徒紛泊(78)，色雜蒼黃(79)，綠頭紫頰(80)，好翠連芳(81)。白鶴生於異縣，丹足(82)出自他鄉。皆遠來以臻此(83)，藉水木以翺翔。不憶春於沙漠，遂忘秋於高陽(84)。非斯人之感至，何候鳥(85)之迷方(86)？豈下俗之所務(87)，實神怪之異趣。能造者其必詩(88)，敢往者無不賦。或就饒風(89)之地，或入多雲之處，菊嶺與梅岑，隨春秋之所悟(90)。

遠為神僊所賞，近為朝士(91)所知，求解脫於服佩(92)，須參次於山陲(93)。子英游魚於玉質(94)，王喬繫鵠於松枝(95)。方丈(96)不足以妙(97)，詠歌此處態多奇。嗣宗(98)聞之動魄，叔夜(99)聽之驚魂。恨不能鑽地一出(100)，醉此山門(101)。別有王孫公子，遜遁(102)容儀，思山念水，命駕(103)相隨，逢岑愛曲，值石陵欹(104)。庭為仁智之田，故種此石山。森羅(105)兮草木，長育(106)兮風煙，孤松既能卻老(107)，半石亦可留年(108)。若不坐臥兮於其側，春夏兮共游陟(109)，白骨兮徒自朽，方寸(110)兮何所憶？」

注釋

⑩游肇　字伯始，廣平人。《魏書・卷六六》有傳。⑪李彪　字道固，頓邱人。《魏書・卷六二》有傳。⑫崔休　字思盛，清河人。《魏書・卷六九》有傳。⑬常景　見卷一〈永寧寺〉篇注(71)。⑭張倫　字天念，上谷沮陽人。《魏書・卷二四》有傳。⑮儉素　即節儉樸素。⑯豪侈　即豪華奢侈。⑰齋宇光麗　齋宇，即齋屋、房舍。光麗，即光彩明麗。⑱服翫　即服用及翫賞的物品。⑲邦君　指太守、刺史等地方長官。⑳景陽山　本書卷一〈建春門〉篇所記華林園內有景陽山，疑張

倫仿建之，故亦有此名。㉑自然　即天然生成之物，非人力所爲者。與注㊸之「自然」之涵義有別。㉒嶔崟　高聳的樣子。嶔崟，今音ㄑㄧㄣ　ㄧㄣˊ。㉓相屬　即相連之義。㉔邐迤　即曲折綿延。㉕蔽虧　猶言「因遮蔽而虧損」。㉖崢嶸　即深邃的樣子。㉗盤紆　即曲折。㉘山情野興　猶言「寄託情趣與致於山野」。㉙天水　郡名，漢置。晉移治上邽（在今甘肅省天水縣西南），北魏及隋因之。㉚姜質　見《魏書・卷七九・成淹傳》。㉛志性疏誕　猶言「性情疏放」。疏誕，即疏放之義。㉜麻衣葛巾　指用麻布製成的衣服和葛布製成的頭巾。麻即大麻，皮皺，漚之可織布。葛爲一種多年生蔓草，其莖之纖維可製葛布。㉝逸民之操　即隱逸之士的節操。㉞偏重者　此指對山水重視到不公正地步的人。㉟先民　即古之賢人。㊱由樸由純　猶言「以純樸行事」。由即「踐行」之義。㊲體　即實行、實踐。㊳造化而梁津　造化，即自然的創造化育。梁津，即橋梁和渡口。此處意謂純樸的實行與造化緊密相關。㊴濠上之客　指莊子。因《莊子・秋水篇》有云：「莊子與惠施遊於濠梁之上」等等。濠爲水名。㊵柱下之史　指老子。據《史記》載，老子曾任周之柱下史，相當於漢以後之御史。㊶無爲　這是以老子、莊子爲代表的道家哲學思想。即順應自然變化，不求有所作爲之義。老子認爲，宇宙萬物之總根源是「道」，而「道」是「無爲」而「自然」的；人效法「道」，也應以「無爲」爲主。㊷明心　即顯明心跡或表明思想看法。㊸自然　即自然而然，亦即天然，非人力所爲。老子認爲，任何事物都應順任其自身情狀去發展，不必施加人力去改變它。因此「自然」與「無爲」實際是二而一的。㊹圖志　猶言「圖謀志向的實現」。㊺章甫 殷時冠名。此代指做官。㊻任性浮沉 猶言「任性所爲，不問得失」。浮沉，即得失之義。㊼淡兮無味 老子云：「道之出口，淡乎其味。」猶言「道之表述，淡而沒有味道」。意即「道」的特點是無形無跡。㊽踵 即追隨之義。㊾巨量 亦即淵深美好之度量。㊿物表 即物外。亦即超脫於世事之外。(51)夭矯 此處形容人放縱恣肆之貌。(52)洞達其眞 猶言「通達於眞實之道」。洞達，即通達、透徹之義。眞，指道之眞。(53)心託空而栖有 猶言「心寄於空而止息於有」。佛家認爲，以一切事物實有或虛無皆爲偏執，必空有兩遣、虛實兩忘，始爲眞理。此處即用其意。(54)流宕 即放誕、放蕩之義。(55)華侈 即俗尙華靡。(56)卜居 猶言「擇地而居」。(57)動靜之間 猶言「動物靜物之間」。動物指鳥獸之類，靜物指草木之類。(58)聽以目達心想 猶言「聽任目觀心想」。目達，即眼目遍觀之義。(59)聲榮 即名位之義。(60)隱放 即隱居放言。(61)決石。猶掘石、開石。(62)拔嶺 猶言「聳起山嶺」。拔，即聳起、突出之義。(63)危 即傾危，亦即傾側欲倒狀。(64)等並 即等同。並，即齊、同之義。(65)旁 通「傍」，音ㄅㄤˋ，近、依之義。(66)曲棟 即深邃幽隱之房屋。棟即棟宇，泛指房屋。(67)天津 即天河。(68)纖列 即纖細之列痕，此指山貌。列，分開之義，後作「裂」。(69)崩剝 即傾倒、剝落，此指山勢。(70)蹭蹬蹉跎 蹭蹬，即失勢難進的樣子。蹉跎，即失足。蹭蹬蹉跎，此謂山勢險峻，難以登陟。(71)紆徐 從容寬緩貌。(72)五尋百援 五尋，古代八尺爲尋。此言「五」者，實與下文「十」爲對文，非確指。百援，援即攀援。此言「百」者，亦與下文「千」爲對文。(73)過 即逾越之義。(74)巫山 位於四川、湖北兩省邊境，長江穿流其中，成爲三峽。(75)蓬萊　傳說渤海中有三神山，蓬萊即其中之一。(76)然目之綺　猶言「花色明麗炫目」。然目即耀眼。(77)烈鼻之馨　猶言「花香濃烈襲鼻」。(78)羽徒紛泊　猶言「鳥類紛紛停留」。羽徒，即羽族、鳥類。(79)蒼黃　即青色和黃色。(80)綠頭紫頰　此言鴨頭色綠，鶴頰紫赤。(81)好翠連芳　猶言「美麗的翠鳥流連芳林」。(82)丹足　指丹足之鳥。(83)臻此　即「至此」。(84)高陽　指高而向陽之地。(85)候鳥　隨季節不同而作定時遷徙、變更棲居之地的鳥類。(86)迷方　即迷失方向。意謂候鳥居於此而不再隨時變更棲居地，猶若迷失了方向。(87)下俗之所務　下俗，猶言「下等俗人」，亦即流俗之人。務，即勉力從事。(88)能造者其必詩　造，即造訪。詩，與下文「賦」爲對文，意即「吟詩」、「作賦」。(89)饒風　卽多風。(90)菊嶺與梅岑，隨春秋之所悟　梅開報春，菊開知秋，故有此言。(91)朝士　即朝中之士。(92)解脫於服佩　猶言「解除服佩」，意即辭官歸隱。服佩，即衣服上的佩玉。(93)須參次於山陲　猶言「必須朝拜於景陽山邊」。參，即參拜、朝覲等義。次，停留之義。山陲，即山邊。(94)子英游魚於玉質　據《列仙傳》云，子英爲古仙人，捕魚爲業。曾捕得赤鯉，養於池，一年長丈餘，且生角長翅。子英乘之升天。玉質，指姿態優美。(95)王喬繫鵠於松枝　據《列仙傳》云：王喬爲周靈王太子，名晉。道人浮丘公接上嵩高山。三十年後，有人在山上見之。其云：告訴我家人，七月七日在緱氏山頭等我。是日，果然乘白鶴停在山頭。按：鵠與鶴古字通用。(96)方丈　卽傳說中的海中仙山。(97)不足以妙　猶言「不足以與之比美」。(98)嗣宗　阮籍，字嗣宗，三國魏文學家，亦精於音律。《晉書》

有傳。(99)叔夜　嵇康，字叔夜。三國魏文學家、音樂家。《晉書》有傳。(100)一出　即一翻、一次之義。(101)山門　即山居之門。(102)遯遁　即隱退逃避。(103)命駕　猶言「命人駕車」。(104)值石陵欹　值，即逢著之義。陵，即登、上升之義。欹，通攲，即傾斜之義。(105)森羅　即森然羅列，此處形容草木繁茂。(106)長育　即長久化育之義。(107)卻老　猶言「不老」。卻，即「退卻」。(108)留年　猶言「延年益壽」。(109)游陟　即游覽、攀越之義。陟，即登。(110)方寸　即心。

語譯

在敬義里的南面有昭德里。昭德里內有尚書僕射游肇、御史中尉李彪、七兵部尚書崔休、幽州刺史常景和司農張倫等五人住宅。李彪、常景出身於儒生，居室也節儉樸素；唯獨張倫最爲豪華、奢侈。其住宅則光彩、美麗，其服用及翫賞之物則精緻奇異；其乘車馬出入之氣派，則超過了地方長官；其園林山池之美妙，則爲諸王所不及。張倫建造的那座景陽山，就像是天然形成一樣。其中重巖複嶺，高聳相連。深谿洞壑，曲折緜延，相互銜接。高林大樹，足使日月遮蔽而虧損；懸葛垂蘿，能令風煙蕩出或納入。崎嶇石路，似壅塞而通暢；深邃澗道，實曲折又變直。所以，那些心懷山情野興之士，都來此游翫而忘歸。有天水人姜質，性情疏放。他身著麻衣、頭戴葛巾，大有隱士之節操。見到張倫所造之景陽山，便生喜愛之情，並且難以自抑，於是便寫下〈庭山賦〉，流傳於世。這篇賦寫道：

「凡偏重山水之人，總是喜愛古之賢者純樸行事。然而純樸之實行，則與造化互爲梁津。莊子和老子，悟出『無爲』之道而顯明心跡，託於『自然』之理而圖志向之實現。爲此，他們也就以翫賞山水爲富有，不以在朝做官爲貴重。任性所爲，不問得失，彷彿『道』之表現，淡而無味。今有司農張倫，眞誠追隨老、莊。其淵深美好之度量，煥然於物外；而放縱恣肆之狀貌，通達其道眞。其志趣之高潔，青松未能勝過；而品德之珍貴，白玉難以相比。其心寄於『空』而止息於『有』，情入於古而如同新；既不專意於放蕩，又不偏尙於華靡。擇地居於鳥獸草木之間，以不忘山水於胸懷。庭院所建，半爲山丘半爲溝壑；任其目所觀看心所意想。進不入追名逐位之列，退不做隱居放言之人。如此才掘石通泉，聳立山嶺於簷前。此嶺斜與傾危之雲相齊等，近與幽深之屋相通連；天河之高霧爲之而降，滄海之遠煙收納其中。其纖細裂痕之狀如越遠古，其傾倒剝落之勢似經千年。至於絕嶺懸坡，難以攀登。泉水從容寬緩如浪峭，山石或高或下多高峻。五尋之高度要攀百次，十步之道路須越千回。由此可知巫山不及其險峻，未曉蓬萊較之則如何？其間煙中之花、露中之草，有的傾斜有的伏倒；霜中之幹、風中之枝，半是聳立半是下垂。似玉之葉、似金之莖，散滿堦墀、遍布地坪。明麗炫目之花色，濃烈襲鼻之花香，既共陽春一齊茂盛，又與白雪同樣清冽。有人說，這些珍木奇卉乃神明之骨骼、陰陽之精神，連天地也未覺察生此異物，人鬼怎能認識其名？更有鳥族紛紛飛來，停留於此，其毛羽色雜，青黃相間；鴨頭色綠，鶴頰色紫，美麗之翠羽，與芳草相連；白鶴之禽生於異縣，丹足之鳥出自他鄉，皆從遠處飛集此地，翱翔於山水草木之間。它們既不置於沙漠之地而憶春，那麼也就棲居高陽之地而忘秋。如果這些並非人所感受得到，爲何候鳥也迷失方向？這實際是神仙鬼怪之奇情異趣，豈是流俗之人所能勉力做到？凡是能够造訪之人定要吟詩，敢於前往之人無不作賦。有的趨向多風之地，有的進入多雲之處。菊嶺與梅岑，皆隨春秋交替而覺悟。此地遠則爲神仙所賞識，近則爲朝士所知曉。那些期求辭官歸隱者，必須朝拜於這座景陽山邊。子英乘魚而升天，王喬御鶴於松枝。方丈之山雖妙，不足以與之比美，故神仙見之亦興詠，歌讚此處態多奇；嗣宗聞之動魄，叔夜聽此驚魂；恨不能鑽地一次，醉臥此山居之門。另有王孫公子，隱退逃匿其身影；思山念水，命人駕車相隨，逢岑而愛其曲折，遇石則攀其傾斜。庭爲仁智之田，故能種此石山。草木呵森然羅列，風煙呵長久化育，孤松既能使人不老，半石也可益壽延年。若不坐臥呵在其側，春夏呵共游陟，白骨呵則徒然自朽，心中呵則何所記憶？」

十二、平等寺

篇旨

此篇首先簡要介紹平等寺之來歷、所處地理位置及其構造；隨後詳細記敘寺門外金像以靈驗顯示國之吉凶、爾朱世隆逼長廣王禪位於廣陵王之經過及禪文內容、廣陵王即皇帝位後爾朱世隆之專擅國權；最後又簡敘平等寺佛塔之來歷及京師遷鄴的有關情況。

平等寺，廣平武穆王懷①捨宅所立也。在青陽門外二里御道北，所謂敬義里也。堂宇宏美②，林木蕭森③，平臺複道④，獨顯當世。

注釋

①廣平武穆王懷　即元懷，字宣義，孝文帝子。《魏書‧卷二二》有傳。②宏美　猶言「宏偉壯麗」。③蕭森　即錯落聳立貌。④複道　樓閣之間有上下兩層通道，其上層架空者稱複道，俗稱天橋。

語譯

平等寺，為廣平武穆王元懷捐獻私宅所建造。此寺位於青陽門外御道之北，也就是所謂的敬義里。其殿堂屋宇宏偉壯麗，林木錯落聳立，平臺複道，獨自顯耀於當世。

寺門外有金像一軀，高二丈八尺，相好端嚴⑤，常有神驗⑥。國之吉凶，先炳祥異⑦。孝昌三年⑧十二月中，此像面有悲容，兩目垂淚，遍體皆濕，時人號曰佛汗。京師士女空市里⑨往觀之。有一比丘，以淨綿⑩拭其淚，須臾之間，綿濕都盡，更換以它綿，俄然⑪復濕，如此三日乃止。至明年⑫四月，爾朱榮入洛陽，誅戮百官⑬，死亡塗地⑭。永安二年⑮三月，此像復汗，京邑士庶復往觀之。五月，北海王⑯入洛，莊帝北巡⑰。七月，北海大敗，所將江淮子弟五千，盡被俘虜，無一得還⑱。永安三年七月，此像悲泣如初。每經神驗，朝野⑲惶懼。禁人不聽觀之。至十二月，爾朱兆入洛陽，擒莊帝，帝崩於晉陽⑳。在京宮殿空虛，百日無主，唯尚書令司州牧樂平王爾朱世隆鎭京師。商旅㉑四通，盜賊不作。建明二年㉒，長廣王從晉陽赴京師，至郭外。世隆以長廣王本枝疏遠㉓，政行無聞㉔，逼禪㉕與廣陵王恭㉖。恭是莊帝從父兄㉗。正光㉘中，爲黃門侍郎，見元叉秉權㉙，政歸近習㉚，遂佯啞不語㉛，不預世事。永安中，遁於上洛㉜山中，州刺史泉企㉝執而送之。莊帝疑恭姦詐，夜遣人盜掠衣物，復拔刀劍欲殺之。恭張口以手指舌，竟乃不言。莊帝信其眞患，放令歸第㉞。恭常住龍華寺㉟，至是㊱，世隆等廢長廣而立焉。禪文㊲曰：「皇帝咨㊳廣陵王恭，自我皇魏㊴之有天下也，累聖開輔㊵，重基㊶衍業㊷，奄有㊸萬邦㊹，光宅㊺四海。故道溢百王㊻，德漸無外㊼。而孝明晏駕㊽，人神乏主。故柱國大將軍大丞相太原王榮㊾，地實封陝㊿，任惟外相(51)，乃心王室(52)，大懼崩淪(53)，故推立長樂王子攸(54)以續絕業(55)。庶(56)九鼎之命(57)日隆，丞相七百之祚(58)唯永。然羣飛未寧(59)，橫流且及(60)，皆狼顧鴟張(61)，岳立棊峙(62)。一麾(63)，大定海內。而子攸不顧宗社(64)，讎忌勳德(65)，招聚輕俠(66)，左右壬人(67)，遂虐甚剖心(68)，痛齊鉗齒(69)。豈直金版告怨(70)，大鳥感德(71)而已！於是天下之望，俄然已移。竊以宸極(72)不可久曠，神器(73)豈容無主？故權從衆議，暫馭兆民(74)。今六軍南邁(75)，已次(76)河浦，瞻望帝京，赧然(77)興愧。自惟寡薄(78)，本枝疏遠，豈宜仰異天情(79)，俯乖民望？惟王德表(80)生民，聲高萬古，往以運屬殷憂(81)，時遭多難，卷懷積載(82)，括囊(83)有年。今天眷明德(84)，民懷奥主(85)，曆數允集(86)，歌訟同臻(87)。乃徐發樞機(88)，副茲竚屬(89)。便敬奉璽綬(90)，歸於別邸。王其寅踐成業(91)，允執其中(92)，雖休勿休(93)，日愼一日，敬之哉！」恭讓曰：「天命至重，曆數匪輕(94)，自非德協三才(95)，功濟四海，無以入選帝圖(96)，允當師錫(97)。臣既寡昧(98)，識無先遠(99)，景命(100)雖降，不敢仰承(101)。乞收成旨，以允愚衷。」又曰：「王既德應圖籙(102)，僉屬攸歸(103)，便可允執其中，入光大麓(104)。不勞揮遜(105)，致爽(106)人神。」恭凡讓者三，於是即皇帝位，改號曰「普泰」。黃門侍郎邢子才[107]為赦文[108]，敘述莊帝枉殺太原王之狀。廣陵王曰：「永安[109]手翦[110]強臣，非為失德。」直以天未厭亂，故逢成濟之禍[111]。」謂左右曰：「將筆來，朕自作之。」直言：「門下[112]，朕以寡德，運屬樂推[113]，思與億兆，同茲大慶。肆眚[114]之科，一依恒式[115]。」廣陵杜口[116]八載，至是始言。海內士庶，咸稱聖君。於是封長廣為東海王，世隆加儀同三司、尚書令、樂平王，餘官如故。贈太原王[117]相國晉王，加九錫[118]，立廟於芒嶺首陽[119]上。舊有周公廟，世隆欲以太原王功比周公，故立此廟。廟成，為火所災。有一柱焚之不盡，後三日，雷雨，震電霹靂，擊為數段。柱下石及廟瓦皆碎於山下。復命百官議太原王配饗[120]。司直[121]劉季明[122]議云「不合」。世隆問其故，季明曰：「若配世宗[123]，於宣武無功；若配孝明[124]，親害其母[125]；若配莊帝，為臣不忠，為莊帝所戮。以此論之，無所配也。」世隆怒曰：「卿亦合死[126]！」季明曰：「下官既為議臣，依禮而言，不合聖心[127]，翦戮惟命[128]。」議者咸歎季明不避強禦[129]，莫不歎伏[130]焉。世隆既有忿言，季明終得無患。初，世隆北叛[131]，莊帝遣安東將軍史仵龍、平北將軍楊文義各領兵三千守太行嶺，侍中源子恭鎮河內。及爾朱兆馬首南向(132)，仵龍、文義等率眾先降，子恭見仵龍、文義等降，亦望風潰散。兆遂乘勝逐北(133)，直入京師，兵及闕下(134)，矢流王室。至是論功，仵龍、文義各封一千戶。廣陵王曰：「仵龍、文義於王有勳，於國無功。」竟不許。時人稱帝剛直。

彭城王爾朱仲遠(135)，世隆之兄也，鎮滑臺(136)，表用其下都督乙瑗為兗州刺史，先用後表。廣陵答曰：「已能近補(137)，何勞遠聞！」世隆侍宴，帝每言：「太原王貪天之功，以為己力，罪亦合死。」世隆等愕然(138)。自是已後，不敢復入朝。輒專擅國權，凶慝滋甚(139)。坐持臺省(140)，家總萬機(141)，事無大小，先至隆第，然後施行。天子拱己南面(142)，無所干預。

注釋

⑤相好端嚴　猶言佛身塑像端莊嚴肅。相好，佛書稱釋迦牟尼有三十二種相，八十二種好。因以相好為佛身塑像之敬稱。⑥神驗　猶言「神奇之靈驗」。⑦先炳祥異　猶言「預先顯明吉祥

變異之徵兆」。⑧孝昌三年　即西元五二七年。孝昌爲北魏孝明帝（元詡）第四年號。⑨空市里　指人都從市街和巷里走出來。形容人們爭先恐後看熱鬧之景況。⑩淨綿　即乾淨之絲綿。⑪俄然　頃刻、一會兒。⑫明年　猶言「第二年」。⑬誅戮百官　事見卷一〈永寧寺〉篇。⑭塗地　即塗汚於地。⑮永安二年　即西元五二九年。永安爲北魏孝莊帝第二年號。⑯北海王　即北海王元顥，其入洛事見卷一〈永寧寺〉篇。⑰北巡　猶言「巡守北地」。⑱盡被俘虜，無一得還　參見卷一〈永寧寺〉篇。⑲朝野　即朝廷與民間。⑳帝崩於晉陽　事見卷一〈永寧寺〉篇。㉑商旅　指行商之民。㉒建明二年　即西元五三一年。建明爲北魏長廣王元曄之年號。㉓本枝疏遠　長廣王元曄爲南安王楨之孫，景穆帝之曾孫，故云本枝疏遠。本枝，樹木的根幹和枝葉。常用以比喻嫡系子孫和旁系子孫之關係。㉔政行無聞　猶言「沒有聽說有何政績」。㉕逼禪　即逼迫禪位。禪，即以帝王之位傳人。㉖廣陵王恭　即前廢帝，廣陵惠王元羽之子。《魏書・卷一一》有紀。㉗從父兄　即堂兄。從父，爲伯父、叔父之通稱。㉘正光　即北魏孝明帝元詡第三年號。㉙秉權　即掌握權柄之義。㉚近習　即諂佞之人，指君主親幸者。㉛佯啞不語　猶言「假裝啞巴而不說話」。㉜上洛　地名，也作「上雒」。春秋時晉地。西漢置縣，西晉兼置郡。位於今陝西省商縣。㉝泉企　爲上洛豐陽人，《周書・卷四四》有傳。㉞歸第　即回家。第即房屋。㉟龍華寺　爲廣陵王所立，見卷三。㊱至是　即至此。是，即「此」、「這」之義。㊲禪文　即禪位之文告。㊳咨　即「謀」、「商量」之義。㊴皇魏　即大魏。㊵累聖開輔　猶言「各位聖君接連開拓輔翼」。累，即接連。開輔，即開拓、輔翼（輔佐、協助）之義。㊶重基　即加厚基業。重，音ㄓㄨㄥˋ，增益、加厚之義。㊷衍業　猶言「擴大基業」。衍，即「擴大」、「推廣」之義。㊸奄有即覆有、包括之義。奄，即覆蓋、包括。㊹萬邦　統指全國各地。㊺光宅　即充滿、覆被，引申為有、占據之義。㊻道溢百王　猶言「大道滿溢於百王」，亦即百王之心中皆為道所充滿。㊼德漸無外　猶言「仁德澤潤於八方」。漸，即滋潤、潤澤之義。無外，即四方無處不為德所滋潤。㊽孝明晏駕　孝明帝死事見卷一〈永寧寺〉篇。君王死亡謂之晏駕。㊾太原王榮　即爾朱榮。㊿地實封陝　猶言「其封地實同於周、召二公」。這是把爾朱榮的地位與功績同周公、召公相提並論。封陝，典出《公羊傳．隱公五年》，其云：「天子三公者何？天子之相也。天子之相則何以三？自陝而東者，周公主之；自陝而西者，召公主之。一相處乎內。」51外相　處於外，故曰外相。此謂爾朱榮為地方干城之將。52乃心王室　猶言「其心無不在於王室」。謂盡忠於皇室。乃，即汝，指爾朱榮。53大懼崩淪　猶言「非常懼怕大魏江山崩壞」。崩淪，即崩壞、廢棄之義。54長樂王子攸　即孝莊帝。事見卷一〈永寧寺〉篇。55以續絕業　猶言「以延續斷絕之基業」。56庶此用作表測度、希望之詞，意即「或可」、「或許」。57九鼎之命　九鼎，古代象徵國家政權的傳國之寶。九鼎之命，猶言「九鼎之天命」，此指皇魏帝業。58七百之祚　猶言「七百年之皇位」。祚，即皇位、社稷。典出《左傳．宣公三年》，其云：「成王定鼎於郟鄏，卜世三十，卜年七百。天所命也。」59羣飛未寧　猶言「天下未安」。羣飛本指「蒼鳥羣飛」（語出《楚辭．天問》），此喻亂也。(60)橫流且及　猶言「天下又將要大亂」。橫流，喻指世亂。(61)皆狼顧鴟張　意即人皆惶恐不安。狼顧，狼性多疑，行每四顧。以喻人之慮有憂患，而多所猜忌。鴟張，鴟因駭而張目雄視，以喻人之不能自安。(62)岳立棊峙　岳立，猶屹立。引申爲特出、卓爾不羣。棊峙，即棋峙。謂峙之勢，如下棋之對峙。(63)麾　通「揮」，即揮旌之義。(64)宗社　即宗廟和社稷，古代用作國家之代稱。(65)讎忌勳德　猶言「仇恨猜忌有功勞、有德行之人」。(66)招聚輕俠　猶言「招攬聚集輕薄之俠士」。(67)左右壬人　猶言「近臣皆爲佞人」。左右，指侍臣、近臣。壬人，即佞人。(68)虐甚剖心　虐甚，非常暴虐。剖心，典出《韓詩外傳》：比干爲紂王諸父。比干諫，紂殺之，並剖其心。(69)痛齊鉗齒　猶言「如同鉗齒一樣殘酷」。痛，即痛毒、殘酷。鉗齒，典出不詳。或謂：戰國魏人范睢曾爲魏相使拉脇折齒。事見《史記．范睢傳》。(70)金版告怨　傳說夏桀殺關龍逢之後，地庭中出現金版書，告龍逢之怨。金版，鍊金屬以爲版，刻事於其上。(71)大鳥感德　據《後漢書．卷八四．楊震傳》載：楊震爲太尉，安帝枉殺之。順帝即位，詔以禮葬。先葬十餘日，有大鳥高丈餘，集於楊震喪前，俯仰悲鳴，淚下霑地。葬畢，乃飛去。(72)宸極　即北極星。古人認爲北極星爲最尊之星，爲眾星所拱，因此用以比喻帝位。(73)神器　亦指帝位。(74)兆民　即眾百姓。兆，極言其多。(75)六軍南邁　猶言「軍隊向南前進」。六軍，周制，唯天子有六軍。後作爲軍隊之統稱。(76)次　此作停留解。(77)赧然　臉紅，難爲情的樣子。(78)寡薄　意即少德。(79)仰異天情　猶言「仰則有違於天命」。天情，即天命也。(80)表　即顯揚之義。(81)殷憂　即深切的憂慮。(82)卷懷積載猶言「藏身退隱已有數載」。卷懷，即收藏，含有藏身退隱之義。其語出自《論語·衛靈公》篇。(83)括囊　即寡言。此借喻佯啞不言。(84)天眷明德　猶言「天眷戀完美之德性」。(85)奧主　即深居內室的主人，常用以比喻國君。奧即內之義。(86)曆數允集　猶言「曆數果眞集至」。曆數，即帝王相繼之次第。古人認爲帝王之位相承與天象運行之次序相關，故稱帝王繼承次第爲曆數。允集，即果眞集至之義。(87)歌訟同臻　典出《孟子·萬章》篇。其云：「堯崩，訟獄者不之堯之子，而之舜；謳歌者不謳歌堯之子，而謳歌舜。故曰天也。」於是舜踐天位。此處借以頌揚廣陵王恭仁德可比舜，理當繼帝位。(88)徐發樞機　意謂「言行謹愼」。樞機，即戶樞和門閫；樞主開，機主閉。故以樞機比喻事物的關鍵部分。此處取《易·繫辭》所謂「言行君子之樞機」之義。(89)副茲竚屬　猶言「與民之竚立屬望相副」。竚立屬望，謂希望殷切也。(90)璽綬　古代印璽上繫有彩色組綬，稱璽綬。用以指印璽。(91)寅踐成業　猶言「恭敬承襲已建成之大業」。(92)允執其中　謂眞誠地堅持不偏不倚之正道，亦即誠守中庸之道義。(93)雖休勿休　語出《尚書·呂刑》。意即雖有美德勿自己稱美。休，即美、善之義。(94)曆數匪輕　即帝位的承繼，並非小事。匪，通「非」。(95)德協三才　即德合三才。古稱天、地、人爲三才也。(96)帝圖　即帝王之譜錄。(97)允當師錫　允當，平允適當。師錫，此謂眾所推舉。師，即眾；錫，即舉。師錫，語出《尚書·堯典》。(98)寡昧　即寡陋、愚昧。(99)識無先遠　猶言「無遠見卓識」。(100)景命　即天命。景即大之義。(101)仰承　猶仰首承受。(102)圖籙　即圖讖，亦即讖緯文字。(103)僉屬攸歸　即眾望所歸。僉，即眾；屬，即屬望、嚮往。攸，即所之義。(104)大麓 即帝位也。語出《尚書・舜典》。(105)撝遜 猶撝謙，舉止謙遜之義。(106)爽 即暢快之義。(107)邢子才 即邢劭，《北齊書・卷三六》有傳。(108)赦文 即免罪之文書。(109)永安 此指莊帝。因永安爲莊帝之年號，故以此稱之。(110)翦 即滅也。(111)逢成濟之禍 曹魏高貴鄉公曹髦仗劍攻司馬昭，爲其黨成濟所殺。事見《三國志・魏志・卷四》。莊帝爲爾朱兆所殺，故曰逢成濟之禍。(112)門下 即門下省。魏、晉後，詔命皆由門下省，故其發端必曰「門下」。(113)樂推 古代王朝更迭常用「樂推」爲詞，言爲眾人所樂於擁戴。樂推，語出《老子》。(114)肆眚 寬赦有罪之人。(115)恒式 即慣例之義。(116)杜口 即閉口不言。(117)太原王 指爾朱榮。(118)九錫 爲古代帝王尊禮大臣所給的九種器物，即：車馬、衣服、虎賁、樂器、納陛、朱戶、弓矢、鈇鉞、秬鬯。錫，賜命也。(119)首陽 即首陽山。(120)配饗 即以功臣附祭於祖廟。(121)司直 官名。漢置。後魏屬廷尉，審理御史的檢劾。(122)劉季明 《魏書》無傳。(123)世宗 即宣武帝（元恪），其廟號曰世宗。(124)孝明 即孝明帝（元詡）。(125)親害其母 指爾朱榮殺害孝明帝母胡太后。(126)合死 猶言「當死」、「該死」。(127)聖心 即君心。(128)翦戮惟命 猶言「若被殺害，那只是命該如此」。(129)強禦 即橫暴有勢者。(130)歎伏 即讚歎佩服。(131)世隆北叛 事見卷一〈永寧寺〉篇。(132)馬首南向 猶言「向南進軍」。(133)逐北 追逐敗走之敵。(134)闕下 即宮闕之下。(135)爾朱仲遠 爲爾朱榮之從弟，《魏書・卷七五》有傳。(136)滑臺 古地名。在今河南省滑縣東。北魏以此與金墉、虎牢、碻磝稱河南四鎮。(137)近補 即就近增補官職之義。(138)愕然 即驚訝之貌。(139)凶慝滋甚 凶慝，即凶暴邪惡。滋甚，猶言「增加很多」。凶慝滋甚，即更加凶惡。⑭臺省　漢尚書治事之地爲中臺，在宮禁中，其時稱禁中爲省中，故稱臺省。爾朱世隆身爲尚書令，不敢入朝，故曰「坐持臺省」。⑭家總萬機　即在家中總理日常政務。⑭拱己南面　南面，古以坐北朝南爲尊位，故天子諸侯見羣臣，皆南面而坐。後引申泛指帝王的統治爲「南面」。拱己南面，猶言「垂拱而治」。此指廣陵王恭大權旁落，閑而無事。

語譯

寺門外有一尊金像，高二丈八尺。佛身塑像端莊嚴肅，經常出現神奇的靈驗。國家若有吉凶之事，此像則預先顯明吉祥變異之徵兆。孝昌三年十二月中，此像面有悲痛之色，兩眼流淚，遍體皆濕透，當時的人稱之爲佛汗。京城男女都從街市和巷里走出來，前往觀看。有一位僧人，以乾淨的絲綿給佛像擦拭眼淚，頃刻之間，絲綿就都濕透了。再換別的絲綿，一會兒又濕透了。如此經過三日，佛像才停止流淚。到了第二年四月，爾朱榮攻入洛陽，誅殺百官，死者塗污於地。永安二年三月，此像又出現佛汗，京城士人庶民又前往觀看。五月，北海王元顥攻入洛陽，莊帝巡守於北方。七月，北海王大敗而逃，其所率領的五千江淮子弟，全被俘虜，沒有一人得以生還。永安三年七月，此像又如同以往那樣悲泣流淚。每次出現這種神奇的靈驗，朝廷與民間都惶惑恐懼。因此也就禁止人們隨意前往觀看。到了十二月，爾朱兆攻入洛陽，生擒莊帝，隨後莊帝被害於晉陽。當時，京城宮殿空虛，百日之內國無君主，只有尙書令司州牧樂平王爾朱世隆鎭守京師。此時行商者仍然往來於四方，並且也沒有盜賊出現。建明二年，長廣王元曄從晉陽奔赴京師，到了城郭之外，世隆以爲長廣王是旁支子孫，也無什麼政績，因此逼迫他把帝位禪讓給廣陵王元恭。元恭是莊帝的堂兄，正光年中爲黃門侍郎。他見元乂掌握大權，朝政歸於佞臣，於是就裝啞而不說話，也不參與世俗之事。永安年中又逃於上洛山中，爲該州刺史泉企所擒，並被押送京城。莊帝懷疑元恭使姦藏詐，於是派人在夜中盜竊搶掠其衣物，又拔出刀劍試圖將其殺死，元恭張大口，以手指舌，始終不說話。莊帝這才相信他是眞的患了啞病，命令放他回家。元恭常常住在龍華寺，直到此時世隆等廢長廣王而擁立他爲帝。長廣王的禪文這樣寫道：「皇帝謀於廣陵王恭：自從我大魏之有天下，經歷代聖君開拓輔翼，加厚和擴展基業，這才統括全國，占據四海。因此，大道滿溢於百王，仁德澤潤於八方。孝明帝晏駕逝世，人神缺少君主。已故柱國大將軍大丞相太原王爾朱榮，其封地實同於周、召二公，所任雖是地方干城之將，但其心忠於王室。他非常懼怕大魏江山崩壞，因此便推立長樂王子攸以延續斷絕之基業，希望九鼎之天命日益興隆，七百年之皇位唯在永存。然而好比蒼鳥羣飛，天下未寧，世亂又至。衆人皆如狼行四顧，疑有憂患；似鴟視奮目，恐懼不安。更有人卓爾不羣，如山岳之屹立；相持不下，似棋局之對峙。丞相爾朱榮一揮令旗，四海之內全都安定下來。然而子攸不顧社稷之安危，仇恨疑忌有功有德之人，招集輕薄俠士，任用佞人爲左右近臣。其暴虐比商紂剖忠臣之心還更嚴重，其殘酷可與魏人鉗賢士之齒等同。這難道只是如同『夏桀殺龍逢，金版出地而告怨』；『漢帝殺楊震，大鳥感德而悲鳴』嗎？於是天下之期望，頃刻便已他移。我私下認爲帝位不可久空，寶座豈容無主？所以權且聽從眾議，暫時管理百姓。而今天大軍已經南進到了河浦，瞻望京師，不禁羞愧而臉紅。我想到自己既少仁德，又非嫡系子孫，怎能仰則背異天命，俯則乖違民望？唯有廣陵王你之仁德顯於百姓，聲望高於萬古。以前你的命運正值憂患深切，於時遭受許多磨難，所以藏身隱退數載，佯瘖不語多年。今老天眷戀完美之德性，百姓懷念英明之國君。帝王相繼之次第止於你身，讚揚訴訟之事情同歸你處。因而只要你言行謹慎，也就會與民之竚立屬望相符合。這樣我便敬奉印璽，歸於別的邸所。願你恭敬承襲已經建成之大業，眞誠堅持不偏不倚之正道，雖顯示美德而不自謂有美德，並且一天比一天謹慎從事。敬請戒之！」元恭謙讓道：「天命極重，曆數非輕。自非德合『三才』，功貫四海，則不能入選帝王譜錄，也不會得到眾人平允適當的推舉。我既寡陋愚昧，又無先見之識。因此大命雖降，但不敢仰首承擔。懇求收回成命，答應我愚蠢的心願。」長廣王元曄又說道：「你既德應讖緯文字，又是眾望所歸，便可誠守中庸之道，榮登帝位，不須煩勞謙遜，以致違背人神之意。」元恭一共謙讓三次，這才登上皇帝寶座（是爲節閔帝），改年號爲「普泰」。黃門侍郎邢子才撰寫赦文，敍述莊帝寃枉殺害太原王的情形。廣陵王元恭說道：「莊帝親手殺害有權力的朝臣，這不爲失德之舉。只是因爲老天還未厭倦世亂，所以他才遇上了『成濟之禍』。」於是對左右侍臣說：「拿筆來，我自己撰寫。」隨之直接了當地寫道：「門下省：我非常缺少仁德，但命運使我被眾人所樂於擁戴，並與大家共同承受這種大可慶幸之事。因而凡是寬赦罪人之科條，一律依從慣例。」廣陵王元恭閉口不言達八年，直至此時才開口說話，全國上下都稱之爲聖君。於是封長廣王元曄爲東海王。爾朱世隆則加封儀同三司、尚書令、樂平王，他的其餘的官職仍然如舊。贈太原王爾朱榮相國晉王，加九錫，並爲其建廟於芒嶺首陽山上；本來，首陽山上以前就有周公之廟，世隆想用太原王之功去同周公相比，所以才建此廟。此廟建成，便遭火災。有一根柱子焚燒不盡，三日之後電閃雷鳴，大雨驟至，此柱被霹靂擊爲數段。柱下之石及廟瓦也都被擊碎於山下。於是又命百官商議太原王之配饗，司直劉季明提出以太原王附祭於祖廟並不恰當。爾朱世隆問是什麼原因，劉季明說道：「如果以太原王配祭於宣武帝，則他於宣武帝無任何功勞；如果以太原王配祭於孝明帝，則他親手加害孝明帝之母；如果以太原王配祭於莊帝，則他爲臣不忠，被莊帝所殺。由此而論，太原王沒有可配祭之人！」爾朱世隆大怒道：「你也該死！」劉季明說道：「下官我既然身爲議臣，就應當依禮儀而直言，若因不合聖主之心而被殺害，那也是命該如此！」當時，參與商議的朝臣都驚歎劉季明不避強暴，無人不佩服其剛直。爾朱世隆雖然已有激忿之言在先，但劉季明最終還是沒有遭殺害。當初，爾朱世隆率軍叛變而去北地時，莊帝曾派安東將軍史仵龍、平北將軍楊文義各領兵三千鎮守太行嶺，侍中源子恭鎮守河內。等到爾朱兆向南進攻時，仵龍、文義等最先率兵投降。子恭見仵龍、文義等投降，也就望風潰逃了。於是爾朱兆乘勝追逐敗走之敵，直至攻入京城，兵臨宮闕之下，將箭矢射入王室。到此時論功行賞，仵龍、文義當各封一千戶。但廣陵王說：「仵龍、文義對於本王來說有功勞，但對於國家來說則無功勞。」始終不允許封賞他們。當時，有人就稱讚廣陵王性情剛直。彭城王爾朱仲遠是世隆的堂兄，鎮守於滑臺。他上表要求重用其部下都督乙瑗爲西兗州刺史，而他則是先重用之後才上表朝廷的。廣陵王答覆道：「既然已經能夠就近補官，何須煩勞遠報朝廷聞知！」爾朱世隆陪侍於筵宴時，廣陵王每次都說：「太原王貪天之功以爲己力，論其罪也是該死。」爾朱世隆等感到很驚訝，自此以後，不敢再入朝。但他則獨掌國家大權，更加凶暴邪惡。他坐在家裡把持尚書臺省，總理日常政務，事無大小，必須先到他的府第請示，然後才能得以施行。廣陵王雖身居天子之尊位，卻不能干預任何朝事。

永熙元年[143]，平陽王[144]入篡大業[145]，始造五層塔一所。平陽王，武穆王[146]少子。詔中書侍郎魏收[147]等爲寺碑文。至三年二月土木畢功，帝率百僚作萬僧會[148]。其日，寺門外有石像，無故自動，低頭復舉，竟日乃止。帝躬來[149]禮拜，怪其詭異。中書舍人盧景宣[150]曰：「石立社移[151]，上古有此，陛下何怪也？」帝乃還宮。七月中，帝爲侍中斛斯椿所逼[152]，奔於長安。至十月終，而京師遷鄴[153]焉！

注釋

(143)永熙元年　即西元五三二年。永熙爲北魏孝武帝（元修）第三年號。(144)平陽王　即孝武帝（元修），《魏書》稱「出帝」，卷一一有紀。(145)入篡大業　即篡奪皇位。高歡廢節閔帝元恭，奉平陽王元修爲帝，故云。事見《魏書》本紀。(146)武穆王　即廣平武穆王元懷。(147)魏收　字伯起，鉅鹿下曲陽人，《北齊書．卷三七》有傳。(148)萬僧會　與印度之「般遮越師」相似。據《法顯行傳》云：「般遮越師，漢言五年大會也。時請四方沙門，皆來雲集，發願布施眾僧。」(149)躬來　猶言「親自來」。(150)盧景宣　即盧辯。《北史．卷三〇》有傳。(151)石立社移　社移，即社樹移動。社爲土地神，古代封土立社時，常種樹以爲其標誌。石立社移，典出不詳。不過古書中多有數石相從而行、社樹移動的記載。(152)帝爲侍中斛斯椿所逼　事詳見卷一〈永寧寺〉篇。(153)京師遷鄴　出帝元修奔於長安，高歡乃立清河王亶世子善見爲帝，遷都於鄴，史稱東魏。

語譯

永熙元年，平陽王元修篡奪皇位，開始在平等寺建造一座五層佛塔。平陽王元修是武穆王的小兒子。他詔令中書侍郎魏收等爲寺撰寫碑文。到永熙三年二月五日，土木完工，佛塔建成。孝武帝元修率領百官於平等寺舉行「萬僧會」。在舉行大會的這一天，寺門外有一尊石像無緣無故地自己動起來，其頭低下又擡起，如此反覆，整整鬧了一天才停止下來。孝武帝親自來施禮叩拜，對其詭異之舉感到奇怪。中書舍人盧景宣說道：「石頭立行，社樹移動，上古就有這種現象。陛下何必為此感到奇怪呢？」於是孝武帝也就返回宮中。永熙三年七月中，孝武帝為侍中斛斯椿所逼迫，奔逃於長安。這年十月底，京師便遷到了鄴城。

十三、景寧寺

篇旨

此篇首先介紹景寧寺之來歷及建立者楊椿之家風和遭遇；隨後再簡要交代孝義里內主要建築之後，詳細敘述了楊元慎針對陳慶之藐視北魏而予以駁斥的同時，還敘述了楊元慎借故折辱陳慶之及陳氏心悅誠服的經過；最後又詳細記敘了楊元慎先輩所任官職及楊元慎本人的性情、愛好和解夢之妙著，同時順便敘及歸覺寺之來歷、所處地理位置及寺內金像顯靈之事。

景寧寺，太保司徒公楊椿①所立也。在青陽門外三里御道南，所謂景寧里也。高祖遷都洛邑，椿創居此里②，遂分宅爲寺，因以名之③。制飾甚美，綺柱珠簾。

椿弟順④，冀州刺史；順弟津⑤，司空；並立性寬雅⑥，貴義輕財。四世同居，一門三從⑦。朝貴義居⑧，未之有也。普泰中，爲爾朱世隆所誅。後捨宅爲建中寺。

注釋

①楊椿　字延壽，華陰人，楊播弟，《魏書·卷五八》有傳。②創居此里　猶言「首先居於此里」。③因以名之　猶言「因而以景寧爲寺名」。④順　即楊順。《魏書·卷五八》有傳。⑤津　即楊津，字羅漢。《魏書·卷五八》有傳。⑥立性寬雅　猶言「德性寬厚儒雅」。⑦三從　即從祖祖父（即祖父的兄弟）、從祖父（即父親的堂伯叔）及從父（即伯父叔父）。從，音ㄗㄨㄥˋ。同一宗族次於至親者叫從，又次者叫再從、三從。⑧朝貴義居　朝貴，朝中有權有勢之貴官。義居，舊時指數代同居、以孝義著稱之家庭。

語譯

景寧寺爲太保司徒公楊椿所建造。此寺位於青陽門外三里處御道之南，也就是所謂的景寧里。高祖遷都到洛陽時，楊椿首先居住此里，於是就分出住宅作爲佛寺，並且以「景寧」爲寺名。此寺之形製和裝飾都十分美麗，柱繪綺彩，簾佩珍珠。楊椿之弟楊順，爲冀州刺史；楊順之弟楊津，爲司空。他們三人都是德性寬厚儒雅，貴義輕財，四代同居，一門「三從」。這種顯貴於朝、「義居」於家的情形，從來還沒有過。普泰年中，楊椿一家多被爾朱世隆所殺害。後來便捨出住宅而爲建中寺。

出青陽門外三里御道北，有孝義里。里西北有蘇秦⑨冢。冢旁有寶明寺。眾僧常見秦出入此冢，車馬羽儀⑩，若今宰相也。

孝義里東是洛陽小市。北有車騎將軍張景仁宅。景仁，會稽⑪山陰人也。景明⑫年初，從蕭寶夤⑬歸化⑭，拜羽林監，賜宅城南歸正里，民間號爲吳人坊，南來投化者多居其內。近伊、洛二水，任其習御。里三千餘家，自立巷市⑮，所賣口味⑯，多是水族⑰，時人謂爲魚鱉市也。景仁住此以爲恥，遂徙居孝義里焉。時朝廷方欲招懷⑱荒服⑲，待吳兒⑳甚厚，褰裳㉑渡於江者，皆居不次之位㉒。景仁無汗馬之勞㉓，高官通顯㉔。永安二年㉕，蕭衍遣主書陳慶之㉖送北海㉗入洛陽，僭帝位㉘。慶之爲侍中。景仁在南之日，與慶之有舊㉙，遂設酒引邀㉚慶之過宅㉛，司農卿蕭彪、尚書右丞張嵩並在其座，彪亦是南人。唯有中大夫楊元慎、給事中大夫王眴是中原士族㉜。慶之因醉謂蕭、張等曰：「魏朝甚盛，猶曰五胡㉝。正朔㉞相承，當在江左㉟。秦皇玉璽㊱，今在梁朝。」元慎正色㊲曰：「江左假息㊳，僻居一隅，地多濕蟄㊴，攢育㊵蟲蟻，疆土瘴癘㊶，蛙黽㊷共穴，人鳥同羣。短髮㊸之君，無杼首㊹之貌；文身㊺之民，稟蕞陋㊻之質㊼。浮於三江㊽，棹於五湖㊾，禮樂所不沾㊿，憲章弗能革(51)。雖復(52)秦餘漢罪(53)，雜以華音(54)，復閩、楚(55)難言，不可改變。雖立君臣，上慢下暴(56)。是以劉劭殺父(57)於前，休龍淫母(58)於後，悖逆人倫(59)，禽獸不異。加以山陰請壻賣夫(60)，朋淫(61)於家，不顧譏笑。卿沐其遺風(62)，未沾禮化(63)，所謂陽翟(64)之民，不知癭之爲醜。我魏膺籙受圖(65)，定鼎嵩洛(66)，五山(67)爲鎮，四海爲家。移風易俗之典，與五帝而並跡(68)；禮樂憲章之盛，凌百王而獨高(69)。宜卿魚鱉之徒，慕義來朝(70)，飲我池水，啄我稻粱，何爲不遜，以至於此？」慶之等見元慎清詞雅句，縱橫奔發(71)，杜口流汗，含聲不言。於後數日，慶之遇病，心上急痛，訪人解治(72)。元慎自云能解，慶之遂憑元慎。元慎即口含水噀(73)慶之曰：「吳人之鬼，住居建康(74)，小作冠帽，短製衣裳，自呼『阿儂』(75)，語則『阿傍』。菰(76)稗為飯，茗飲作漿(77)，呷啜(78)蓴羹(79)，唼嗍(80)蟹黃(81)，手把荳蔻(82)，口嚼檳榔(83)。乍至中土，思憶本鄉。急手(84)速去，還爾丹陽(85)。若其寒門(86)之鬼，其頭猶脩(87)。網魚漉鱉，在河之洲(88)。咀嚼菱藕，捃拾雞頭(89)，蛙羹蚌臛(90)，以為膳羞(91)。布袍芒履(92)，倒騎水牛，沅、湘、江、漢(93)，鼓棹遨遊(94)。隨波遡浪(95)，噞喁(96)沉浮，白紵(97)起舞，揚波發謳(98)。急手速去，還爾揚州(99)。」慶之伏枕曰：「楊君見辱(100)深矣。」自此以後，吳兒更不敢解語(101)。北海尋伏誅，其慶之還奔蕭衍，衍用其為司州(102)刺史，欽重(103)北人，特異於常。朱异(104)怪復問之。曰：「自晉、宋以來，號洛陽為荒土，此謂長江以北盡是夷狄(105)。昨至洛陽，始知衣冠(106)士族，並在中原。禮儀富盛(107)，人物殷阜(108)，目所不識，口不能傳。所謂帝京翼翼，四方之則(109)。如登泰山者卑培塿(110)，涉江海者小湘、沅。北人安可不重？」慶之因此羽儀服式(111)，悉如魏法。江表士庶，競相模楷(112)，褒衣博帶(113)，被及(ㄐㄧˊ)秣(ㄇㄛˋ)陵(ㄌㄧㄥˊ)(114)。

注　釋

⑨蘇秦　字季子。戰國時東周洛陽（今河南省洛陽東）人。見《史記・蘇秦列傳》。⑩羽儀　儀仗中以羽毛裝飾的旌旗之類。⑪會稽　郡名，秦置，治所在吳縣（今江蘇省蘇州市），漢時移治於山陰（今浙江省紹興）。轄境歷代均有變更。⑫景明　北魏宣武帝（元恪）第一年號。⑬蕭寶夤　字智亮，南齊明帝（蕭鸞）子，《魏書・卷五九》有傳。⑭歸化　此爲歸降、歸順之義。⑮巷市　即里巷小市。⑯口味　指食物。⑰水族　指魚鱉之類水中動物。⑱招懷　猶言「招撫」，即招使歸順而慰撫之。懷，即安撫之義。⑲荒服　即遠方。⑳吳兒　即吳人、吳地之人。此泛指江南之人。㉑褰裳　本指用手提起衣裳，但此處用《詩・鄭風・褰裳》篇義。〈詩序〉認爲此詩寫鄭世子忽、突爭國，國人望大國來改變此局面。此詩有「子惠思我，褰裳涉溱」之句，義即若能征而正之，我則揭衣渡溱水往告國難。㉒不次之位　意即越級提拔。不次，即不按尋常次序。㉓汗馬之勞　即汗馬之功勞。汗馬指戰功，因戰馬疾馳而出汗，故云。㉔通顯　即通達顯赫。㉕永安二年　即西元五二九年。永安爲北魏孝莊帝（子攸）第二年號。㉖陳慶之　字子雲，義興國山人。《梁書・卷三二》有傳。㉗北海　即北海王元顥。㉘僭帝位　事見卷一〈永寧寺〉篇。僭

即僭越、僭奪之義。㉙有舊　即舊交情。㉚引邀　即引領邀請之義。㉛過宅　猶言「到家裡」。過，即至、到之義。㉜王晌是中原士族　王晌，生平不詳。晌，爲昫之俗字。據遼代釋行均《龍龕手鑑·日部》：「晌，俗；昫，正，香句反，日光也。」士族，即世家大族。㉝五胡　指匈奴、羯、鮮卑、氐、羌五種胡人。北魏爲鮮卑民族。㉞正朔　即一年的第一天。正，一年的開始；朔，一月的開始。古時改朝換代，新王朝表示「應天承運」，須重定正朔，新頒曆法。故「正朔相承」，實含統一天下之義。正，音ㄓㄥ。㉟江左　指長江下游以東地區。即今江蘇省一帶。古人敍地理以東爲左，故江東稱江左。此處實指梁朝。㊱秦皇玉璽　據載，秦以前以金銀方寸璽，秦始皇得楚和氏璧，乃以玉爲之。後秦王子嬰獻於漢高帝，謂之傳國璽。西漢之後，東漢、魏、晉、宋、梁相繼傳之。㊲正色　即表情端莊嚴肅。㊳假息　猶言「苟安」。㊴濕墊　即潮濕之義。㊵攢育　猶言「聚集養育」。攢爲聚之義。㊶瘴癘　即山林濕熱地區流行的惡性瘧疾等傳染病。㊷黽　亦蛙類。㊸短髮　即斷髮。㊹杼首　即長頭。古人認爲此乃長壽之相。杼，音ㄓㄨˋ。㊺文身　即在肌膚上刺花紋。㊻蕞陋　即小而弱陋。㊼質　此謂軀體。㊽三江　其說不一。此指松江、婁江、東江。㊾五湖　其說不一。此似指太湖、滆湖、洮湖、射湖、貴湖。㊿不沾　猶言「不沾染、不浸潤濡染」。意即不受影響。(51)憲章弗能革　憲章，即典章制度。革，即革命，亦即實施變革以應天命。(52)復　即返回之義。(53)秦餘漢罪　語出左思之〈魏都賦〉。即秦漢之徙者。此泛指遷徙之人。(54)華音　即華夏之音，此指中原之音。(55)閩、楚　閩，即閩地，今屬福建省境。楚，即楚地，今屬湖北省境。(56)上慢下暴　猶言「在上之君傲慢，在下之臣暴虐」。(57)劉劭殺父　劉劭為宋文帝（劉義隆）之太子。文帝欲廢劭，則為劭所殺。事見《宋書・卷九九・元凶劭傳》。(58)休龍淫母　宋孝武帝劉駿，文帝第三子，字休龍。事見《南史・卷一一・后妃列傳・孝武昭路太后傳》。(59)悖逆人倫　猶言「違背做人的行為準則」。悖逆，即違背。人倫，古代指人與人之間的等級關係和應當遵守的行為準則。(60)山陰請壻賣夫　山陰指山陰公主，宋廢帝子業之姊，名楚玉。據《宋書・卷七・前廢帝紀》載，山陰公主淫恣過度，謂帝曰：「陛下六宮萬數，而妾唯駙馬一人。事不均平，一何至此？」帝乃為其置男妾三十人。(61)朋淫　即羣聚作荒淫玩樂之事。(62)沐其遺風　猶言「受其遺風的浸淫」。沐，潤澤之義。(63)禮化　即禮儀之教化。(64)陽翟地名，即今河南省禹縣，北魏置陽翟郡。據載，陽翟之民多生癭（即瘤）。(65)膺籙受圖　見本卷〈平等寺〉篇注(102)。(66)定鼎嵩洛　猶言「定九鼎於洛陽」。此指北魏孝文帝遷都洛陽。九鼎，為古代象徵國家政權的傳國之寶。(67)五山　此指泰山、華山、霍山、恒山、嵩山，皆在北魏境內。(68)並跡　猶言「相同之業跡」。(69)獨高　即出類拔萃、獨享高名之義。(70)來朝　即前來朝拜。(71)縱橫奔發　意即激越奔放。縱橫，即奔放、無拘束。(72)解治　即解除、治癒。亦即醫治好之義。(73)噀　即噴。(74)建康　即建業，今南京市。(75)阿儂　吳人自稱曰儂，多冠以阿字。(76)菰　亦名「蔣」，俗稱「茭白」，多生河邊，可作蔬菜，其實如米，稱雕胡米，可作飯。(77)茗飲作漿　猶言「以茶水作為酪漿」。參見本書卷三〈報德寺〉篇。(78)呷啜　即飲嘗。呷，即吸；啜，即吃、喝。(79)蓴羹　一名水葵，多生湖泊河流之中，葉橢圓形，有長柄浮水面，莖及葉柄有黏液，可作羹。(80)嗟嘲　猶言「吮吸」。(81)蟹黃　即螃蟹殼內之黃膏。(82)荳蔻　植物名，形似芭蕉，種子暗棕色，味辛香，可入藥。(83)檳榔　常綠喬木，果長橢圓形，供食用；果內種子可入藥。(84)急手　疑爲當時俗語，即急速之義。(85)丹陽　縣名，秦屬會稽郡，漢屬揚州。治所位於今江蘇省江寧縣東南五里。(86)寒門　即微寒之門第。(87)其頭猶脩　原本頭上缺一字，今依上下文義補「其」以成句。猶言「其頭猶如乾肉」。脩，即乾肉。(88)在河之洲　語出《詩・周南・關雎》，意即在河中央之陸地上。河指黃河。(89)鷄頭　即芡，多年生水生草本，株有刺，葉盾形，種子球形，俗稱鷄頭米，可食用。(90)臛　即羹。(91)膳羞　即美食。(92)芒屩　即芒鞋，亦即草鞋。(93)沅、湘、江、漢　沅，即沅江，源於貴州省都勻雲霧山，入湖南省黔陽縣下始稱沅江。湘，即湘江，源於廣西省興安縣海陽山，流經湖南省境內。江，指長江。漢，指漢水，爲長江最大支流。(94)鼓棹遨遊　鼓棹，猶搖動船槳、划水行船。遨遊，此指游樂。(95)遡浪　即逆浪而行。(96)噞喁　指魚在水中羣出動口貌。(97)白紵　即白色葛布。吳人常著紵衣絺服。見左思〈吳都賦〉。(98)揚波發謳　猶言「激揚波濤而高聲謳歌」。(99)揚州　漢置，治所屢有變更，江左自吳至陳則在建業。(100)見辱　即被侮辱、受侮辱。(101)不敢解語　此謂不敢再請人解病。(102)司州　梁置，僑置信陽，在今河南省信陽縣南四十里。(103)欽重　即欽佩重用之義。(104)朱异　錢塘人，《梁書・卷三八》有傳。(105)夷狄　此乃對異族之貶稱。(106)衣冠　即士大夫官紳。(107)富盛　即繁富鼎盛。(108)殷阜　猶言「豐實」。(109)帝京翼翼，四方之則　語見《詩·殷武》。猶言「京師之禮俗翼翼然可仿傚，乃四方之法則」。翼翼，嚴正貌。⑩卑培塿　即以培塿爲低下。卑，位置低下。培塿，小丘。⑪服式　即穿著之樣式。⑫模楷　即楷模。⑬褒衣博帶　謂著褒大之衣、寬博之帶。⑭秣陵　即金陵，亦即今江蘇省南京市。

語譯

出青陽門外三里御道之北，有孝義里。孝義里的西北角上有蘇秦的墳墓。墓旁有寶明寺。眾位僧人常常看見蘇秦從此墓出入，其車馬羽儀，和當今宰相的相彷彿。

孝義里之東便是洛陽小市。孝義里之北有車騎將軍張景仁的住宅。景仁是會稽山陰人。景明年初，他跟隨蕭寶夤歸順我大魏，官拜羽林監，並賜給他城南歸正里一間住宅。民間稱歸正里爲吳人坊，從江南投奔而來的人大多居住其內。此里又臨近伊水和洛水，這些南方人可以自由自在地練習水性。里內共有三千多戶人家，他們自己設立了巷市。此市所賣的食物，多是魚鱉之類，因此，當時的人們就稱之爲「魚鱉市」。張景仁以居住此里而感到羞恥，於是便遷居到了孝義里。當時，朝廷正想招撫遠方各族，因此對待吳人十分寬厚，凡是「褰裳渡江」、報告國難者，都被越級提拔。景仁無汗馬功勞，但也是高官通達顯赫。永安二年，蕭衍派遣主書陳慶之送北海王元顥回洛陽僭奪帝位，慶之則任侍中之職。景仁在江南時候，與慶之有舊交情，於是便擺設酒宴，把慶之邀請到家中，司農卿蕭彪、尚書右丞張嵩都在座作陪。蕭彪也是江南人，只有中大夫楊元愼、給事大夫王眴出身中原世家大族。慶之因酒醉而對蕭、張等人說道：「魏朝很強盛，但還是被稱爲『五胡』。正朔相繼、一統天下者，當在江東；秦皇之玉璽，今在梁朝。」楊元愼表情嚴肅地說道：「梁朝苟且偸安，避居一隅。其地大多潮濕，攢集養育蟲蟻；瘴癘流行疆土，蛙黽共居一穴，人鳥同羣相聚。斷髮之君，無有長首高壽之貌；文身之民，禀承矮小弱陋之軀；浮游於三江，行舟於五湖；未受禮樂之浸潤濡染，也不變革典章以應天命。雖是秦漢流放之民，仍雜以中原之音；又有閩、楚難懂之言，更是不可改變。雖然立有君臣，但上者傲慢下者暴虐。所以劉劭謀殺生父於前，休龍奸淫生母於後，他們違背做人的行爲準則，與禽獸沒有什麼區別。再加上山陰公主請婿賣夫，與男妾羣聚淫亂於家中，而置世人譏笑於不顧。你深受這種遺風的浸淫，而沒經禮儀教化的熏染，因此好壞不分，這就是所謂『陽翟之民，不知癭之爲醜』。我大魏應天受命，遷都於洛陽，以五山爲鎭，以四海爲家。移風易俗之典式，同於五帝之所爲而業跡相等；禮樂憲章之富盛，凌於百王之上而獨享高名。你們這些魚鱉之徒，因仰慕仁義而來朝拜我魏，喝的是我們的池水，吃的是我們的稻粱，爲何這麼不謙遜，以致到了這種地步？」陳慶之見楊元愼詞句清雅，語言奔放，只好閉口流汗，不敢出聲再說什麼。此後過了幾天，慶之遇上了疾病，心上急痛，詢訪求人醫治。楊元愼自薦道：「我能解治。」於是陳慶之就任他去醫治。元愼馬上口中含水，噴向慶之道：「吳人之鬼，居住建康，所作冠帽頗小，所製衣裳甚短。稱呼自己，則是『阿儂』，與人說話，則言『阿傍』。以菰稗作米飯，飲茶水爲酪漿。食嘗蓴羹，吮吸蟹黃，手握荳蔻，口嚼檳榔。初到中原，思憶本鄉。急速離去，返回丹陽。若是寒門之鬼，其頭猶似乾肉。網魚捉鱉，在河之洲。咀嚼菱藕，拾取鷄頭；蛙蚌之羹，以爲膳羞。布袍草鞋，倒騎水牛。沅、湘、江、漢，划船遨遊；隨波逆浪而進，如魚噞喁沉浮。身著白紵起舞，揚波而發歌謳。急速離開此地，返回你的揚州。」慶之伏於枕上說道：「我深受楊君的侮辱了。」自此以後，吳人再也不敢請人治病。沒過多久，北海王兵敗被殺，陳慶之也就返歸蕭衍，被任用爲司州刺史。其欽佩敬重北方人，尤其異於往常。朱异感到奇怪，反覆詢問陳慶之。慶之回答道：「自晉、宋以來，人們就稱洛陽爲荒土，此中之意是說，長江以北，盡是夷狄之族。前些時候我到了洛陽，才知道官紳和世家大族都在中原。那裡禮儀之富盛，人物之豐實，是目所不能認識，口所不能言傳的。眞所謂京師之禮俗，嚴正而可仿傚，乃四方之法則。這如同登泰山者以培塿爲低下，涉江海者以湘、沅爲狹小。由此看來，北人怎能不受到敬重？」因此，慶之所使用的羽儀服式，全都傚法魏朝。江南的士人與庶民，競相以他爲楷模，著褒大之衣、寬博之帶者，遍及整個金陵城。

元慎，弘農人，晉冀州刺史嶠六世孫。曾祖泰，從宋武入關(115)，爲上洛太守。七年(116)，背僞來朝(117)。明元帝賜爵臨晉侯，廣武郡(118)、陳郡(119)太守，贈涼州刺史，謚(120)烈侯。祖撫，明經(121)，為中博士。父辭，自得丘壑(122)，不事(123)王侯。叔父許，河南令、蜀郡太守。世以學行(124)著聞，名高州里。元慎清尚卓逸(125)，少有高操(126)，任心自放(127)，不為時羈(128)。樂山愛水，好游林澤。博識文淵(129)，清言(130)入神，造次(131)應對，莫有稱者(132)。讀《老》、《莊》，善言玄理(133)。性嗜酒，飲至一石，神不亂。常慷慨歎不得與阮籍(134)同時生。不願仕宦(135)，為中散(136)，常辭疾退閑(137)，未嘗修敬諸貴(138)，亦不慶弔親知(139)。貴為交友，故時人弗識也。或有人慕其高義(140)，投刺(141)在門，元慎稱疾高臥。加以意思深長(142)，善於解夢。孝昌年，廣陽王元淵(143)初除儀同三司，夜夢著袞衣(144)，倚槐樹而立，以為吉徵，問於元慎。元慎曰：「三公之祥。」淵甚悅之。元慎退還(145)，告人曰：「廣陽死矣。槐字是木傍鬼，死後當得三公。」廣陽果為葛榮所殺(146)，追贈司徒公，終如其言。建義初，陽城太守薛令伯聞太原王誅百官(147)，立莊帝，棄郡東走，忽夢射得雁，以問元慎。元慎曰：「卿執羔，大夫執雁(148)，君當得大夫之職。」俄然令伯除為諫議大夫。京兆(149)許超夢盜羊入獄，問於元慎。元慎曰：「君當得城陽(150)令。」其後，有功封城陽侯。元慎解夢，義出方途⑮，隨意會情，皆有神驗。雖令與侯小乖⑮，按令今百里，即是古諸侯，以此論之，亦為妙著⑮，時人譬之周宣⑮。及爾朱兆入洛陽，即棄官與華陰隱士王騰周遊上洛山⑮。

注釋

⑮宋武入關　宋武，即宋武帝劉裕。宋武入關，指宋武帝於晉安帝義熙十三年（西元四一七年）八月，北伐姚泓入關。見《南史・卷一・宋武帝紀》。⑯七年　指魏明元帝（拓跋嗣）泰常七年（西元四二一年）。⑰背偽來朝　猶言「背叛宋朝，來朝拜魏朝」。即叛宋降魏之義。偽，即非正統之義。偽朝，此指宋朝，因作者楊衒之是魏人，故云。⑱廣武郡　位於今甘肅省平番縣東南。⑲陳郡　位於今河南省項城縣東北。⑳謚　即謚號，古代人死之後按其生前事跡評定褒貶所給予的稱號。㉑明經　即明於經術、通曉五經之義。㉒自得丘壑　猶言「自得丘壑之樂」，亦即縱情於山水之義。㉓事　即服事、侍奉之義。㉔學行　指學問品行。㉕清尙卓逸　清尙，猶清潔高尙。卓逸，即卓越。㉖少有高操　猶言「從小就有高潔之操守」。㉗任心自放　猶「放縱不羈」。㉘不為時羈　即不為時尙所束縛。㉙文淵　猶言「文章淵藪」。㉚清言　即清談。㉛造次　即倉卒、急遽之義。㉜稱　猶比。㉝玄理　即幽深微妙之義理。指老、莊道家之說。㉞阮籍

晉陳留尉氏人。《晉書・卷四九》有傳。⑬⑤仕宦　舊稱任官職也。⑬⑥中散　即中散大夫。⑬⑦辭疾退閑　猶言「以生病爲託辭而退職閑居」。⑬⑧修敬諸貴　即結交敬重諸位權貴。⑬⑨慶弔親知　即給親友知交賀喜或唁喪。⑭⓪高義　即行爲高尙合於正義。⑭①投刺　即遞名帖求見。刺，名帖。⑭②意思深長　猶言「思慮深遠」。⑭③元淵　《魏書・卷一八》有傳。⑭④袞衣　古代帝王及公侯的禮服。⑭⑤退還　即返回。⑭⑥爲葛榮所殺　事見《魏書・卷一八・元淵本傳》。⑭⑦太原王誅百官　事見本書卷一〈永寧寺〉篇。⑭⑧卿執羔，大夫執雁　此見《周禮・春官・大宗伯》。⑭⑨京兆　猶京師。⑮⓪城陽　位於今河南省泌陽縣南。⑮①方途　即方術之途。⑮②小乖　猶言「稍有差誤」。乖，即違背之義。⑮③妙著　即神妙之手段。⑮④周宣　字孔和，曹魏時樂安人，善占夢。見《三國志・卷二九》。⑮⑤上洛山　位於上洛縣東，即今陝西省商縣東。

語譯

楊元愼是弘農人，是晉朝冀州刺史楊嶠的六世之孫。元愼的曾祖名楊泰，他跟隨宋武帝劉裕入關之後，任上洛太守。泰常七年，他叛宋降魏，明元帝賜給他臨晉侯之爵位及廣武郡、陳郡之官職，還封他爲涼州刺史。他去世之後又賜諡號爲烈侯。元愼的祖父楊撫通曉經義，爲中博士。元愼的父親楊辭，自得丘壑之樂，不願服事王侯。元愼的叔父楊許，爲河南令、蜀郡太守。世代都以學問品行著稱，聲名高揚於州里。元愼爲人則清妙高尙、卓越超絕，從小就有高潔之操守；

他任心隨意，放縱不羈，不為時俗所束縛；他樂山愛水，好游林澤；他廣博地通曉文章淵藪，清談則達於入神之境界，倉卒間應對自知，沒有誰能與之相比；他喜讀《老子》、《莊子》，善於論說道家深奧之義理；他生性喜愛飲酒，飲至一石，仍然精神毫不散亂。他常慷慨感歎，以沒能與阮籍生於同時為憾事；他不願做官，雖身為中散大夫，卻常常以生病為託辭而退職閑居；他未嘗結交敬重諸權貴，也不給親友知交賀喜或唁喪；他貴在交友，因而當時的人對他並不熟識。有時有人因仰慕其行為高尚而又合於正義，便投遞名帖於其門，但他卻聲稱有病而高臥不起（拒不相見）。他還思慮深遠，善於解說夢境。孝昌年間，廣陽王元淵初任儀同三司之職，統率十萬大軍北伐葛榮，夜裡夢見自己身著袞衣，倚靠槐樹站著，他認為這是吉兆，於是便問元愼。元愼回答道：「這是晉升三公之祥徵。」元淵非常高興。元愼告退回來後對別人說：「廣陽王將會死去。槐字是木傍有鬼，死後才得三公之位。」後來廣陽王果然被葛榮殺害，追贈司徒公，其結果正如元愼所說的那樣。建義初年，陽城太守薛令伯聽說太原王誅殺百官，擁立莊帝，於是便放棄郡守而東逃。他忽然夢見自己射得大雁，便以此討教元愼。元愼回答道：「《周禮》云：『卿執羔，大夫執雁。』由此可見，你將得到大夫之職。」不久，薛令伯眞的出任諫議大夫。京師人許超，一次夢見自己因盜羊而進了牢房，便請教元愼。元愼回答道：「你將得到陽城令之職。」後來許超因有功而被封為陽城侯。元愼解說夢境，其道理出自方術之途。他順著己意加以體貼人情，均有神妙之驗證。雖說陽城令與陽城侯略有差異，但是今天的縣令所管轄之地方圓百里，正是古代諸侯所能管轄的範圍。以此而論，元愼解夢之手段實在高明。因此當時便有人把他同三國時占夢家周宣相比。當爾朱兆攻入洛陽時，楊元愼便拋棄官職，與華陰隱士王騰周遊於上洛山中。

孝義里東市北殖貨里。里有太常民劉胡兄弟四人，以屠爲業。永安年中，胡殺猪，猪忽唱(156)乞命，聲及四鄰。鄰人謂胡兄弟相毆鬭而來觀之，乃猪也。胡即捨宅爲歸覺寺，合家人入道(157)焉。普泰元年(158)，此寺金像生毛，眉髮悉皆具足。尚書左丞魏季景(159)謂人曰：「張天錫(160)有此事，其國遂滅。此亦不祥之徵。」至明年而廣陵被廢死(161)。

注釋

(156)唱　即長聲高呼。(157)入道　佛教用語，即出家爲僧。(158)普泰元年　即西元五三一年。普泰爲北魏節閔帝元恭之年號。(159)魏季景　鉅鹿下曲陽人，《北史・卷五六》有傳。(160)張天錫　安定烏氏人，其父張駿初為涼州牧，至晉穆帝永和元年，自稱涼王。晉哀帝興寧元年，天錫立。晉孝武帝太元元年為苻堅所滅。《晉書・卷八六》有傳。⑯廣陵被廢死　廣陵，指廣陵王，即節閔帝元恭。其被廢死之事，見《北史・卷五・節閔帝紀》。

語譯

在孝義里東市之北是殖貨里。殖貨里內有太常民劉胡兄弟四人，都是以屠宰為業。永安年中，劉胡殺豬時，豬忽然高聲長呼，乞求饒命，其聲傳遍四鄰。鄰人以為是劉胡兄弟在互相毆鬥，因而前來觀看，這才明白是豬在呼叫。劉胡隨即便捨宅而為歸覺寺，並且一家人都出家為僧。普泰元年，此寺金像忽然長出毛來，其眉毛、頭髮全都具備。尚書左丞魏季景對人說道：「張天錫在位時，曾經有過這種事，其國就滅亡了。此寺金像生毛，也是不祥之兆。」到了第二年，廣陵王果真被廢位而死。

卷三　城南

卷三 河南

一、景明寺

篇旨

此篇首先依次介紹景明寺之來歷、所處地理位置、周圍環境、寺之形製裝飾及寺中佛塔和水池；隨後記敘行像之熱鬧場面；最後詳細記敘邢子才之籍貫、秉性、學識及為官政績等。

景明寺，宣武帝①所立也。景明②年中立，因以爲名。在宣陽門外一里御道東。其寺東西南北，方五百步。前望嵩山③、少室④，卻負帝城⑤。青林垂影，綠水爲文⑥，形勝之地，爽塏⑦獨美。山懸堂觀⑧，光盛⑨一千餘間。複殿重房，交疏對霤⑩，青臺紫閣，浮道⑪相通。雖外有四時，而內無寒暑。房簷之外，皆是山池⑫。松竹蘭芷⑬，垂列堦墀，含風團露⑭，流香吐馥⑮。至正光⑯年中，太后⑰始造七層浮圖一所，去地百仞⑱。是以邢子才碑文云：「俯聞激電，旁屬⑲奔星」是也。妝飾華麗，侔於永寧⑳。金盤寶鐸㉑，煥爛㉒霞表。寺有三池，萑蒲㉓菱藕，水物生焉。或黃甲紫鱗㉔，出沒於蘩藻㉕，或青鳧白雁，沉浮於綠水。礲磑㉖舂簸，皆用水功。伽藍之妙，最爲稱首㉗。

注釋

①宣武帝　即元恪，史稱世宗。②景明　爲宣武帝第一年號。③嵩山　爲五嶽中之中嶽，位於洛陽東南，登封縣北。④少室　爲嵩山之最西峯。⑤卻負帝城　猶言「背倚洛陽城」。卻負，即背負之義。帝城，即帝京、京師，此指洛陽城。⑥文　即花紋，此指漣漪，即微波。⑦爽塏　即明亮高燥之義。塏，音ㄎㄞˇ。⑧堂觀　指殿堂樓觀。⑨光盛　即光彩盛大。⑩交疏對霤　猶言「綺窗相交錯，屋簷相對距」。疏，即疏窗、綺窗，亦即刻有花紋之窗。交疏，即交錯鏤刻。霤，即承霤，亦即屋簷。⑪浮道　即飛道，亦即懸空之閣道。⑫山池　即山林池沼。⑬蘭芷　即蘭草和芷草，皆爲香草。⑭團露　猶言「聚集露珠」。⑮吐馥　猶言「散發芬芳」。馥，香氣。⑯正

光　北魏孝明帝（元詡）第一年號（西元五二〇～五二五年）。⑰太后　指胡太后。⑱百仞　仞，長度單位，其長度說法不一，一說八尺。百仞，極言其高，非確指。⑲屬　通矚，即矚望。⑳侔於永寧　猶言「與永寧寺相等同」。侔，即相等。㉑金盤寶鐸　見本書卷一〈永寧寺〉篇。㉒煥爛　即光耀燦爛。㉓萑蒲　即蘆葦與香蒲。㉔黃甲紫鱗　指魚鱉之類。㉕繁藻　即白蒿與水藻。㉖[石韋]磑　[石韋]，即今碾字。磑，即磨。㉗稱首　猶言「稱爲第一」。

語譯

景明寺爲宣武帝所建立，因其建於景明年間，所以才以「景明」作爲名稱。景明寺位於宣陽門外一里處的御道之東。此寺東、西、南、北，四面各有五百步。寺前可遙望嵩山、少室山。其後則背倚洛陽城。寺中有青青翠林，垂下陰影；碧綠池水，風生漣漪。此地風景優美，明亮高燥，特別美麗。此寺之殿堂樓觀，懸於山腰；其光彩盛大者足有一千多間。佛殿層疊，僧房重複，綺窗相交，屋簷相對，青臺紫閣，飛道相通。雖然寺外有四季交替，但寺內卻無寒暑之變化。房簷之外，皆是山林池沼。松竹蘭芷，垂披分列於堦墀，含風聚露，流香吐芳。後來到了正光年中，胡太后才在寺中建造了一座七層佛塔。此塔高達百仞。因此邢子才的碑文中才有「俯則可聞激電之聲，傍則可望流逝之星」的說法。景明寺裝飾之華麗，完全可與永寧寺相等同。其金盤寶鐸，更是光耀燦爛於雲霞之外。

景明寺有三個水池，其中有蘆葦、香蒲、菱角和蓮藕，都是生長於水中的植物。時而有黃甲紫鱗，出沒於白蒿與水藻之間；時而有青鳧白雁，浮沉於綠水之上。碾、磨、舂、簸，都是借助池水爲動力。若論佛寺之妙，則此寺堪可稱爲天下第一。

時世好崇福㉘，四月七日，京師諸像皆來此寺㉙。尚書祠部曹㉚錄像㉛凡有一千餘軀。至八日㉜，以次入宣陽門，向閶闔宮前受皇帝散花㉝。于時金花映日，寶蓋㉞浮雲，旛幢㉟若林，香煙似霧，梵樂法音㊱，聒㊲動天地。百戲騰驤㊳，所在駢比㊴。名僧德眾㊵，負錫㊶爲羣；信徒法侶㊷，持花成藪。車騎填咽㊸，繁衍相傾㊹。時有西域胡沙門見此，唱言佛國㊺。至永熙㊻年中，始詔國子祭酒邢子才爲碑文。

注釋

㉘崇福　即推崇福德。㉙京師諸像皆來此寺　參看本書卷一〈昭儀尼寺〉篇。㉚祠部曹　參

見《魏書・卷一八四・禮志・神龜元年下》。㉛錄像　猶言「所記載的佛像」。㉜八日　佛教以四月八日爲釋迦牟尼生日及成道日。㉝散花　皇帝散花以致禮敬，北魏傳之甚久。見《魏書・卷一一四・釋老志》。㉞寶蓋　即用珍寶裝飾的華蓋。㉟旛幢　旛同幡，長幅下垂之旗。幢即以羽毛爲飾之旗。二者均作儀仗用。㊱梵樂法音　指佛教音樂和說法之聲音。㊲聒　即喧嘩。聒，音ㄍㄨㄚ。㊳百戲騰驤　騰驤，即奔躍、超越。百戲騰驤，參見本書卷一〈長秋寺〉篇注⑭。㊴所在駢比　猶言「所在之處觀眾湊集重列」。㊵名僧德眾　指精於佛理、福德深厚之僧眾。㊶錫　即僧人所用之錫杖。㊷法侶　猶僧侶。㊸車騎填咽　即車馬堵塞、擁擠。㊹繁衍相傾　繁衍，猶漫衍，即連綿無盡。相傾，即相傾側。㊺唱言佛國　即盛贊佛事之盛儼如佛國。㊻永熙　北魏孝武帝（元修）第三年號（西元五三二～五三四年）。

語譯

當時之世愛好和崇尚福德。每年四月七日，京城諸尊佛像都被送到此寺。據尙書祠部曹記載，共有一千多尊佛像。四月八日，佛像依次進入宣陽門，向閶闔宮前行去，接受皇帝散花致禮。此時金花與日光輝映，寶蓋多如浮雲，香煙如霧繚繞，旛幢好似樹林。更有梵樂法音，喧嘩震動天地。至於百戲騰躍飛越，觀眾湊集重列。那些德高望重之僧人，背負錫杖，成羣接隊。還有信徒和其他僧侶，所持之花聚成淵藪。車馬擁擠於道，連綿無盡而車蓋相傾。當時有一位西域胡僧見此情景，盛讚此處佛事之盛儼然如佛國。到了永熙年中，才詔令國子祭酒邢子才為此寺撰寫碑文。

子才，河間(47)人，志性通敏(48)，風情雅潤(49)，下帷覃思(50)，溫故知新(51)。文宗學府(52)，騰班、馬而孤上(53)；英規勝範(54)，凌許、郭而獨高(55)。是以衣冠之士(56)，輻輳(57)其門；懷道(58)之賓，去來滿室。昇其堂者，若登孔氏之門(59)；沾其賞(60)者，猶聽東吳之句(61)。籍甚(62)當時，聲馳遐邇(63)。正光末，解褐(64)為世宗挽郎(65)、奉朝請(66)，尋進中書侍郎黃門(67)。子才洽聞(68)博見，無所不通。軍國制度，罔不訪及(69)。自王室不靖(70)，虎門業廢(71)，後還國子祭酒，謨訓上庠(72)。子才罰惰賞勤，專心勸誘。青領之生(73)，競懷雅術(74)。洙、泗之風(75)，茲焉復盛(76)。永熙年末，以母老辭，帝不許之。子才恪請(77)，辭情懇至(78)，涕淚俱下，帝乃許之。詔以光祿大夫歸養私庭，所在之處，給事力(79)五人，歲一入朝(80)，以備顧問(81)。王侯祖道(82)，若漢朝之迭二疏(83)。暨皇居徙鄴(84)，民訟殷繁(85)，前革後沿(86)，自相與奪(87)。法吏疑獄(88)，簿領(89)成山。乃勅(90)子才與散騎常侍溫子昇撰《麟趾新制》(91)十五篇。省府(92)以之決疑，州郡(93)用爲治本(94)。武定(95)中，除驃騎大將軍、西兗州刺史。爲政清靜(96)，吏民安之。後徵爲中書令。時戎馬在郊(97)，朝廷多事，國禮朝儀(98)，咸自子才出。所製詩賦詔策章表碑頌讚記五百篇，皆傳於世。鄰國欽其模楷，朝野以爲美談也。

注釋

㊼河間　郡名，北魏置，位於黃河與永定河之間而得名。治所在今河北省獻縣東南。㊽志性通敏　猶言「志向通達、才性敏捷」。㊾風情雅潤　即風采澤潤、情趣高雅。㊿下帷覃思　猶言「垂下書帷深入思考」。下帷，典出《漢書．卷五六．董仲舒傳》。(51)溫故知新　語出《論語．爲政》篇。猶言「溫習舊業，增加新知」。(52)文宗學府　猶言「爲文章之宗主，學問之府庫」。學府，比喻學問淵博。(53)騰班、馬而孤上　猶言「騰越班固、司馬遷而特立其上」。(54)英規勝範　猶言「風範英俊傑出」。(55)凌許、郭而獨高　猶言「凌跨許劭、郭泰而獨自高潔」。許、郭二人

見本書卷二〈秦太上君寺〉篇注(73)。(56)衣冠之士　指官紳世族。古代士以上才戴冠。衣冠連稱，則爲士以上的服裝。(57)輻輳　即聚集之義。(58)懷道　猶言「身懷道義」。(59)孔氏之門　即孔子之門。《論語・先進》篇有「由也，升堂矣，未入於室也」之句，此處則借用之。(60)沾其賞　即受其賞識之義。(61)猶聽東吳之句　據《三國志・呂蒙傳》注引〈江表傳〉云：三國時吳國呂蒙受孫權勸，篤志力學。後魯肅過蒙，言議常爲蒙屈，因拊蒙背曰：「吾謂大弟但有武略耳，至於今者，學識英博，非復吳下阿蒙。」蒙曰：「士別三日，即更刮目相待。」(62)籍甚　即盛大、盛多之義。(63)遐邇　猶遠近。(64)解褐　褐爲短衣，賤者之服。解褐謂脫褐衣而著官服，意謂爲官也。(65)挽郎　即牽引靈柩唱挽歌的少年。(66)奉朝請　見本書卷一〈建春門〉篇注(44)。(67)黃門　即黃門侍郎。(68)洽聞　猶言「廣博聞知」。(69)訪及　即查訪尋求到之義。(70)王室不靖　猶言「王室不安定」。(71)虎門業廢　虎門指路寢之門，即天子正室之門，此處則指國子學而言。虎門業廢，指國子學之業廢棄。(72)謨訓上庠　即謀議教誨上庠。上庠即古之大學，相傳始於西周。(73)青領之生　猶國子生徒。青領，古代學士之服。(74)雅術　即雅儒（正道之儒者）之學術。(75)洙、泗之風　洙、泗爲魯國二水名。孔子曾講學於洙、泗之間。故此謂孔子之禮樂教化。(76)茲焉復盛　猶言「此又興盛起來」。(77)恪請　恭敬請求。(78)辭情懇至　猶言「辭中之情極其懇切」。(79)事力　指從事體力勞動者，此指僮僕或僕役。(80)歲一入朝　即每年入朝一次。(81)顧問　即詢問、請教。(82)祖道　古人於出行前祭祀路神稱祖道。後因稱餞行爲祖道。(83)二疏　指漢朝疏廣及其侄疏受，一爲太子太傅，一爲太子家令。相謂：知足不辱，知止不殆。遂上疏乞歸隱，皆許之。公卿、大夫、故人、邑子設祖道，送車數百輛。見《漢書・卷七一・疏廣傳》。(84)皇居徙鄴　指遷都鄴城。事見本書卷首〈序〉注㉛。(85)民訟殷繁　猶言「民之獄訟繁多」。(86)前革後沿　猶言「前面革除之制度，後面又沿用之」。(87)自相與奪　即自相矛盾之義。與奪，即給予和剝奪。(88)法吏疑獄　即執法之吏難於判明的案件。(89)簿領　謂登記之文簿。領，即錄之義。(90)勑　即詔命。(91)撰《麟趾新制》　麟趾爲鄴京宮禁閣名。事見《魏書・卷一二・孝靜帝紀》。(92)省府　即省署府第。此借指各省之長官。省，官署名。漢制總羣臣而聽政爲省，治公務之所爲寺。尚書、中書、門下各官署皆設於禁中，因稱爲省。沿用既久，遂以省爲官署名稱。(93)州郡　指州郡之長官。(94)治本　即治理之根本依據。(95)武定　爲東魏孝靜帝（元善見）之年號。(96)清靜　即清靜無爲之義。(97)戎馬在郊　猶言「軍馬在郊外」，指戰事也。語本《老子》：「天下無道，戎馬生於郊。」(98)國禮朝儀　即國家和朝廷之禮儀。

語譯

邢子才是河間人。其志向通達，才性敏捷，風采澤潤，情趣高雅。常書帷下垂而深思，溫習舊業以知新。其爲文章之宗主、學問之府庫，超越班固、司馬遷而特立其上；其風範則英俊傑出，淩跨許劭、郭泰而獨自高潔。所以名家世族之官紳，聚集其門；身懷道義之嘉賓，去來滿室。升其堂者，彷彿登孔子之門；受其賞者，如同聽東吳之句。在當時，其名聲盛大顯赫，遠近傳遍。正光年中，他做官而爲世宗挽郎及奉朝請，不久又晉升爲中書侍郎、黃門侍郎。邢子才廣聞博見，無所不通。對軍務國政及典章制度，無不查訪尋求。自從王室不安定以來，國子學之業已經廢棄。後來邢子才升遷國子祭酒，謀議訓導於大學。邢子才罰惰賞勤，專心規勸和誘導，那些國子學生徒因此而競相胸懷雅儒之學術。孔子禮樂教化之風，從此又興盛起來。永熙末年，邢子才因母親年邁而要求辭官歸隱，孝武帝沒有同意。邢子才恭敬請求，辭情非常懇切，涕淚俱下，孝武帝這才允許他辭去官職，並且詔令他以光祿大夫的身分回家休養，所在之處，配僕役五人；並且每年入朝一次，以備朝廷垂詢。他離京時，王侯爲之餞行，如同漢朝之疏廣、疏受還鄉歸隱一樣。在大魏遷都鄴城之後，人民獄訟繁多，前面革除之制度後面又沿用之，以致自相矛盾。那些爲執法之吏所難以判明的案件，其所登記之文簿堆積成山。於是詔令邢子才與散騎常侍溫子昇撰寫《麟趾新制》一十五篇，省府用以決斷疑惑之事情，州郡用作治政之根本。武定年中，邢子才官拜驃騎大將軍、西袞州刺史。其爲政清靜無爲，官吏和百姓因此得以安寧。後來他又被徵召爲中書令。當時軍馬馳於郊外，朝廷多有變故。國家朝廷之禮儀，都出自邢子才。其所撰寫的詩、賦、詔、策、章、表、碑、頌、讚、記共五百篇，皆流傳於世。鄰國也因欽佩而以他作爲楷模，朝野上下也常拿他當作美談。

二、大統寺

篇旨

此篇首先介紹大統寺之地理位置及高顯洛建造招福寺之原因；隨後記敘秦太上公二寺之地理位置、來歷、環境和寺內建築；最後依次記敘靈臺、辟雍、明堂之地理位置及關於洛水之神的奇異傳聞。

大統寺，在景明寺西，即所謂利民里。寺南有三公令史高顯洛宅。每於夜見赤光行於堂前，如此者非一。向光明所掘地丈餘，得黃金百斤，銘云：「蘇秦家金，得者爲吾造功德①。」顯洛遂造招福寺。人謂此地是蘇秦舊宅。當時元乂秉政②，聞其得金，就③洛索之，以二十斤與之。衒之按：蘇秦時未有佛法，功德者不必起寺，應是碑銘之類，頌其聲績④也。

注釋

①功德　佛教用語，指誦經念佛布施等。②元叉秉政　見本書卷一〈建中寺〉篇。③就　即歸、趨之義。④聲績　即聲名政績。

語譯

大統寺在景明寺之西，也就是所謂利民里。寺南有三公令史高顯洛之住宅。此宅每夜可看見紅光行於堂前，這種情形不只出現一次。高顯洛在光明出現的地方深掘一丈有餘，結果得到黃金一百斤，並有碑銘道：「這是蘇秦家的黃金，得此金者須爲我建造功德。」於是高顯洛便建造了招福寺。人們說此地就是蘇秦的舊宅。當時元叉執掌朝政，他聽說高顯洛掘地得金，於是便到高顯洛家裡強行索取，高顯洛便給了他二十斤。衒之按：蘇秦時未有佛法，造功德也不必建造佛寺，而應當是立碑刻銘之類，以歌頌其聲名政績。

東有秦太上公二寺⑤，在景明寺南一里。西寺，太后所立；東寺，皇姨⑥所建。並為父追福，因以名之。時人號為雙女寺。並⑦門俱鄰洛水，林木扶疏⑧，布葉垂陰。各有五層浮圖一所，高五十丈，素綵畫工，比於景明⑨。至於六齋⑩，常有中黃門⑪一人監護僧舍，襯施供具⑫，諸寺莫及焉。

注釋

⑤秦太上公二寺　秦太上公為胡太后之父胡國珍之封號。此寺為閹官劉騰所監造。見《魏書・卷九四・閹官列傳・劉騰傳》。⑥皇姨　元叉之妻，胡太后之妹，封新平郡君，後遷馮翊郡君，拜女侍中，見《魏書・卷一六・元叉傳》。皇姨當指此人。⑦並　音ㄅㄤˋ，傍依之義。⑧扶疏　即枝葉四布繁茂之貌。⑨景明　即景明寺。⑩六齋　即六齋日，指每月之八日、十四日、十五日、二十三日、二十六日、三十日。見《摩訶般若經・卷一四》。⑪中黃門　即在宮中服役之太監。⑫襯施供具　供具，即布施之義。供具，即擺設供品之器具。

語譯

秦太上公二寺，位於大統寺之東、景明寺之南一里處。其中，西寺為胡太后所建造，東寺則為皇姨所建造。因為一齊為其父追薦冥福，所以才以秦太上公作為二寺之名，當時的人則稱之為「雙女寺」。二寺之門相依傍，又都鄰近洛水。二寺之內皆林木繁茂，枝葉四布，濃蔭下垂。二寺之中各有一座五層佛塔，高達五十丈，其白素彩繪之工致，可與景明寺相比。每到六個齋日，常有一位在宮中服役的太監來此處監護僧舍；至於布施給二寺的供具，則是其他各寺所比不上的。

寺東有靈臺一所，基址雖頹，猶高五丈餘，即是漢光武帝所立者。靈臺東辟雍⑬，是魏武⑭所立者。至我正光⑮中，造明堂⑯於辟雍之西南，上圓下方，八牕四闥⑰。汝南王⑱復造甎浮圖於靈臺之上。孝昌⑲初，妖賊四侵，州郡失據⑳。朝廷設募征格㉑於堂之北，從戎㉒者拜曠掖將軍、偏將軍、裨將軍。當時甲冑之士㉓，號明堂隊。時有虎賁㉔駱子淵者，自云洛陽人。昔孝昌年，戍在彭城㉕。其同營人樊元寶得假還京師，子淵附書一封，令達其家云：「宅在靈臺南，近洛河，卿但至彼，家人自出相看。」元寶如其言，至靈臺南，了無㉖人家可問。徙倚欲去㉗，忽見一老翁來，問從何而來，徬徨㉘於此。元寶具向道之。老翁云：「是吾兒也。」取書，引元寶入，遂見館閣崇寬㉙，屋宇佳麗。既坐，命婢取酒。須臾，見婢抱一死小兒而過，元寶初甚怪之。俄而酒至，色甚紅，香美異常。兼設珍羞㉚，海陸備具㉛。飲訖㉜，辭還。老翁送元寶出，云：「後會難期。」以爲悽恨㉝，別甚殷勤。老翁還入，元寶不復見其門巷，但見高崖對水，淥波東傾㉞。唯見一童子可年十五㉟，新溺死，鼻中出血，方知所飲酒是其血也。及還彭城，子淵已失矣。元寶與子淵同戍三年，不知是洛水之神也。

注釋

⑬辟雍　即太學。始置於周朝。⑭魏武　即三國魏武帝曹操。⑮正光　北魏孝明帝（元詡）第三年號。⑯明堂　古代帝王宣明政教之處。⑰上圓下方，八牕四闥　上圓下方，意在效法天地。八牕四闥，闥即門。八牕，意在通八面之風。四闥，意在達四季之時。⑱汝南王　即元悅，見本書卷一〈景樂寺〉篇注㉓。⑲孝昌　爲孝明帝（元詡）第四年號。⑳州郡失據　猶言州郡失

去依據。此指吏民造反，州郡失守。事見《魏書・卷九・肅宗紀》。㉑募征格 亦稱募格，招募人材之賞格。㉒從戎 即從軍。㉓甲冑之士 即兵士。甲冑即鎧甲和頭盔。㉔虎賁 即勇士之通稱。㉕彭城 郡名，治所在今江蘇省銅山縣。㉖了無 即完全沒有。㉗徙倚 即留連徘徊之義。㉘徬徨 即徘徊不定。㉙崇寬 即高大寬敞。㉚珍羞 即珍貴之食物。㉛海陸備具 猶言「山珍海味都有」。㉜訖 即完畢、終了之義。㉝悽恨 即悲傷遺憾。㉞東傾 即東流之義。㉟可年十五 猶言「年齡大約十五歲」。可，大約之義。

語譯

寺之東有一座靈臺，其基址雖然倒塌，但還是高達五丈有餘，這就是漢光武帝劉秀所建造的那座靈臺。靈臺之東有一座太學，那是魏武帝曹操所建造的。到我大魏正光年中，又於太學之西南建造一座明堂，其形製上圓下方，八窗四門。汝南王元悅又在靈臺上用磚造了一座佛塔。孝昌年初，妖賊四處侵擾，州郡多有失守。於是朝廷在明堂之北設置招募賞格，從軍者有的任曠掖將軍，有的任偏將軍，有的任裨將軍。當時，招募來的兵士號稱「明堂隊」。此時有一個勇士名叫駱子淵，自稱是洛陽人。他曾於孝昌年間在彭城防守。和他同營的有一個人名叫樊元寶，獲假返回京師，駱子淵託他帶回一封書信，請他送到自己家中。並告訴他說：「我家在靈臺之南，臨近洛水，你只要到了那裡，我的家人自己會出來相見的。」樊元寶按照駱子淵所說的那樣，來到靈臺之南，只見那裡完全沒有人家可以打聽。正當他走來走去、打算離開時，忽然發現來了一位老翁，他問樊元寶從哪裡來，爲何在此徘徊，樊元寶完完整整地向他說明。老翁道：「駱子淵是我的兒子。」他接過書信，領樊元寶來到家裡，只見館閣高大寬敞，屋宇佳美華麗。坐下之後，老翁命婢女拿酒來。過了一會兒，婢女抱著一個死去的小孩經過面前，樊元寶起初感到很奇怪。又過了一會兒，婢女拿來了酒，顏色很紅，異常香美，同時也擺上珍貴的食物，山珍海味都有。飲完酒，樊元寶告辭回家，老翁送他出門道：「後會之日難以預料。」並因此而感到悲傷和遺憾，離別時他情意十分懇切。當老翁返入家中時，樊元寶再也看不見其門巷了。只是見到高崖面對洛水，淥波向東流去。唯一見到的人則是一位年齡大約十五歲的少年，剛剛被淹死，鼻中還在出血。樊元寶這才明白，他所飲的酒就是這位少年的鮮血。等到樊元寶返回彭城，駱子淵已經不見了。樊元寶與駱子淵一同防守彭城達三年之久，竟然不知他是洛水之神。

三、報德寺

篇旨

此篇首先介紹報德寺之來歷、所處地理位置及國子學堂前之《石經》和寺內之珍果。隨後比較詳細地記敘了正覺寺之來歷、所處地理位置及此寺之建造者王肅的家世、學識及有關的逸聞趣事。

報德寺，高祖孝文皇帝①所立也，爲馮太后②追福，在開陽門外三里。開陽門御道東有漢國子學堂。堂前有「三種字石經」二十五碑，表裏刻之，寫《春秋》、《尚書》二部，作篆、科斗③、隸三種字，漢右中郎將蔡邕④筆之遺跡也。猶有十八碑，餘皆殘毀。復有石碑四十八枚，亦表裏隸書，寫《周易》、《尚書》、《公羊》、《禮記》四部。又《讚學》碑一所，並在堂前。魏文帝⑤作《典論》六碑，至太和十七年⑥猶有四碑。高祖題爲勸學里。武定四年⑦，大將軍⑧遷《石經》於鄴。里內有大覺、三寶、寧遠三寺。週迴⑨有園，珍果出焉，有大谷⑩含消梨，重十斤，從樹著地，盡化爲水。世人云：「報德之梨，如承光之柰⑪。」承光寺亦多果木，柰味甚美，冠於京師。

注釋

①高祖孝文皇帝　即元宏。②馮太后　即文成文明皇后，爲孝文帝祖母。《魏書．卷一三》有傳。③科斗　即科斗文或科斗書，我國古代書體之一種。因其頭粗尾細，形似科斗（卽蝌蚪）而得名。④蔡邕　字伯喈，東漢陳留人，好辭章，工書畫。《後漢書》有傳。⑤魏文帝　即三國時魏文帝曹丕。⑥太和十七年　即西元四九三年。太和爲北魏孝文帝（元宏）第三年號。⑦武定四年　即西元五四六年。武定爲北魏孝靜帝（元善見）之年號。⑧大將軍　即高澄，其遷《石

經》於鄴，事見《北齊書．卷四．文宣帝紀》。⑨週迴　即周圍、四周。⑩大谷　地名，位於洛陽城南數十里。⑪柰　又名花紅、沙果。柰，音ㄋㄞˋ。

語譯

報德寺是高祖孝文皇帝爲了替祖母馮太后追薦冥福而建造的。此寺位於開陽門外三里之處。開陽門御道之東有漢朝修建的國子學堂。堂前有「三種字石經」二十五塊，這些石碑正反兩面都刻著經文，所刻的經文是《春秋》和《尚書》二部，所用的字體是篆書、科斗書和隸書三種，是漢朝右中郎將蔡邕的筆跡。這二十五塊石碑中還有十八塊存在，其餘的都殘缺毀壞了。又有石碑四十八塊，也是正反兩面以隸書刻著《周易》、《尚書》、《公羊》、《禮記》四部經文。還有一塊《讚學碑》，也一齊立在漢朝國子學堂之前。刻有魏文帝曹丕所作之《典論》的六塊石碑，直到太和十七年仍有四塊存在。因此，高祖孝文皇把此里題名爲勸學里。武定四年，大將軍高澄把《石經》遷到了鄴城。

勸學里內還有大覺、三寶、寧遠三寺。四周圍有果園，出產珍貴的水果，如大谷含消梨，每個重十斤，從樹上掉落著地，則盡化爲水。當世之人就說：「報德寺之梨，如承光寺之柰。」承光寺也有很多果木，而柰之味道非常甜美，爲京師珍果之冠。

勸學里東有延賢里，里內有正覺寺，尚書令王肅⑫所立也。肅字公懿，琅琊⑬人也，爲齊雍州刺史奐⑭之子也。贍學多通⑮，才辭美茂⑯，爲齊秘書丞。太和十八年⑰，背逆歸順⑱。時高祖新營洛邑，多所造制⑲。肅博識舊事，大有裨益⑳。高祖甚重之，常呼曰「王生」。延賢㉑之名，因肅立之。肅在江南之日，聘謝氏女㉒爲妻。及至京師，復尚公主㉓。其後謝氏入道爲尼，亦來奔肅，見肅尚主，謝作五言詩以贈之。其詩曰：「本爲箔㉔上蠶，今作機上絲，得路逐勝㉕去，頗憶纏綿㉖時。」公主代肅答謝云：「針是貫線物，目中恒任絲㉗，得帛縫新去，何能納故時㉘。」肅甚有愧謝之色，遂造正覺寺以憩之㉙。肅憶父非理受禍，常有子胥報楚之意㉚。卑身素服，不聽音樂，時人以此稱之。肅初入國，不食羊肉及酪漿㉛等物，常飯鯽魚羹，渴飲茗汁㉜。京師士子㉝，見肅一飲一斗，號爲「漏卮」㉞。經數年已後，肅與高祖殿會，食羊肉酪粥甚多。高祖怪之，謂肅曰：「卿中國㉟之味也，羊肉何如魚羹？茗飲何如酪漿？」肅對曰：「羊者是陸產之最，魚者乃水族之長。所好不同，並各稱珍。以味言之，是有優劣。羊比齊、魯大邦，魚比邾㊱、莒

㊲小國。唯茗不中㊳，與酪作奴㊴。」高祖大笑，因舉酒曰：「三三橫，兩兩縱㊵，誰能辨之賜金鍾㊶。」御史中尉李彪㊷曰：「沽酒㊸老嫗甕注㽔㊹，屠兒割肉與秤同㊺。」尚書左丞甄琛㊻曰：「吳人浮水自云工㊼，妓兒擲繩在虛空㊽。」彭城王勰㊾曰：「臣始解此字是習字。」高祖即以金鍾賜彪。朝廷服彪聰明有智，甄琛和之㊿亦速。彭城王謂肅曰：「卿不重齊、魯大邦，而愛邾、莒小國。」肅對曰：「鄉曲所美(51)，不得不好。」彭城王重謂曰：「卿明日顧(52)我，為卿設邾、莒之食。亦有酪奴(53)。」因此復號茗飲為酪奴。時給事中劉縞慕肅之風(54)，專習茗飲。彭城王謂縞曰：「卿不慕王侯八珍(55)，好蒼頭(56)水厄(57)。海上有逐臭之夫(58)，里內有學顰之婦(59)，以卿言之，即是也。」其彭城王家有吳奴，以此言戲之。自是朝貴讌會(60)雖設茗飲，皆恥不復食，唯江表殘民(61)遠來降者好之。後蕭衍子西豐侯蕭正德歸降(62)時，元乂欲為之設茗，先問：「卿於水厄多少？」正德不曉乂意，答曰：「下官(63)雖生於水鄉(64)，而立身(65)以來，未遭陽侯之難(66)。」元乂與舉坐之客皆笑焉。

注釋

⑫王肅　《魏書・卷六三》有傳。⑬琅琊　郡名。東晉盡失江淮以北地後，於白下（今南京市北）僑置琅琊郡，至陳廢。南朝所稱琅琊皆指此。⑭奐　王奐，字彥孫，齊永明年間爲鎮北將軍、雍州刺史。永明十一年以殺寧蠻長史劉興祖罪，爲州司馬黃瑤起所殺。見《南齊書・卷四九》奐本傳。⑮贍學多通　猶言「所學甚博、所知甚多」。⑯才辭美茂　猶才美辭茂，即才性華美，文辭豐茂。⑰太和十八年　即西元四九四年。太和爲北魏孝文帝（元宏）第三年號。⑱背逆歸順　義即背叛南齊歸順北魏。⑲多所造制　指建立許多新的制度。據《魏書・卷七・高祖紀》載：魏孝文帝自太和十七年遷都洛陽。十八年二月革衣服之制；十九年六月詔不得以北俗之語言於朝廷；又詔遷洛之民，死葬河南，不得遷北。又詔長尺八斗，依《周禮》制度等等。⑳大有裨益　猶言「多有增益」。㉑延賢　即邀請、引進賢者之義。㉒謝氏女　即陳郡謝莊之女。㉓公主　即陳留長公主。㉔箔　即蠶簾，養蠶用的竹篩、竹席。㉕得路逐勝　雙關語，明指蠶絲繞上絡子，在逐勝中織成絲布，暗指王肅喜新厭舊，另攀高枝。路，丁福保輯北魏詩中作「絡」，絡即絡子，織布時用以繞絲紗之具。勝，爲織布機上持經線之軸。㉖纏綿　亦雙關語。明指蠶吐絲結繭，暗指夫婦恩愛，情意深厚。㉗目中恒任絲　亦雙關語。明指針眼經常任絲穿進穿出，暗指王肅娶新棄舊。㉘得帛縫新去，何能納故時　猶言「得到布帛就去縫製新衣，怎能再去縫舊衣

呢?」暗示王肅已有新歡，不能再與謝氏女破鏡重圓。納，即縫。㉙以憩之　猶言「讓其憩息、住下來」。㉚子胥報楚之意　子胥即伍員，其父伍奢、兄伍尚，均為楚平王所殺。伍員奔吳，遂佐吳伐楚，終報家仇。見《史記・卷六六・伍子胥列傳》。㉛酪漿　牲畜的乳汁，即牛乳或羊乳。㉜茗汁　即茶水。㉝士子　此指士大夫。㉞漏巵　即滲漏之酒器。此則比喻酒量大而無止境。㉟中國　此泛指中原地區。㊱邾　春秋諸侯國名，曹姓，為楚所滅。故地在今山東省鄒縣境內。㊲莒　春秋時諸侯國名，嬴姓，為楚所滅。故地在今山東省莒縣。㊳不中　猶言「不成、不行」。㊴與酪作奴　猶言「只能作酪漿之奴僕」。意即茗汁遠遠比不上酪漿。㊵三三橫、兩兩縱　此設字謎。橫即橫畫，縱即豎畫。㊶金鍾　一種酒器。㊷李彪　參見本書卷二〈正始寺〉篇注⑪。㊸沽酒　即賣酒。㊹瓮注瓨　即把瓮中之酒注入瓨中而不潑灑。瓨，音ㄏㄨㄥˊ，一種長頸腹大口小的瓦器。㊺屠兒割肉與秤同　謂其割肉份量準確，如同用秤稱過一樣。此句與上句皆隱含練習之「習」字。㊻甄琛　字思伯，中山無極人。《魏書・卷六八》有傳。㊼吳人浮水自云工　猶言「吳地之人游泳自稱技藝高超」。㊽妓兒擲繩在虛空　猶言「耍雜技者在空中走繩」。即卷一〈長秋寺〉篇所謂「緣幢上索」之類。此句與上句亦隱含練習之「習」字。擲，即跳躍。㊾彭城王勰　即元勰。見本書卷一〈永寧寺〉篇注(81)。㊿和之　猶言「與之唱和」。和，音ㄏㄜˋ。(51)鄉曲所美　猶言「鄉下所讚美之物」。(52)顧　即拜訪之義。(53)酪奴　指茶水。(54)肅之風　即王肅之風範。(55)八珍　古代八種烹飪之法，即：淳熬、淳毋、炮豚、炮牂、擣珍、漬、熬、肝膋。後用來泛指珍貴食品。㊱蒼頭 謂奴僕。漢時僕隸以深青色巾包頭，故有此稱。㊲水厄 三國魏晉以來，漸行茶飲。其初時不習飲者，戲稱爲水厄。㊳海上有逐臭之夫 據《呂氏春秋・遇合》云：「人有大臭者，其親戚兄弟妻妾知識，無能與居者，自苦而居海上。海上人有悅其臭者，晝夜隨之而弗能去。」逐臭，追逐臭味，喻嗜好怪癖也。㊴里內有學顰之婦 《莊子・天運》篇云：「西施病心而矉其里，其里之醜人見而美之，歸亦捧心而矉其里。其里之富人見之，堅閉門而不出。貧人見之，挈妻子而去之走。」顰，也作「矉」，皺眉也。此比喻以醜拙強學美好。㊵讌會 即宴會。讌，同宴。㊶江表殘民 猶言「江南刼後殘餘之民」。㊷蕭正德 梁臨川王蕭宏第三子，梁武帝蕭衍收養爲子。其歸降北魏事見《梁書・卷五五》本傳。㊸下官 見本書卷二〈龍華寺〉篇注㉑。㊹水鄉 此指江南而言。㊺立身 謂樹立己身，亦即能卓然自立成人。㊻陽侯之難 陽侯，水神。傳說爲古陵陽國侯，溺水而死。其神能爲大波，有所傷害，因謂之陽侯之波，或陽侯之難，亦即水災之義。

語譯

勸學里之東有延賢里，延賢里內有正覺寺，正覺寺爲尚書令王肅所建造。王肅字公懿，琅琊郡人，是齊朝雍州刺史王奐之子。王肅所學甚博、所知甚多，才性華美、文辭豐茂，曾任齊朝秘書丞之職。太和十八年，他背叛齊朝而歸順我大魏。當時高祖正開始營建洛陽，建立許多新的制度。王肅對舊事廣聞博識，因此在建立新制方面大有助益。高祖十分器重王肅，常常稱呼他為「王生」。延賢里之名，就是因為王肅而起的。王肅在江南的時候，曾聘謝氏之女為妻。來到京師洛陽之後，又娶了陳留長公主。後來前妻謝氏女出家當了尼姑，並且來洛陽投奔王肅。見王肅又娶公主為妻，謝氏女作了一首五言詩送給他。其詩寫道：「本為箔上蠶，今作機上絲。得路逐勝去，頗憶纏綿時。」公主代王肅寫了一首詩，以回答謝氏女。其詩寫道：「針是貫線物，目中恒任絲。得帛縫新去，何能納故時。」王肅覺得很對不起謝氏女，便建造了正覺寺讓她居住。王肅每想到父親無故遭受殺身之禍，常有伍子胥為報父兄之仇而佐吳伐楚之意，因此全身素服，不聽音樂，當時之人因此而稱讚他。王肅剛剛投奔大魏時，不吃羊肉、不喝酪漿等食物，常常吃鯽魚羹，口渴時便飲茶。京師士大夫見他一飲酒就喝下一斗，便稱他為「漏卮」。經過數年之後，王肅參加高祖設於宮殿的宴會時，吃了不少羊肉和酪粥。高祖感到很奇怪，便對他說道：「你現在吃的是中原的食物。那麼羊肉與魚羹相比，哪一種好吃？茶飲與酪漿相比，哪一種好喝？」王肅回答道：「羊肉是陸產中最好的食物，魚羹是水族中最好的食物。因為人的愛好不同，所以這二者都可稱得上是珍美的食物。當然如果以味道而論，它們又有優劣之分。羊肉好比齊、魯大邦，魚羹好比邾、莒小國。唯獨茶飲不行，與酪漿相比，就只能算是它的奴僕。」高祖大笑，因此舉酒設字謎道：「三三橫，兩兩縱，誰能辨之賜金鍾。」御史中尉李彪道：「沽酒老嫗甕注瓨，屠兒割肉與秤同。」尚書左丞甄琛道：「吳人浮水自云工，妓兒擲繩在虛空。」彭城王勰說道：「我知道了，這是習字。」高祖當即把金鍾賞賜給了李彪，佩服他聰明有智慧，也稱讚甄琛應和迅速。彭城王元勰對王肅說：「你不看重齊、魯大邦，而喜愛邾、莒小國。」王肅回答道：「鄉里所稱美之物，我不得不喜愛。」彭城王又說：「你明天到我家來，我爲你擺設邾、莒之食物，也有酪奴。」由此人們又稱茶飲爲「酪奴」。當時給事中劉縞仰慕王肅之風範，專門練習飲茶。彭城王對劉縞說道：「你不仰慕王侯之八珍，卻喜愛奴僕之水厄。古人說海上有逐臭之夫，里內有學顰之婦，以你而言，就是這種人。」當時彭城王元勰家裡有一位來自吳地的奴僕，因此他才用這種話開玩笑。從此朝中權貴的宴會上雖然也擺設茶飲，但都因羞愧而不再飲之，唯有江南刼後殘餘之民遠來歸降者才喜愛飲茶。後來蕭衍的養子西豐侯蕭正德歸降我朝，當時元叉想擺設茶飲款待他，先問道：「你於『水厄』能飲多少？」蕭正德不懂元叉所說的意思，回答道：「我雖生於江南，但自從立身成人以來，還未遭受過洪水之災。」元叉與所有在座的客人都笑了起來。

四、龍華寺

篇旨

此篇首先簡要介紹龍華、追聖二寺之來歷、所處地理位置及寺內建築與環境；其次全文轉載了常景的〈洛汭頌〉；再次詳細記敘了四夷館和四夷里及居於其中之人；最後又由白象、獅子二坊敘及白象、獅子之來歷及有關見聞。

龍華寺，廣陵王①所立也；追聖寺，北海王②所立也。並在報德寺之東。法事③僧房，比秦太上公④。京師寺皆種雜果，而此三寺⑤園林茂盛，莫之與爭。

注釋

①廣陵王　即元羽，《魏書・卷二一》有傳。②北海王　即元祥。《魏書・卷二一》有傳。③法事　即佛事，亦即供佛、施僧、誦經、講說、修行等事。④秦太上公　即秦太上公寺。⑤三寺　指龍華寺、追聖寺和報德寺。

語譯

龍華寺，爲廣陵王元羽所建造；追聖寺，爲北海王元祥所建造；都在報德寺之東。二寺之僧房及所舉行的佛事活動，都可以同秦太上公寺相比。京師各寺都種植了各種各樣的果實，而這三寺園林之茂盛，卻是其他寺所不能與之爭勝的。

宣陽門外四里，至洛水上，作浮橋⑥，所謂永橋也。神龜⑦中，常景爲〈汭頌〉⑧。其辭曰：「浩浩大川⑨，泱泱清洛⑩，導源熊耳⑪，控流巨壑⑫，納穀吐伊⑬，貫周淹亳⑭，近達河宗⑮，遠朝海若⑯。兆唯洛食⑰，實曰土中⑱。上應張、柳⑲，下據河、嵩⑳，寒暑攸叶㉑，日月載融㉒。帝世光宅㉓，函夏同風㉔。前臨少室㉕，卻負太行㉖，制巖東邑㉗，峭峘西疆㉘。四險之地㉙，六達之莊㉚，恃德則固㉛，失道則亡㉜。詳觀古昔，考見邱、墳㉝，乃禪乃革㉞，或質或文㉟。周餘九裂㊱，漢季三分㊲，魏風衰晚㊳，晉景雕曛㊴。天地發輝，圖書㊵受命，皇建有極㊶，神功無競㊷。魏籙仰天㊸，玄符握鏡㊹，璽運會昌㊺，龍圖受命㊻。乃瞻書軌㊼，永懷保定㊽。敷茲景跡㊾，流美洪謨㊿。襲我冠冕(51)，正我神樞(52)。水陸兼會(53)，周、鄭交衢(54)。爰勒〈洛汭〉(55)，敢告中區(56)。」

注釋

⑥浮橋　即用船、筏或浮箱聯結而成的橋。⑦神龜　爲北魏孝明帝(元詡)第二年號。⑧〈汭頌〉　當作〈洛汭頌〉。洛汭，原指河南省洛水入黃河處，後也指河南省洛陽一帶。汭，即河流會合或彎曲之處。⑨大川　此指黃河。⑩泱泱清洛　此指洛水。泱泱，即深廣貌。⑪導源熊耳　語本《尚書・禹貢》：「導洛自熊耳。」意即洛水開源於熊耳山。熊耳山在河南省盧氏縣南。因伊水

源於熊耳山，又注入洛水，故此處云「導源熊耳」。⑫控流巨壑　猶言「巨壑控制著洛水之流動」。控，即控制、束縛。流，即水流，此指洛水之流動。⑬納穀吐伊　穀即穀水，源出於河南省澠池穀陽谷，伊即伊水。因二水皆流入洛水，故云「吐」、「納」。⑭貫周淹亳　猶言「洛水貫穿洛陽境內，流過西亳之地」。周即成周，爲西周之東都洛邑。亳即商湯舊都西亳，位於今河南省偃師縣西。亳，音ㄅㄛˊ。⑮近達河宗　猶言「近則流入黃河」。宗，即尊；河宗，即洛水以黃河爲宗，亦即流入黃河之義。⑯遠朝海若　猶言「遠則歸於北海」。海若，即北海若，亦即北海之神，典出《莊子‧秋水》。此借指北海。朝，即朝宗，謂百川之歸海也。⑰兆唯洛食　猶言「占卜而唯獨洛邑得吉兆」，即定都洛邑之義。此語本自《尚書‧洛誥》。洛食，指周公營東都，先卜地，洛得吉兆，後引申爲定都之義。兆即卜兆。食謂吉兆。⑱實曰土中　猶言「事實上位於土地之中央」。土中，語出自《尚書‧召誥》。又《漢書‧地理志》云：「昔周公營雒（洛）邑，以爲在于土中，諸侯蕃屏四方，故立京師。」⑲上應張、柳　猶言「上則應合張、柳之星宿」。張、柳爲二星宿之名。⑳下據河、嵩　猶言「下則占據黃河、嵩山」。㉑寒暑攸叶　猶言「寒暑所協和」。攸，即所；叶，即協。㉒日月載融　猶言「日月明亮」。㉓帝世光宅　猶言「帝之世德覆被天下」。帝世，即帝之世代仁德；光宅，覆被之義。㉔函夏同風　即整個中國同一風教。函夏，即包容諸夏，亦即全中國之義。函，音ㄏㄢˊ。風，即風教，亦即風俗與教化。㉕少室　即少室山。㉖卻負太行　猶言「背負太行山」。因太行山在洛陽之北，故言卻負。㉗制巖東邑制，春秋時鄭國地名，在今河南省汜水縣西，故洛陽城之東，故云東邑。巖，即險之義。㉘峭峘西疆　峭疑為嵴之誤。嵴即嵴山，位於洛陽之西。峘，即大山。西疆，即西邊。㉙四險之地　猶言「四方險峻之地」。㉚六達之莊　猶言「四通八達之路」。六達謂之莊，莊即通道。㉛恃德則固　猶言「依靠仁德則河山鞏固」。㉜失道則亡　猶言「失去道義則國家滅亡」。㉝邱、墳　即典籍，亦即《三墳》、《五典》、《八索》、《九邱》之書。㉞乃禪乃革　猶言「堯舜禪讓，湯武革命」。㉟或質或文　猶言「或以質勝、或以文勝」。語本《論語・雍也》。文即文采，質即實質。㊱周餘九裂　猶言「周末九州分裂」。周餘，即周朝末年。九裂即九州分裂。㊲漢季三分　猶言「漢末魏、蜀、吳三國分立」。㊳魏風衰晚　猶言「曹魏之沒落，如晚風之衰弱」。㊴晉景雕曛　猶言「西晉之頹敗，似夕陽之凋殘」。景同影，即日影。曛，即日晚餘光。㊵圖書　指河圖、洛書。㊶皇建有極　謂帝王治世有其要道。語出《尚書・洪範》。㊷神功無競　猶言「神奇之功無可比擬」。無競，即無有並進，亦即無比之義。㊸魏籙仰天　猶言「魏朝應圖籙而仰止於天」。圖籙，即圖讖，漢朝宣揚符命占驗之書。㊹玄符握鏡　玄符，謂符命。握鏡，猶言「受命」。㊺璽運會昌　猶言「帝運於此會慶建福」。璽運，帝運。會昌，即會慶。昌，即慶，亦即幸福之義。㊻龍圖受命　龍圖，即河圖，傳說有龍馬從黃河中負出圖籙，故稱龍圖。有人認為河圖即八卦；河出圖，為帝王聖者受命執政之瑞。㊼乃睠書軌　猶言「於是就眷念統一」。睠，通眷，即眷念之義。書軌，謂書同文、車同軌，即統一。㊽保定　語出《詩・小雅・天保》：

「天保定爾，亦孔之固。」故保定即安定之義。㊾敷茲景跡　猶言「敷揚其業跡」。敷，即施、布之義。景，大。景跡，即大業。㊿流美洪謨　猶言「流美其大法」。流美，即流布美譽。洪謨，猶洪範，即治民之大法。(51)襲我冠冕　猶言「襲用我冠冕」。襲，即襲用、沿用。(52)正我神樞　猶言「端正我政權」。樞爲樞紐，此喻政權。(53)水陸兼會　謂水路、陸路皆會合於此。(54)周、鄭交衢　即東周與鄭國的交通要道。春秋時，洛陽爲東周都城，與鄭國鄰近，故云。交衢，即四通八達之道。(55)爰勒〈洛汭〉　猶言「於是勒石刊載〈洛汭頌〉」。勒，刻之義。(56)敢告中區　猶言「冒昧奉告於中國」。

語譯

離宣陽門外四里，至洛水之上，建有一座浮橋，這就是所謂的「永橋」。神龜年中，常景撰寫了一篇〈洛汭頌〉。其文寫道：「浩浩大川，深廣清洛，導源於熊耳，受控於巨壑。收納穀水，又吐出伊水；貫穿洛陽，也流過西亳；近則流入黃河，遠則歸於北海。占卜時洛陽獨得吉兆，而實際上它也居於土地中央；上則應和張星和柳宿，下則擁有黃河與嵩山；寒暑爲之所協和，日月爲之則明亮；帝王世德，覆被天下，整個中國，同一風教。加之前臨少室，背負太行；制邑爲其險要之東邑，崤山爲其西疆之大山。然則雖有四方險峻之地，四通八達之道，但只有依靠仁德河山才會鞏固，失去道義國家則會滅亡。詳觀古昔之事，考察《邱》、《墳》之典，堯舜禪讓，湯武革命，或以質重，或以文勝；至於周朝末年，九州分裂；漢朝末年，天下三分；曹魏沒落，如晚風之衰弱；晉朝頹敗，似夕陽之凋殘。天地靈而發出光輝，圖、書出而承受天命。帝王治世，自有要道；其功神奇，無可相比。至於我魏，應圖讖而仰止於天，合符命而承受大命。帝運會慶，建福於此；龍馬負圖，兆示天意。於是眷念統一，永懷安定；敷揚此大業，流美其大法。襲用我冠冕，端正我政權。因洛陽爲水陸兩路會合之地，也是東周、鄭國四達之道，於是我才勒石刊載〈洛汭頌〉，冒昧奉告於中國。」

南北兩岸有華表(57)，舉高二十丈。華表上作鳳凰，似欲沖天勢(58)。永橋以南，圜丘(59)以北，伊洛之間，夾御道(60)，東有四夷館，一曰金陵，二曰燕然，三曰扶桑，四曰崦嵫。道西有四夷里，一曰歸正，二曰歸德，三曰慕化，四曰慕義。吳人投國者，處金陵館(61)，三年已後，賜宅歸正里。景明(62)初，僞齊建安王蕭寶寅(63)來降，封會稽公，爲築宅於歸正里，後進爵爲齊王，尚南陽公主。寶寅恥與夷人(64)同列，令公主啟世宗(65)，求入城內，世宗從之，賜宅於永安里。正光四年(66)中，蕭衍子西豐侯蕭正德來降(67)，處金陵館，爲築宅歸正里。後正德捨宅爲歸正寺。北夷來附者處燕然館(68)，三年已後，賜宅歸德里。正光元年，蠕蠕(69)主郁久閭阿那肱(70)，執事者(71)莫知所處，中書舍人常景議云：「咸寧(72)中，單于(73)來朝，晉世處之王公特進(74)之下，可班(75)那肱蕃王儀同(76)之間。」朝廷從其議，處之燕然館，賜宅歸德里。北夷酋長遣子入侍者，常秋來春去，避中國之熱，時人謂之「雁臣」(77)。東夷來附者，處扶桑(78)館，賜宅慕化里。西夷來附者，處崦嵫(79)館，賜宅慕義里。自葱嶺(80)已西，至於大秦(81)，百國千城，莫不款附(82)，商胡販客，日奔塞下(83)，所謂盡天地之區(84)已。樂中國土風(85)，因而宅(86)者，不可勝數。是以附化(87)之民，萬有餘家。門巷修整(88)，閶闔塡列(89)。青槐蔭陌，綠柳垂庭。天下難得之貨，咸悉在焉。別立市於洛水南，號曰「四通市」，民間謂爲「永橋市」。伊洛之魚，多於此賣，士庶須膾(90)，皆詣(91)取之。魚味甚美，京師語曰：「洛鯉伊魴，貴於牛羊。」

注釋

57華表　古代用以指路的木柱。以橫木交柱頭，狀若花，形似桔槔。58似欲沖天勢　猶言「其態勢好像想沖入雲天」。59圜丘　即古代祭天之處。60夾御道　猶言「夾持御道」。因御道兩邊，東有四夷館，西有四夷里，故云。61金陵館　金陵，即建業，江南來歸者居此，故名金陵館。62景明　即北魏宣武帝（元恪）第一年號。63蕭寶寅　字智亮，齊明帝（蕭鸞）第六子。其降魏事見《北史・卷二九・蕭寶寅傳》。64夷人　中國古代對東方各族的泛稱。有時也泛稱四方各少數民族。65世宗　即北魏宣武帝元恪。66正光四年　即西元五二三年。正光為北魏孝明帝（元詡）第三年號。67蕭正德來降　見本卷〈報德寺〉篇注62。68燕然館　燕然，即燕然山，位於漠北，故用以名館。69蠕蠕　亦作茹茹，本東胡苗裔，自稱柔然，居於漠北。見《魏書・卷一〇三・蠕蠕傳》。70郁久閭阿那肱　郁久閭是姓氏，阿那肱即阿那肱，為人名。71執事者　此指負責安排位次的專職官員。72咸寧　為晉武帝（司馬炎）第二年號。73單于　古代匈奴稱其君長為單于。74特進　官名，漢制。凡諸侯功德優盛，朝廷所敬異者，賜位特進，位在三公之下。魏晉南北朝因之，皆為加官。75班　位次，規定等級。76蕃王儀同　蕃，通藩。儀同，官名。即儀同三司，謂儀制同於三公。77雁臣　雁為候鳥，春到則北飛，秋到則南來。故以之比喻。78扶桑木名，位於東方，上古神話謂為日出處。79崦嵫　山名，位於西方，上古神話謂為日落處。80

葱嶺　此爲古人對今帕米爾高原和崑崙山、天山西段的統稱。當時爲通西域之要道。即大秦⑧即東羅馬帝國。⑧款附　即誠心歸附。⑧塞下　即邊塞之下，指北魏而言。⑧盡天地之區　猶言「普天之下」。⑧土風　指風土習俗。⑧宅　即定居之義。⑧附化　猶歸化。⑧門巷修整　指屋宇裝飾整齊。⑧閶闔塡列　猶言「宮門塡塞列滿」。塡列，極言其多。⑨須膾　須，即要。膾，爲細切的肉或魚。⑨詣　即至、到。

語譯

南北兩岸有華表，高達二十丈。華表上各有一隻鳳凰，其態勢好像是想沖入雲天。在永橋以南，圜丘以北，伊水和洛水之間，夾持御道者，東有四夷館，其一名爲金陵館，其二名爲燕然館，其三名爲扶桑館，其四名爲崦嵫館。御道之西有四夷里，其一名爲歸正里，其二名爲歸德里，其三名爲慕化里，其四名爲慕義里。吳人來投奔我國者，就住在金陵館。三年之後，在歸正里內賞賜給他一座房屋。景明初年，齊朝建安王蕭寶寅前來歸降，朝廷封他爲會稽公，爲他在歸正里建了一座房屋。後來他又進爵爲齊王，並娶南陽長公主爲妻。蕭寶寅恥於和夷人同住一處，便請公主稟告世宗，請求住進城內，世宗應允，並且在永安里賜給了一座房屋。正光四年中，蕭衍之子西豐侯蕭正德前來歸降，讓他住進金陵館，並爲他在歸正里建了一座房屋。後來蕭正德把這座房屋施捨出來作爲歸正寺。北夷前來歸附者，就住在燕然館，三年以後，在歸德里賜給他一座屋宅。正光元年，蠕蠕之主阿那肱前來朝拜，負責安排位次的官員不知道該怎麼處置，中書舍人常景建議道：「咸寧年中，單于前來朝拜，晉武帝就把他安排在王公特進之下。因此可把阿那肱的位次定在藩王和儀同三司之間。」朝廷聽從了常景的建議，讓阿那肱住進燕然館，並在歸德里賜給他一座屋宅。當時，北夷酋長派遣兒子入宮爲侍從者，常常是秋來春去，以躲避中國之暑熱。因此，當時人們就稱之爲「雁臣」。東夷前來歸附者，就讓他住進扶桑館，並且在慕化里賜給他一座屋宅。西夷前來歸附者，就安排他住進崦嵫館，並且在慕義里賜給他一座屋宅。自葱嶺以西，直到大秦，百國千城，沒有不誠心歸附的。那些胡地商販，天天都有人前來投奔於邊塞之下。眞所謂普天之下，莫不如此。還有那些因喜愛中國風土習俗而定居者，更是不可勝數。所以當時的歸化之民，共有一萬多家。其屋宇修飾整齊，宮門塡塞列滿整個四夷里，青槐蔭蔽於路，綠柳垂條於庭。天下難得之貨物，全都聚集於此。另外在洛水之南還建有一座集市，名爲「四通市」，民間則稱之爲「永橋市」。伊水、洛水之魚，大多在此出賣，朝士庶民若需要魚膾，也都到此市購買。魚味鮮美，因此京師流傳著這麼一句話：「洛水之鯉，伊水之魴，貴於牛羊。」

永橋南道東有白象、獅子二坊㊉。白象者，永平二年㊉乾陀羅國㊉胡王所獻，背設五采屏風、七寶坐床[95]，容數人，眞是異物。常養象於乘黃曹[96]，象常壞屋敗牆，走出於外。逢樹即拔，遇牆則倒。百姓驚怖，奔走交馳[97]。太后[98]遂徙象於此坊。獅子者，波斯國[99]胡王所獻也，爲逆賊万俟醜奴[100]所獲，留於寇中。永安末，醜奴破滅，始達京師。莊帝謂侍中李彧[101]曰：「朕聞虎見獅子必伏，可覓試之。」於是詔近山郡縣捕虎以送。鞏縣[102]、山陽[103]並送二虎一豹。帝在華林園觀之。於是虎豹見獅子，悉皆瞑目[104]，不敢仰視。園中素有一盲熊，性甚馴，帝令試之。虞人[105]牽盲熊至，聞獅子氣，驚怖跳踉[106]，曳鎖而走。帝大笑。普泰元年[107]，廣陵王即位[108]，詔曰：「禽獸囚之，則違其性，宜放還山林。」獅子亦令送歸本國。送獅子者以波斯道遠，不可送達，遂在路殺獅子而返。有司[109]糾劾[110]，罪以違旨論。廣陵王曰：「豈以獅子而罪人？」遂赦之。

注釋

[92]坊　即里巷之通稱。[93]永平二年　即西元五〇九年。永平爲北魏宣武帝（元恪）第三年

號。(94)乾陀羅國 位於天竺（即印度）以北。(95)背設五采屏風、七寶坐床 此謂在白象背上施設坐床，且置屏風，其形製若轎。七寶，即金、銀、琉璃、瑪瑙之類。(96)乘黃曹 參見本書卷一〈建中寺〉篇注⑫。(97)奔走交馳 猶言「來回奔跑」。(98)太后 指胡太后。(99)波斯國 即今伊朗國。(100)万俟醜奴 高平鎮（今甘肅省固原）人。其叛逆事見《魏書・卷七五・爾朱天光傳》。(101)李彧 字子文，李延寔之子，隴西人。見《魏書・卷八三・外戚列傳》。(102)鞏縣 北魏時屬北豫州成皋郡，在今河南省脩武縣西北。(103)山陽 北魏時屬司州汲郡，在今河南省脩武縣西北。(104)瞑目 閉目。(105)虞人 古代掌管山澤苑囿、田獵之官。(106)跳踉 即跳動。(107)普泰元年 即西元五三一年。普泰爲北魏節閔帝（元恭）年號。(108)廣陵王即位 事見本書卷二〈平等寺〉篇。(109)有司 古代設官分職，各有專司，因稱官吏爲「有司」。(110)糾劾 即舉發彈劾官吏之過失。

語譯

永橋南道之東有白象、獅子二坊。白象是乾陀羅國的國王於永平二年進獻的。白象的背上設置五彩屏風、七寶坐床，可以容納數人，確實是奇異之物。這隻白象常常被養在乘黃曹。牠經常毀壞屋牆，逃到乘黃曹外，逢樹便把樹拔起，遇牆則將牆推倒。百姓驚慌恐怖，來回奔逃。於是胡太后命令把白象移到了這個坊內。那隻獅子是波斯國的國王所進獻的。起初，這隻獅子被反賊万俟醜奴所刼獲，並被扣留在賊寇軍中。永安末年，醜奴被擊破消滅，這隻獅子才被送到京師。

莊帝對侍中李彧說道：「我聽說老虎見到獅子必然降服，可以找來試一試。」於是詔令靠近山的郡縣獵捕老虎送到京師。鞏縣和山陽縣同時送了二隻虎一隻豹。莊帝便在華林園觀看虎、豹見到獅子的情形。果然，老虎、豹子全都閉上眼睛，不敢擡頭看獅子。華林園中向來有一隻瞎了眼的熊，性情很溫馴。莊帝命令把這隻熊牽來，牠聞到獅子的氣味就驚慌恐怖得跳起來，拖著鎖鏈逃跑了。莊帝見此大笑。普泰元年，廣陵王登上皇帝寶位，詔令云：「禽獸被囚禁起來，是違背牠們本性的事，應當把牠們放回山林去。」同時也命令將獅子送歸其本國。送獅子的人認爲去波斯國的路太遙遠，不可能把牠送到，於是就在路上將獅子殺死，然後返回。有司舉發彈劾他們，以違背聖旨而論罪。廣陵王說：「豈能因獅子而降罪於人？」於是便赦免了他們。

五、菩提寺

篇旨

此篇簡要介紹菩提寺之來歷及所處地理位置之後，詳細記敘了崔涵死而復活的怪異之事。

菩提寺，西域胡人所立也，在慕義里。

沙門達多發塚取甎，得一人以進。時太后與明帝在華林都堂①，以爲妖異。謂黃門侍郎徐紇②曰：「上古以來，頗有③此事否？」紇曰：「昔魏時發塚，得霍光女婿范明友④家奴，說漢朝廢立，與史書相符。此不足爲異也。」后令紇問其姓名，死來幾年，何所飲食？死者曰：「臣姓崔，名涵，字子洪，博陵⑤安平人。父名暢，母姓魏，家在城西阜財里。死時年十五，今滿二十七，在地十有二年。常似醉臥，無所食也。時復遊行⑥，或遇飯食，如似夢中，不甚辨了。」后即遣門下⑦錄事張儁詣阜財里，訪涵父母，果有崔暢，其妻魏氏。儁問暢曰：「卿有兒死否？」暢曰：「有息子⑧涵，年十五而死。」儁曰：「爲人所發，今日蘇活，在華林園中，主上故遣我來相問。」暢聞驚怖曰：「實無此兒，向者謬言⑨。」儁還，具以實陳聞⑩。后遣儁送涵回家。暢聞涵至，門前起火，手持刀，魏氏把桃枝⑪，謂曰：「汝不須來，汝非吾子，急手⑫速去，可得無殃⑬。」涵遂捨去，遊於京師，常宿寺門下，汝南王⑭賜黃衣一具。涵性畏日，不敢仰視，又畏水火及兵刃之屬。常走於逵路⑮，遇疲則止，不得徐行⑯也。時人謂是鬼。洛陽大市北有奉終里，里內之人，多賣送死人之具及諸棺槨。涵謂曰：「作柏木棺，勿以桑木爲欀⑰。」人問其故，涵曰：「吾在地下，見人發⑱鬼兵，有一鬼訴稱是柏棺，應免。主兵吏曰：『爾雖柏棺，桑木爲欀，遂不免。』」京師聞此，柏木踴貴⑲，人疑賣棺者貨⑳涵發此等之言也。

注釋

①都堂　見本書卷一〈建春門內〉篇。②徐紇　《魏書・卷九三・恩倖傳》有傳。③頗有　猶很有、多有之義。④霍光女婿范明友　霍光，字子孟，漢朝河東平陽人。見《漢書・卷六八・霍光傳》。范明友，亦見於〈霍光傳〉。⑤博陵　縣名，治所在今河北省蠡縣之南。⑥遊行　即遊動行走。⑦門下　即門下省之略稱。⑧息子　即兒子也。息，即子之義。⑨向者謬言　猶言「剛才說的是假話」或「剛才是胡說八道」。向，即往昔之義。⑩以實陳聞　猶言「把事實說給太后聽」。⑪桃枝　古人認爲桃木可以制鬼，故魏氏把桃枝以驅鬼。⑫急手　見本書卷二〈景寧寺〉篇注84。⑬無殃　即無災禍。⑭汝南王　即元悅。⑮逵路　即道路。逵爲四通八達之道。⑯徐行　即慢慢行走。⑰櫬　本爲木名，此處則謂棺材裡襯。⑱發　即發遣、發送，有強迫使行之義。⑲踴貴　指物價迅速上漲。⑳貨　此即收買之義。

語譯

菩提寺爲西域胡人所建造。此寺位於慕義里。

僧人達多在掘墓取磚時得到一個死而復活的人，就把他送給朝廷。當時，胡太后與孝明帝正在華林園都堂，他們把此人看作是妖怪，問黃門侍郎徐紇道：「上古以來，這種事很多嗎？」徐紇回答說：「曹魏時，有人掘墓，發現漢朝霍光的女婿范明友家的奴僕，死而復活後，敍說漢朝廢立興亡之事，與史書相符合。因此，這種事不足爲怪。」於是，胡太后命徐紇去詢問死者的姓名、死去幾年、吃喝什麼？那人回答說：「我姓崔，名涵，字子洪，是博陵安平人。我的父親名暢，母親姓魏，家在城西阜財里。死時才十五歲，現在已年滿二十七歲，在地下有十二年了。常常好像醉酒而臥，什麼也不吃。有時又遊動行走，偶爾遇到有飯便吃，如同在夢中似的，什麼都不能辨別得很清楚。」胡太后馬上派門下省錄事張雋到阜財里查訪崔涵的父母，果然找到了崔暢和他的妻子魏氏。張雋問崔暢道：「你是不是有一個兒子死了？」崔暢答道：「是有一個兒子名叫涵，十五歲時就死了。」張雋說：「他的墓被人發掘，而他本人則甦醒復活了，現在華林園中，是太后派我來查問的。」崔暢感到驚異恐怖，說道：「其實我沒有這個兒子，剛才我是胡說的。」張雋返回華林園，把眞實情況全都說給胡太后聽了。太后便派張雋送崔涵回家。崔暢聽說崔涵回家來了，馬上在門前燃起了大火，手中拿著刀，其妻魏氏則手握桃枝。崔暢說道：「你不須回來，我不是你的父親，你也不是我的兒子。你只有快快離開，才可免除災禍。」於是崔涵便棄家而去，遊蕩於京師，常常住在佛寺門下。汝南王元悅賜給他一套黃衣服。崔涵本性害怕日光，不敢擡頭看天，又畏懼水火及兵刃之類。他常常在大路上疾走，覺得疲倦了就停下來休息，從不緩步而行。當時的人還是說他是鬼。在洛陽大市之北有奉終里，里內之人大多販賣送葬死人的東西及各種棺材。崔涵對他們說：「製作柏木棺材，不要以桑木爲其裡櫬。」有人問這是什麼緣故，崔涵說：「我在地下時看過有人遣派鬼兵。有一個鬼申辯說，他的是柏木棺材，應當免去兵役。主管鬼兵的官吏說：『你的雖是柏木棺材，但仍然是用桑木做的裡襯，這樣還是不能免去兵役。』」京師人聽說此事後，柏木棺材便因此而大幅漲價。有人懷疑這是賣棺材的人收買崔涵來說這番話的。

六、高陽王寺

篇旨

此章首先簡要介紹高陽王寺之來歷、所處地理位置，隨後詳細記敘了高陽王元雍的奢侈生活和荀子文幼而聰明善辯。

高陽王寺，高陽王雍①之宅也，在津陽門外三里御道西。雍為爾朱榮所害②也，捨宅為寺。

正光中，雍為丞相，給羽葆③鼓吹④、虎賁班劍百人⑤，貴極人臣⑥，富兼山海。居止第宅⑦，匹於帝宮。白壁丹楹⑧，窈窕連亘⑨，飛簷反宇⑩，轇轕周通

⑪。僮僕六千，妓女⑫五百，隋珠⑬照日，羅衣從風⑭，自漢、晉以來，諸王豪侈未之有也。出則鳴騶⑮御道，文物⑯成行，鐃吹⑰響發，笳聲哀轉⑱。入則歌姬舞女，擊筑⑲吹笙，絲管⑳迭奏，連宵盡日。其竹林魚池，侔於禁苑㉑，芳草如積，珍木連陰。雍嗜口味㉒，厚自奉養㉓，一食必以數萬錢爲限。海陸珍羞。方丈㉔於前。陳留侯李崇㉕謂人曰：「高陽一食，敵我千日。」崇爲尚書令，儀同三司，亦富傾天下㉖，僮僕千人。而性多儉悋㉗，惡衣麤食㉘，亦常無肉。止㉙有韭茹㉚、韭菹㉛。崇客李元佑語人云：「李令公㉜一食十八種。」人問其故，元佑曰：「二九㉝一十八。」聞者大笑。世人即以此爲譏罵。及雍薨後，諸妓悉令入道㉞，或有嫁者。美人徐月華，善彈箜篌㉟，能爲「明妃出塞」之歌，聞者莫不動容㊱。永安中，與衛將軍原士康爲側室㊲，宅近青陽門。徐鼓箜篌而歌，哀聲入雲，行路聽者，俄而成市㊳。徐常語士康曰：「王有二美姬，一名修容，一名艷姿，並蛾眉皓齒，潔貌傾城㊴。修容亦能爲『淥水歌』，艷姿善爲『火鳳舞』，並愛傾後室㊵，寵冠諸姬㊶。」士康聞此，遂常令徐歌「淥水」、「火鳳」之曲焉。

注釋

①高陽王雍　見本書卷一〈建中寺〉篇。②雍爲爾朱榮所害　指雍和朝士被爾朱榮害於河陰，見本書卷一〈永寧寺〉篇。③羽葆　儀仗名，以鳥羽爲幢者。南北朝時，諸王大臣有功者，加羽葆。④鼓吹　樂名，主要樂器有鼓、鉦、簫、笳，出自北方民族，本爲軍中之樂，後亦賜有功之臣。⑤虎賁班劍百人　即執劍而從者百人。虎賁，舊作虎奔，言如虎之奔走，後爲勇士通稱。班劍，即削木爲劍，上畫之以文。⑥貴極人臣　猶言「高貴極於人臣」，意即所獲得的高位達到了人臣的極限。因丞相處於一人之下、萬人之上，故云。⑦居止第宅　指居住的房屋。⑧楹　即柱。⑨窈窕連亘　窈窕，深邃貌。連亘，言其長。亘，音ㄍㄣˋ。⑩飛簷反宇　飛簷，指屋簷上翹若飛舉之勢。反宇，指屋邊瓦反上翹出。⑪轇轕周通　轇轕，即縱橫交錯貌。周通，即四周相連通。⑫妓女　美女。⑬隋珠　即隋侯珠，傳說隋侯見大蛇傷斷，以藥敷之，後蛇於江中銜大珠以報之。⑭羅衣從風　指衣服隨風飄動。羅衣，爲一種質地輕軟、經緯組織呈椒眼紋的絲織品。⑮鳴騶　即騶唱，引馬騎卒傳呼開道。騶，爲開道引馬的騎卒。⑯文物　此指儀仗而言。⑰鐃吹　軍樂，即鐃歌，爲鼓吹樂的一部分。鐃，即鉦鐃，古樂器名。⑱笳聲哀轉　笳，古代一種管樂器。哀轉，即哀鳴。⑲擊筑　筑似瑟，安絃，以竹擊之。⑳絲管　猶言「絲竹」，即弦樂器和竹管樂器。㉑侔於禁苑　侔，即相等之義。禁苑，即帝王花囿。㉒口味　即食味，食之美味。㉓厚

自奉養 猶言「豐厚地奉養自己」。㉔方丈 指食物列於面前多達一丈見方。極言殽饌豐盛。語出《孟子・盡心下》。㉕李崇 見本書卷二〈正始寺〉篇注⑦。㉖富傾天下 猶言「其富裕壓倒天下人」。傾，壓倒、凌駕之義。㉗儉悋 即節儉吝嗇。悋，即吝字別體。㉘惡衣 即劣衣。麤食，即粗食。㉙止 即「只」之義。㉚茹 即「菜」之總名。㉛韭 即酢菜。㉜李令公 李崇爲尚書令，故尊稱之爲令公。㉝二九 九與韭同音，故二九爲雙關語。㉞入道 佛教用語，即出家爲僧或尼。㉟箜篌 古代撥弦樂器，分臥式、豎式兩種。豎式爲二十三弦，形如弓，置於懷前，兩手彈之。㊱動容 內心有所感動而表現於面容。㊲側室 又稱偏房，即妾。㊳俄而成市 猶言「一會兒便聚集成市」。市爲人羣聚集之處。㊴潔貌傾城 潔貌，即明淨之貌。傾城，本義爲傾覆邦國，後多用以指絕色美女。典出《漢書・卷九七・外戚傳》載李延年歌。㊵後室 亦稱後房，即姬妾。㊶寵冠諸姬 猶言「受寵程度則居於諸位姬妾之首」。

語譯

本高陽王寺，本是高陽王元雍的住宅，位於津陽門外三里御道之西。元雍被爾朱榮殺害之後，其住宅便被施捨出來作爲佛寺。

正光年中，元雍任丞相，皇帝賜與他羽葆、鼓吹及執劍的隨從一百人。其高貴已達人臣之極限，其財富幾乎兼有山海之豐盛，其居住的房屋則可與皇宮相匹敵：白壁紅柱，深邃幽長；屋簷飛皐，邊瓦翹上，縱橫交錯，四周連通。元雍還擁有六千個僮僕，五百位美女。更有隋侯之珠，映照日輝；羅綺之衣，飄然隨風。自漢、晉以來，諸王之豪華奢侈者，還沒有過這樣的。元雍出則有從騎傳呼開道，儀仗列隊成行，鐃歌發出樂調，笳聲婉轉悽惻；入則有美女既歌且舞，擊筑吹笙，絲竹迭奏，連宵盡日。更有竹林魚池，可與帝王園囿相等，園中芳草，多如堆積，珍貴之木，接連垂蔭。元雍嗜好食味，自我奉養十分豐厚。每餐，必以花費數萬錢爲限，其山珍海味，擺列於前，竟有一丈見方。陳留侯李崇對人說：「高陽王每頓抵得上我吃一千日。」李崇任尚書令，儀同三司，其富有也可壓倒天下，其僮僕也是多達千人。但是他生性非常節儉吝嗇，劣衣粗食，常不吃肉，只有韭茹、韭菹。李崇的客人李元祐對人說：「李令公一餐有十八種菜。」有人問是什麼緣故，李元祐回答道：「二九（韭）一十八。」聽者大笑。當世之人就把這句話當作是一種譏諷辱罵。等到元雍死去之後，他的那些美女大都被強令出家爲尼，不過也有嫁人爲妾的。如美女徐月華，善於彈箜篌，能奏「明妃出塞」之歌，聽者沒有不受到感動的。永安年中，她嫁給衛將軍原士康爲妾，住處靠近青陽門。她邊彈箜篌邊歌唱時，其哀婉之聲飄入雲霄。那些停下來聽她彈唱的行路人，一會兒便聚集成市。徐月華常對原士康說：「高陽王有兩位漂亮的姬妾，一位名叫修容，一位名叫豔姿，都是蛾眉皓齒。二人的明淨之貌都可傾覆邦國。修容也能彈奏『淥水歌』，豔姿則善於彈奏『火鳳舞』。她們在高陽王的姬妾中尤其受到寵愛。」原士康聽說這些，便讓徐月華也彈奏「淥水」、「火鳳」之曲。

高陽王宅北有中甘里。里內穎川㊷荀子文，年十三，幼而聰辨，神情卓異㊸，雖黃琬㊹、文舉㊺無以加之㊻。正光㊼初，廣宗㊽潘崇和講《服氏春秋》㊾於城東昭義里，子文攝齊北面㊿，就和受道(51)。時趙郡(52)李才問子文曰：「荀生住在何處？」子文對曰：「僕住在中甘里。」才曰：「何為住城南？」城南有四夷館，才以此譏之。子文對曰：「國陽(53)勝地，卿何怪也？若言川澗，伊洛崢嶸(54)，語其舊事，靈臺、《石經》。招提(55)之美，報德(56)、景明(57)。當世富貴，高陽(58)、廣平(59)。四方風俗，萬國千城(60)。若論人物，有我無卿(61)。」才無以對之。崇和曰：「汝穎之士利如錐，燕趙之士鈍如錘(62)。信非虛言也。」舉學(63)皆笑焉。

注釋

㊷穎川 郡名。秦置，以穎水得名，治所在陽翟（今河南省禹縣）。其後治所屢有遷移。㊸卓異 即優異特出。㊹黃琬 字子琰，少而辯慧。《後漢書・卷九一》有傳。㊺文舉 即孔融，少亦聰慧。《後漢書・卷一〇〇》有傳。㊻無以加之 猶言「不能超越」。㊼正光 為北魏孝明

帝（元詡）第三年號。㊽廣宗　郡名，在今河北省威縣東。㊾《服氏春秋》　即漢代服虔所注之《春秋左傳解誼》。㊿攝齊北面　猶言「行拜師禮」。攝齊，即提起衣襬。古人穿衣袍，升堂時提起衣襬，防止跌倒，以示恭敬有禮。齊，通齋（ㄗ），衣的下襬。北面，舊時君見臣、尊長見卑幼，南面而坐。故以北面指向人稱臣，或指拜人為師。51就和受道　從潘崇和學習儒道。52趙郡　位於今河北省趙縣。53國陽　謂國都之南。54伊洛崢嶸　伊水在洛陽縣南，流入洛水。此言伊水、洛水深不可測。崢嶸，深邃貌。55招提　即寺院。56報德　即報德寺。57景明　即景明寺。58高陽　即高陽王元雍。59廣平　即廣平王元懷。60四方風俗，萬國千城　城南有四夷館，四夷里，以安置來自四方者。四方之民，風俗各異。61「若言川澗」至「有我無卿」數句　其中所舉各例，均見本書前文。且嶸、經、明、平、城、卿六字押韻。62汝穎二句　當時俚語。裴啟《語林》（見《太平御覽・卷四六〇》）中已載此語。汝，即汝水。穎，即穎水。均位於河南省境內。此借指河南一帶地方。燕趙，為戰國時兩個國家。燕國，在今河北、遼寧等地。趙國，在今河北省南部、山西省北部。此處借指河北一帶地方。63舉學　即全體學生。

語譯

在高陽王住宅以北有中甘里。里內有穎川荀子文，十三歲，年幼而聰敏善辨，神情優異特出，雖是黃琬、孔融也不能超過他。正光初年，廣宗潘崇和在城東昭義里講授《服氏春秋》，荀子文前去拜師，跟從他學習儒道。當時趙郡李才問荀子文道：「荀生你家住何處？」荀子文回答道：「我家住中甘里。」李才又問：「為什麼住在城南呢？」城南有四夷館，所以李才便以此譏諷荀子文。荀子文答道：「國都之南實為勝地，你為什麼對住在城南感到奇怪呢？假如談到河流，則有伊水、洛水，深邃崢嶸；假如談到舊事，則有靈臺和《石經》。談到華美之寺院，則有報德、景明；談到當世之富貴，則有高陽、廣平；談到四方之風俗，則有來自萬國千城的居民，談到人物，則有我而沒有你。」李才無話以對。潘崇和說道：「俗話說：汝、潁之士利如錐，燕、趙之士鈍如錘。此話的確不假。」在座的所有學生都笑了起來。

七、崇虛寺

篇旨

此篇介紹了崇虛寺所處地理位置及其來歷。

崇虛寺，在城西①，即漢之濯龍園也。延熹九年②，桓帝祠③老子於濯龍園，設華蓋④之座，用郊天⑤之樂，此其地也。高祖遷京之始，以地給民。憩者多見妖怪，是以人皆去之，遂立寺焉。

注釋

①在城西　本卷所記皆洛陽城南之寺，此云城西則不合，故有誤。②延熹九年　即西元一六六年。延熹爲東漢桓帝（劉志）第六年號。③祠　即祭祀。④華蓋　即天子所用之傘蓋。⑤郊天　即郊外祭天地。

語譯

崇虛寺，位於洛陽城之西，也就是在漢朝之濯龍園內。延熹九年，漢桓帝在濯龍園祭祀老子，設華蓋之座，奏祭天之樂，此處所說的就是這個地方。我朝高祖孝文帝遷都洛陽之初，曾把此園賜給了老百姓。但因在此園休息的人多次見到妖怪，所以大家都離去了，於是便將此園立爲崇虛寺。

卷四　城西

一、沖覺寺

篇旨

此篇首先簡要介紹沖覺寺之來歷及所處地理位置，隨後詳細記敘了元懌的品行、權勢、愛好及其豪奢生活，最後敘及元懌之受害及其所得到的追贈。

沖覺寺，太傅清河王懌①捨宅所立也，在西明門外一里御道北。

懌，親王之中，最有名行②，世宗③愛之，特隆④諸弟。延昌四年，世宗崩，懌與高陽王雍、廣平王懷並受遺詔，輔翼⑤孝明。時帝始年六歲，太后代總萬機⑥，以懌明德茂親⑦，體道居正⑧，事無大小，多諮詢之。是以熙平神龜⑨之際，勢傾人主⑩，第宅豐大⑪，踰於高陽⑫。西北有高樓，出凌雲臺⑬，俯臨朝市⑭，目極⑮京師，古詩所謂「西北有高樓，上與浮雲齊」⑯者也。樓下有儒林館、延賓堂，形製淸暑殿⑰。土山釣池，冠於當世。斜峰入牖⑱，曲沼環堂⑲。樹響飛嚶⑳，堦叢花藥㉑。懌愛賓客，重文藻㉒，海內才子，莫不輻輳㉓。府僚臣佐，並選儁民㉔。至於淸晨明景㉕，騁望㉖南臺㉗，珍羞具設，琴笙並奏，芳醴盈罍㉘，嘉賓滿席。使梁王㉙愧兔園㉚之遊，陳思㉛慚雀臺㉜之讌。

注釋

①淸河王懌　見本書卷一〈景樂寺〉篇。②名行　即聲名和德行。③世宗　指北魏宣武帝元恪。④特隆　猶言「特別尊崇」。⑤輔翼　即輔佐、輔助。翼亦輔助之義。⑥代總萬機　猶言「代替總理朝廷紛繁的政務」。萬機，指帝王日常的政務。⑦明德茂親　明德，即完美之德性。茂親，即有才德的親屬，亦指帝王之弟。⑧體道居正　體道，即領悟仁道。體，領悟之義。居正，猶言「遵行正道」。⑨熙平神龜　分別爲孝明帝（元詡）第一、二年號。⑩勢傾人主　謂權勢凌

駕於皇帝之上。人主，即帝王，此指孝明帝。⑪豐大　即高大。⑫踰於高陽　猶言「超越了高陽王之住宅」。參見本書卷三〈高陽王寺〉篇。⑬凌雲臺　位於閶闔城千秋門內西游園中，見本書卷一〈瑤光寺〉篇。⑭朝市　即宮室與市肆。⑮目極　猶盡收眼底之義。極，盡也。⑯古詩二句　詩見《文選・卷二九》。街之引此，謂正如古詩所言，而非謂古詩所稱高樓即元懌宅之高樓。⑰清暑殿　在華林園內。見本書卷一〈建春門內〉篇。⑱斜峰入牖　因從窗戶可望見傾危之峰，故云。⑲曲沼環堂　猶言「曲折之池水環繞房舍」。⑳樹響飛嚶　猶言「樹上鳥鳴相應」。飛嚶，指飛鳥之鳴聲。㉑堦叢花藥　猶言「堦前聚集芍藥花」。叢，即叢集。㉒文藻　即文采。㉓輻輳　車輻集中於軸心。常用以比喻人或物聚集一處。㉔雋民　即才德優秀之士。㉕明景　即明麗之景色。㉖騁望　即縱目遠望。㉗南臺　乃泛指之辭。㉘芳醴盈罍　芳醴，即美酒。盈罍，即滿罍。罍，音ㄌㄟˊ，古代盛酒器。㉙梁王　即漢朝梁孝王（劉武），漢文帝之第二子。㉚兔園　爲梁孝王之苑囿，在今河南省商邱縣。㉛陳思　即陳思王曹植，曹操少子。㉜雀臺　即銅雀臺，漢建安十五年冬曹操建於鄴城。故址在今河南省臨漳縣西南鄴城內西北隅。銅雀臺新成，操與諸子登臺，令各爲賦，植援筆立成。見《三國志・魏志・卷一九・陳思王植傳》。

語譯

沖覺寺爲太傅清河王元懌施捨住宅所建立的。此寺位於西明門外一里御道之北。

元懌，是諸位親王中最有聲名和德行的。世宗元恪很喜愛他，因而他在諸位兄弟中特別受到尊崇。延昌四年，世宗去世，元懌和高陽王元雍、廣平王元懷一起接受遺詔，輔佐孝明帝。當時，孝明帝年僅六歲，胡太后代他總理日常政務。因元懌是具有完美德性的皇親，能領悟仁義、遵循正道，所以事無大小，胡太后大多要諮詢於他。為此，在熙平年和神龜年之際，元懌的權勢凌駕於皇帝之上，其住宅之高大，超過了高陽王元雍。元懌宅內之西北面建有一座高樓，高度超出了凌雲臺，在樓上可以俯臨宮室和市肆，連京師也可盡收眼底。這正如古詩所寫的「西北有高樓，上與浮雲齊」的那種情景。樓下有儒林館、延賓堂，結構均如清暑殿，土山釣池，在當世都數第一。從窗戶可望見傾危之山峰，池水曲折環繞於房舍四周，樹上有嚶嚶鳥鳴，堦前則叢集芍藥。元懌喜愛賓客，看重文采，因此海內才子，沒有不聚集於他的周圍的。他的府僚佐臣，都是選拔的才德優秀之士。至於在景色明麗之清晨，置身南臺，縱目遠望；珍美食物，都擺於面前；琴笙齊奏，美酒滿罍，嘉賓滿席。這種情景，足使梁孝王因兔園之遊而心愧，足讓陳思王因赴銅雀臺之讌而羞慚。

正光初，元乂秉權，閉太后於後宮，薨懌於下省㉝。孝昌元年，太后還總萬機，追贈太子太師、大將軍、都督中外諸軍事，假㉞黃鉞㉟。給九旒㊱、鑾輅㊲、黃屋左纛㊳、轀輬車㊴、前後部羽葆鼓吹、虎賁班劍百人、挽歌㊵二部，葬禮依晉安平王孚㊶故事，謚文獻。圖懌像於建始殿。拔清河國㊷郎中令韓子熙㊸爲黃門侍郎。徙王國卿㊹爲執戟㊺者，近代所無也。爲文獻追福，建五層浮圖一所，工作㊻與瑤光寺㊼相似也。

注釋

㉝薨懌於下省　下省，指門下省。元懌於正光元年被囚門下省，隨後被害。見《魏書》元懌本傳。㉞假　即「給」之義。㉟黃鉞　即黃斧，以黃金爲飾之斧。本爲天子儀仗所用，後亦賜給大臣以示威重。㊱九旒　即旗名。旒，音ㄌㄧㄡˊ。㊲鑾輅　即車有鑾鈴者。輅，即車。㊳黃屋左纛　黃屋，即車之蓋以黃繒爲裏者。左纛，纛爲古時皇帝乘輿上之裝飾物，用犛牛尾或雉尾製成。因設於車衡左邊，故稱。纛，音ㄉㄠˋ。㊴轀輬車　即喪車。有窗，閉之則溫，開之則涼，故曰轀輬車。轀輬，音ㄨㄣ ㄌㄧㄤˊ。㊵挽歌　見本書卷三〈景明寺〉篇注(65)。㊶安平王孚　即司馬孚，爲司馬懿之弟，字叔達。泰始八年卒，喪葬加以殊禮。見《晉書・卷三七》本傳。㊷清河

國即清河王。國爲封地、食邑。㊸韓子熙　字元雍，昌黎棘城人。見《魏書・卷六〇・韓子熙傳》。㊹國卿　諸侯之正卿，位僅次於諸侯者。㊺執戟　爲宮廷侍衛官。㊻工作　指土木營造之事。㊼瑤光寺　此指瑤光寺之五層浮圖，高五十丈。

語譯

正光初年，元叉執掌朝廷大權，他把胡太后禁閉在後宮，將元懌害死於門下省。孝昌元年，胡太后還朝又總理日常政務，便追贈元懌爲太子太師、大將軍、都督中外諸軍事，賜給黃鉞和九旒、鑾輅、黃屋、左纛、轀輬車、前後部羽葆鼓吹、虎賁班劍百人、挽歌二部，其葬禮依照晉朝安平王司馬孚的例子施行，又賜諡號爲文獻。並將元懌之像繪於建始殿內。又提拔清河王郎中令韓子熙爲黃門侍郎，擢升清河王之國卿爲宮廷侍衛官，這是近代所沒有的。又爲文獻追薦冥福，建了一座五層佛塔，其營造規模，則與瑤光寺之佛塔相似。

二、宣忠寺

篇旨

此篇首先介紹宣忠寺之來歷及所處地理位置；隨後詳細記敍元徽被害經過及寇祖仁負恩反噬，終為爾朱兆所殺；最後簡要敍及王典御寺所處地理位置及其來歷，同時對此寺特點作了概略介紹。

宣忠寺，侍中司州牧城陽王徽①所立也。在西陽門外一里御道南。永安中，北海王②入洛，莊帝北巡，自餘諸王，各懷二望③，惟徽獨從莊帝至長子城④。大兵阻河⑤，雌雄未決⑥，徽願入洛陽捨宅為寺。及北海敗散，國道重暉⑦，遂捨宅焉。

注釋

①城陽王徽　即元徽，字顯順。見《魏書·卷一九》本傳。②北海王　即元顥，其入洛事見本書卷一〈永寧寺〉篇。③二望　即存心觀望。④長子城　位於今山西省長子縣西。⑤大兵阻河　參見本書卷一〈永寧寺〉篇。⑥雌雄未決　猶言「勝負未決」。⑦國道重暉　猶言「治國之道重放光彩」。

語譯

宣忠寺，爲侍中司州牧城陽王元徽所建造。此寺位於西陽門外一里御道之南。永安年中，北海王元顥攻入洛陽，莊帝巡狩於北方，其餘諸位親王都各自存有觀望之心，只有元徽獨自跟隨莊帝到了長子城。當時，大軍爲黃河所阻隔，勝負還沒有決定，元徽就自願進入洛陽施捨家宅，改爲佛寺；等到北海王元顥戰敗潰散，治國之道重放光彩，元徽便把家宅施捨出來。

永安末，莊帝謀殺爾朱榮，恐事不果⑧，請計於徽。徽曰：「以生太子爲辭，榮必入朝，因以斃之。」莊帝曰：「后懷孕未十月，今始九月，可爾以不⑨？」徽曰：「婦人生產，有延月者，有少月者，不足爲怪。」帝納其謀，遂唱⑩生太子。遣徽特至太原王⑪第，告云：「皇儲誕育⑫。」值榮與上黨王天穆⑬博戲⑭，徽脫榮帽，懽舞盤旋⑮。徽素大度量⑯，喜怒不形於色，兼殿內外懽叫，榮遂信之，與穆並入朝。莊帝聞榮來，不覺失色。中書舍人溫子昇⑰曰：「陛下色變。」帝連索酒飲之，然後行事⑱。榮、穆既誅，拜徽太師司馬，餘官如故，典統⑲禁兵，偏被委任⑳。及爾朱兆擒莊帝，徽投前洛陽令寇祖仁㉑。祖仁一門刺史，皆是徽之將校，以有舊恩，故往投之。祖仁謂弟子等曰：「聞爾朱兆募㉒城陽王甚重，擒獲者千戶侯。今日富貴矣！」遂斬送之。徽初投祖仁家，齎金一百斤、馬五十疋㉓，祖仁利其財貨，故行此事。所得金馬，緦親之內㉔均分之。所謂「匹夫無罪，懷璧其罪㉕」，信矣。兆得徽首，亦不勳賞㉖祖仁。兆忽夢徽云：「我有黃金二百斤、馬一百疋，在祖仁家，卿可取之。」兆悟覺，即自思量：「城陽祿位隆重㉗，未聞清貧，常自入其家採掠，本無金銀，此夢或眞。」至曉，掩㉘祖仁，徵其金、馬。祖仁謂人密告，望風款服㉙，云：「實得金一百斤，馬五十疋。」兆疑其藏隱，依夢徵之。祖仁諸房㉚素有金三十斤、馬三十疋，盡送致兆，猶不充數㉛。兆乃發怒捉祖仁，懸高樹，大石墜足，鞭捶之以及於死。時人以爲交報㉜。楊衒之曰：「崇善之家，必有餘慶；積禍之門，殃所畢集㉝。祖仁負恩反噬，貪貨殺徽，徽即托夢增金、馬，假手於兆，還以斃之。使祖仁備經楚撻㉞，窮其塗炭㉟，雖魏其侯之笞田蚡㊱，秦主之刺姚萇㊲，以此論之，不能加也。」

注釋

⑧不果　猶言「不能實現」，此謂擔心誅殺爾朱榮失敗。⑨可爾以不　此意是說「能夠這樣以生太子爲言辭嗎？」不，與否義同。⑩唱　即唱言、揚言之義。⑪太原王　即爾朱榮。⑫皇儲誕育　猶言「皇太子出生」。皇儲，即皇太子。誕育，即誕生。又，莊帝之后爲爾朱榮之女，故徽特至榮第告之。⑬天穆　即元天穆。見本書卷一〈永寧寺〉篇　⑭博戲　古代弈棋一類的遊

戲。⑮懽舞盤旋　猶言「歡欣地迴旋周轉著跳舞」。⑯度量　即器量、胸懷。⑰溫子昇　莊帝殺爾朱榮，溫子昇亦與預謀。見《魏書・卷八五・溫子昇傳》。⑱行事　此指進行謀殺爾朱榮之事。⑲典統　即主管統領。⑳偏被委任　猶言「特別被信任」。偏，即特別、最之義。委任，即付託、信任之義。㉑寇祖仁　即寇彌，字祖仁，寇讚孫。其父、兄、侄子皆爲刺史。見《魏書・卷四二・寇讚傳》。㉒募　此即募求、抓獲之義。㉓疋　古代疋與匹通用。㉔緦親之內　即五服之內。緦親，指親屬中較疏遠者。㉕匹夫無罪，懷璧其罪　語見《左傳・桓公十年》虞叔引周諺。意即人本無罪，但若其懷中藏璧，則無罪變爲有罪。㉖勳賞　即論功而行賞。㉗隆重　此指祿位貴盛。㉘掩　即收捕。㉙望風款服　望風，觀察風頭。款服，即服罪。㉚諸房　指家族內各房、各家。㉛充數　即足數、滿數。㉜交報　猶言「交相報應」。㉝崇善之家四句　語本《周易・坤卦・文言》。意謂不斷行善之家，必有餘福；不斷行惡之家，災禍全都集於其門。㉞備經楚撻　猶言「受盡拷打」。備，即盡之義。楚撻，即拷打。㉟窮其塗炭　猶言「極其困苦」。塗炭，即爛泥和炭火。比喻災難困苦。㊱魏其侯之笞田蚡　魏其侯即竇嬰。田蚡，即漢孝景后同母弟，封武安君。據《史記・卷一〇七・魏其侯武安侯列傳》載，蚡爲丞相，娶燕王女爲夫人，竇嬰與灌夫前去祝賀，灌夫醉罵田蚡，結果竇嬰、灌夫爲田蚡所誣陷而遭殺害。後來田蚡病痛，彷彿有人擊笞。使巫視之，見乃魏其侯、灌夫共笞之。田蚡竟死。㊲秦主之刺姚萇　秦主指前秦苻堅。姚萇乃羌人，先歸附苻堅，後叛而自稱秦王，並殺苻堅。姚萇病，夢苻堅率天官使者鬼兵數百人刺萇，萇逃入宮中，為宮人誤傷。夢醒而害怕，遂患陰腫之病，醫刺之出血石餘，遂狂言而死。見《晉書．載記第十六》。

語　譯

永安末年，莊帝圖謀誅殺爾朱榮。他唯恐圖謀不能實現，便向元徽請教計策。元徽說：「以生太子為藉口，爾朱榮一定入朝祝賀，便可趁機殺死他。」莊帝說：「皇后懷孕沒滿十個月，現在纔九個月，怎能以生太子為理由呢？」元徽說：「婦人生孩子，有延長一個月的，也有減少一個月的，不足為怪。」莊帝採納了他的計謀，於是便揚言皇后生了太子，並派元徽特地去太原王爾朱榮家報告說：「皇太子降生了。」當時正逢爾朱榮與上黨王元天穆博戲，元徽脫下爾朱榮的帽子，歡樂地舞蹈，迴旋周轉。元徽平常就有大的度量，喜怒之情並不表現於面色。他此刻繞著殿內殿外歡叫，爾朱榮也就相信了，於是便與元天穆一同入朝祝賀。莊帝聽說爾朱榮來了，不覺變了臉色。中書舍人溫子昇說：「陛下的臉色變了。」莊帝連續要酒喝下，然後才依計謀殺爾朱榮。爾朱榮、元天穆被殺之後，元徽被授為太師司馬，其餘的官職依然如故，並統率禁兵，特別受到信任。當爾朱兆擒住莊帝時，元徽投奔前洛陽令寇祖仁。寇祖仁一家有好幾人任過刺史之職，都是元徽的將校。因為對寇祖仁家有過舊恩，所以元徽纔前去投奔他。寇祖仁對子弟說：「現在聽說爾朱兆非常重視捉拿城陽王，凡是擒獲他的人可以受封千戶侯。今天富貴來到了。」

於是便斬殺元徽，並將其屍首送給了爾朱兆。元徽最初投奔到寇祖仁家時，曾賞給他一百斤金、五十匹馬。寇祖仁貪其財貨，所以纔做出這種事來。他將所得到的黃金、馬匹，在本族五服之內平均予以分配。古諺所謂「匹夫本來無罪，若其懷中藏璧，則無罪變爲有罪了」，的確是這樣。爾朱兆得到元徽首級，也沒有論功獎賞寇祖仁。一天，爾朱兆忽然夢見元徽道：「我有二百斤黃金，一百匹馬，藏在寇祖仁家，你可以把它們取來。」爾朱兆醒來之後，就暗自思量道：「城陽王祿位貴盛，沒有聽說他生活清貧。我常常親自到他家去發掘、掠奪，本來就沒有得到金銀，因此這個夢或許是眞的。」於是一到天明就收捕寇祖仁，向他徵收黃金、馬匹。寇祖仁以爲是有人告了密，望風而服罪。他說：「我實際上只得到一百斤黃金，五十匹馬。」爾朱兆懷疑他暗藏隱瞞，仍依夢中所聞向他徵收。寇祖仁家族各房平常就積蓄了黃金三十斤，馬三十匹，全都送給了爾朱兆，還是不滿數。爾朱兆怒氣大發，將寇祖仁抓來，把他的頭吊在高樹上，又把大石掛在他腳下，用鞭抽打，直到把他打死。當時的人就認爲這是交互報應。楊衒之評論道：「不斷行善之家，必有餘福；不斷行惡之家，災禍全都集於其門。」寇祖仁恩將仇報，貪財而殺害元徽。元徽也就託夢而增加黃金、馬匹之數，借爾朱兆之手報復己仇，而將其殺死。並且讓他在死之前受盡拷打，處境極其困苦。雖然魏其侯之鞭打田蚡，苻堅之擊刺姚萇（他們的報復已是够厲害的了），但以此論之，還是沒有比這個更嚴厲。

三、王典御寺

篇旨

此篇記敘王典御寺所處地理位置及其來歷。同時對此寺之特點作了簡單介紹。

宣忠寺東王典御寺，閹官王桃湯①所立也。時閹官伽藍皆為尼寺，唯桃湯獨造僧寺，世人稱之英雄。門有三層浮圖一所，工踰昭儀②，宦者招提③，最為入室④。至於六齋⑤，常擊鼓歌舞也。

注釋

①王桃湯 名溫，趙郡欒城人。見《魏書・卷九四・閹官傳》。②昭儀 即昭儀尼寺，見本書卷一。③招提 爲寺院之別稱。參見本書〈序〉篇注⑳。④入室 意謂最爲精妙。⑤六齋 見本書卷三〈大統寺〉篇注⑩。

語譯

在宣忠寺之東有王典御寺，是閹官王桃湯所建造的。當時，閹官所建之佛寺都是尼寺，唯獨王桃湯建造僧寺，因此當世的人們稱他爲英雄。王典御寺之門建有一座三層佛塔，其工致超過了昭儀寺，是閹官所建寺院中最爲精妙的。至於六齋之日，此寺則常常舉行擊鼓歌舞活動。

四、白馬寺

篇旨

此篇首先介紹白馬寺之來歷、所處地理位置及寺中經函之神靈、果實之特異；隨後比較詳細地記敘了沙門寶公預知三世之事。

白馬寺，漢明帝①所立也。佛教入中國之始。寺在西陽門外三里御道南。帝夢金神，長丈六，項佩日月光明，胡人號曰佛。遣使向西域求之②，乃得經像焉。時以白馬負經而來，因以爲名。明帝崩，起祇洹③於陵④上。自此以後，百姓冢上或作浮圖焉。寺上經函⑤至今猶存。常燒香供養⑥之，經函時放光明，耀於堂宇。是以道俗⑦禮敬之，如仰眞容⑧。浮圖前荼林⑨、蒲萄異於餘處⑩，枝葉繁衍，子實甚大。荼林實重七斤，蒲萄實偉⑪於棗，味並殊美，冠於中京⑫。帝至熟時，常詣取之，或復賜宮人，宮人得之，轉餉⑬親戚，以爲奇味。得者不敢輒食，乃歷數家。京師語曰：「白馬甜榴，一實直牛⑭。」

注釋

①漢明帝　即東漢明帝劉莊（西元五十八年～七十五年在位）。佛教傳入中國，據說自漢明帝始。②遣使向西域求之　漢明帝派遣使者向西域求經像事，詳見《牟子理惑論》及《魏書・釋老志》。③祇洹　即精舍，亦即修行者所居之處。見本書卷一〈景林寺〉篇注⑧。④陵　即壽陵，帝王的墳墓。漢明帝壽陵名顯節。⑤經函　即裝經書的盒子。此處所謂經函指佛教之《四十二章經》。⑥供養　佛教稱供獻神佛經像或設飯食招待僧人爲「供養」。⑦道俗　指僧徒及僧徒以外之人。⑧眞容　指佛之本像。⑨荼林　果名，即塗林，石榴的別稱。⑩餘處　即其餘之處，猶言別處。⑪偉　即大之義。⑫中京　南朝稱洛陽爲中京，後遂爲洛陽之別稱。⑬餉　即饋贈之

義。⑭實直牛　猶言「一顆石榴價值一頭牛」。直，同值。

語譯

白馬寺爲漢明帝所建造，建造年代正是佛教開始傳入中國的時候。白馬寺位於西陽門外三里御道之南。漢明帝夢見金神，身高一丈六尺，頸項環繞日月之光明，胡人稱之爲佛。漢明帝派遣使者到西域去求佛，於是得到了佛經佛像。因爲當時是用白馬載經歸來，所以就把此寺命名爲白馬寺。漢明帝去世之後，在他的陵墓上建了一座精舍。自此以後，平民百姓的墳墓上有的也建造佛塔。白馬寺中的經函至今還保存著，人們常常燒香供養它。經函有時放射出光明來，閃耀於佛堂屋宇之內。所以道俗之人對它施禮崇敬，猶如瞻仰佛之本像一樣。佛塔前所種植的石榴、葡萄都與別處的不同。其枝葉興盛繁茂，果實很大。每顆石榴重達七斤，每顆葡萄大於棗，它們的味道都特別甜美，在洛陽是首屈一指的。每當石榴成熟時，漢明帝便常常去白馬寺摘取，有時也賜給宮人，宮人得到後，都把它們當作奇珍異味轉贈給親戚。得到這種饋贈的親戚也不敢馬上吃掉，於是往往轉贈數戶人家。因此京師傳言道：「白馬寺的甜石榴，一顆價值一頭牛。」

有沙門寶公者，不知何處人也。形貌醜陋，心機通達⑮，過去、未來，預覩三世⑯。發言似讖⑰，不可得解，事過之後，始驗其實。胡太后聞之，問以世事。寶公曰：「把粟與雞呼朱朱⑱。」時人莫之能解。建義元年，后爲爾朱榮所害⑲，始驗其言。時亦有洛陽人趙法和請占早晚當有爵否。寶公曰：「大竹箭，不須羽⑳。東廂屋，急手㉑作。」時人不曉其意。經十餘日，法和父喪。大竹箭者，苴杖㉒。東廂屋者，倚廬㉓。造「十二辰歌」㉔，終其言也。

注釋

⑮心機通達　猶言「謀慮通達」。⑯三世　即過去、現在、未來。⑰讖　即隱語預言也。⑱朱朱　即二朱，二與爾音近，故二朱暗指爾朱榮。⑲后爲爾朱榮所害　見本書卷一〈永寧寺〉篇。⑳不須羽　古代箭尾有羽，故云。㉑急手　即急速之義。㉒苴杖　即古代居父母喪所用之竹杖。苴，通粗。㉓倚廬　古人居父母喪時所住之房屋。㉔「十二辰歌」　如同「禪門十二時」之類，分十二時作歌。十二時即夜半子、鷄鳴丑、平旦寅、日出卯、食時辰、隅中巳、正南午、日

昃未、晡時申、日入酉、黃昏戌、人定亥。

語譯

有一位僧徒，大家稱他寶公，不知是哪裡人。其形貌醜陋，謀慮通曉暢達，能知過去、現在、未來三世之事。他的話好似隱語預言，不能夠得到解釋；但事過之後，才驗證他所說的是實情。胡太后聽說此人，便詢問他當世之事。寶公說：「把粟與鷄呼朱朱。」當時的人都無法明白其意。建義元年，胡太后被爾朱榮害死，才驗明他的話。當時也有一位洛陽人名叫趙法和的，請寶公替他占卜，是否終究能獲取爵位。寶公說：「大竹箭，不須羽；東廂屋，急速作。」當時人們也不知道這句話的意思。過了十多日，趙法和的父親去世了。所謂大竹箭，就是苴杖；所謂東廂屋，就是倚廬。寶公創作了一首「十二辰歌」，終結了他所要說的話。

五、寶光寺

篇旨

此篇記敘了寶光寺之地理位置、歷史變革和寺內建築、景物及有關史實。

寶光寺，在西陽門外御道北。有三層浮圖一所，以石為基，形製甚古，畫工雕刻。隱士趙逸①見而歎曰：「晉朝石塔寺，今為寶光寺也！」人問其故。逸曰：「晉朝四十二寺盡皆湮滅②，唯此寺獨存。」指園中一處曰：「此是浴室③。前五步，應有一井。」眾僧掘之，果得屋及井焉。井雖填塞，磚口④如初。浴室下猶有石數十枚，當時園地平衍⑤，果菜蔥青，莫不嘆息焉。園中有一海，號「咸池」。葭菼⑥被草，菱荷覆水，青松翠竹，羅⑦生其旁。京邑士子，至於良辰美日，休沐⑧告歸，徵友命朋⑨，來遊此寺。雷車接軫⑩，羽蓋成蔭。或置酒林泉，題詩花圃，折藕浮瓜，以為興適⑪。

普泰⑫末，雍州刺史隴西王爾朱天光⑬總士馬於此寺。寺門無何都崩，天光見而惡之。其年，天光戰敗，斬於東市⑭也。

注釋

①趙逸　見本書卷一〈建陽里東〉篇。②湮滅　即埋沒、毀滅。湮，同堙。③浴室　據《南海寄歸內法傳・卷三》云：「那爛陀寺有十餘所大池，每至晨時，寺鳴健椎，令僧徒洗浴。……世尊教為浴室。」此寺有浴室，當仿自印度。④磚口　指磚砌之井口。⑤平衍　即平坦廣闊。⑥葭菼　葭，即初生之蘆葦。菼，似葦而小，即初生之荻。菼，音ㄊㄢˇ。⑦羅　即分布、排列之義。⑧休沐　即官吏休息沐浴，指例假。⑨徵友命朋　即邀請朋友之義。徵，即求。命，即召喚。⑩

雷車接軫　猶言「車乘一輛接著一輛，其聲如雷」，以喻車乘之多。軫，即車後橫木。⑪興適　即興趣順適。⑫普泰　爲節閔帝（元恭）之年號。⑬爾朱天光　爲爾朱榮從祖兄子。《魏書・卷七五》有傳。⑭天光戰敗，斬於東市　孝莊帝元子攸於建義年間封爾朱天光爲雍州刺史；後東海王元曄又以爲隴西王。高歡立元朗於信都，爾朱天光等拒之，戰敗被擒，斬於洛陽東市。事見《魏書》本傳。東市，漢代在長安東市處決判死刑者，後因以東市指刑場也。

語譯

寶光寺位於西陽門外御道之北。寺內有一座三層佛塔，以石爲基座，形製構造十分古老。塔上有畫匠繪製雕刻的圖像。隱士趙逸見到這座古寺感嘆道：「晉朝的石塔寺，今天成了寶光寺。」有人問是什麼緣故，趙逸回答道：「晉朝有四十二座佛寺，全都埋沒毀滅，唯獨這座佛寺還存在。」他指著園中一處地方說：「這是浴室所在之地，往前走五步，應當有一口井。」眾位僧人在他所說的地方往下挖掘，果然得見屋和井的遺跡。那口井雖然被填塞，但用磚砌的井口仍和當初一樣。浴室下還有幾十塊石頭。當時園中之地平坦廣闊，果木蔬菜蔥綠青翠，見者沒有不歎息的。園中有一大片水，號稱「咸池」。其岸邊長滿蘆荻，水面覆蓋菱荷，青松翠竹，分布排列於池旁。京師的士大夫，到了良辰美日，便因休沐而歸家，邀朋結友，來此寺遊覽。其車乘相接，聲如雷鳴；羽蓋相覆，蔽日成蔭。有的還置酒於林泉，題詩於花圃，折藕於咸池，浮瓜於曲水，以此為與趣順適之事。

普泰末年，雍州刺史隴西王爾朱天光統率兵馬駐紮此寺。寺門無緣無故地全都崩毀，爾朱天光見此而感到憎惡。就在這一年，爾朱天光戰敗，被斬於洛陽的東市。

六、法雲寺

篇旨

此篇首先記敘法雲寺之來歷、所處地理位置、內部裝飾和曇摩羅聰慧利根、法力甚大；接著記敘臨淮王元彧之性情、為人和奢侈生活；隨後記敘洛陽大市之東、南、西、北四市的工商業繁盛景象及有關趣聞；再後記敘阜財、金肆二里居民職業及其住宅和阜財里內怪異之事；最後又詳細記敘了元琛等帝族王侯的豪奢生活。

法雲寺，西域烏場國①胡沙門僧曇摩羅所立也。在寶光寺西，隔牆並門②。摩羅聰慧利根③，學窮釋氏④，至中國，即曉魏言隸書⑤，凡所聞見，無不通解。是以道俗貴賤，同歸仰之。作祇洹⑥一所，工制甚精。佛殿僧房，皆爲胡飾，丹青炫彩，金碧垂輝。摹寫眞容⑦，似丈六⑧之見鹿苑⑨；神光壯麗，若金剛⑩之在雙林⑪。伽藍之內，花果蔚茂，芳草蔓合，嘉木被庭。京師沙門好胡法者，皆就摩羅受持⑫之，戒行⑬眞苦，難可揄揚⑭。秘咒神驗，閻浮⑮所無。呪枯樹能生枝葉，呪人能變爲驢馬，見之莫不驚怖。西域所賫舍利骨⑯及佛牙⑰經像，皆在此寺。

注釋

①烏場國　古國名，位於今印度半島北境。其領土隨時代而變遷，今印度、尼泊爾交界處之薩爾達河流域即其中心地。②並門　即兩門相挨著。並，通傍。③利根　佛教用語，謂根性明利，指智者之本性也。④釋氏　本指佛祖釋迦牟尼氏，此處指佛學經典。⑤魏言隸書　猶言「華語和漢字」。因曇摩羅來華時在魏，故稱華語爲魏言。隸書爲漢朝以來通行字體之一，故稱漢字爲隸書。⑥祇洹　音ㄑㄧˊ ㄏㄨㄢˊ，此處指佛寺。⑦眞容　即佛之本像。⑧丈六　謂佛身。據《佛說十二遊經》云：「佛身長丈六尺。」⑨鹿苑　即鹿野苑，佛成道後說法之處。位於今印度北方貝拿勒斯以北六英里。⑩金剛　本爲寶石名，常用以比喻佛之法身堅不可壞。此處借指佛身。⑪

雙林　即娑羅雙樹間，佛之涅槃處。⑫受持　佛教用語。即以道授受，久持不忘之義。⑬戒行　即遵行戒律。⑭揄揚　即宣揚、稱讚之義。⑮閻浮　亦作閻浮提，即閻浮洲，洲上長閻浮樹，故名。佛家用以指現實世界，通常指中華。⑯舍利骨　即佛骨。舍利，即骨。⑰佛牙　據佛籍載，釋迦牟尼火化時，曾留下四顆牙齒，佛教徒奉爲珍寶，特予以供奉，稱佛牙舍利。

語譯

法雲寺爲西域烏場國之印度僧人曇摩羅所建造。此寺位於寶光寺之西，與寶光寺只一墻之隔，兩寺之門相互依傍。曇摩羅天性聰敏明利，學通佛典經文。來到中國，便通曉華語漢字；凡是耳聞目見的，他無不貫通理解。因此，僧徒俗人、貴官賤民，都同樣推崇、仰慕他。曇摩羅所建造的這座法雲寺，作工形製十分精巧。佛殿僧房，都擺設西域的裝飾。色彩光耀，金碧垂輝。佛殿內所繪之佛像，一幅好像正是釋迦牟尼在鹿野苑講經說法（超度眾僧）；另一幅則佛光神奇壯麗，好像正是釋迦牟尼在雙林即將去世時的情景。佛寺內花果繁盛豐茂，芳草蔓延相聯，嘉木覆蓋庭院。京師那些喜好印度佛法的僧人，都從曇摩羅受持佛道。他們遵行戒律，眞誠刻苦，難以稱揚。他們的秘密咒語，神奇靈驗，是中華之地所沒有的。他們唸咒時枯樹能因之生出枝葉，人能因之變爲驢馬，見到這種情景的人沒有不感到驚奇恐怖。西域所賞賜的佛骨、佛牙和經典、佛像，都藏在這座寺中。

寺北有侍中尚書令臨淮王彧⑱宅。彧博通典籍，辨慧清悟⑲，風儀詳審⑳，容止可觀㉑。至三元㉒肇慶㉓，萬國齊臻㉔。金蟬曜首㉕，寶玉鳴腰㉖，負荷執笏㉗，逶迤複道㉘。觀者忘疲，莫不歎服。彧性愛林泉，又重賓客。至於春風扇揚㉙，花樹如錦，晨食南館，夜遊後園。僚寀㉚成羣，俊民㉛滿席，絲桐㉜發響，羽觴㉝流行，詩賦並陳，清言乍起㉞。莫不飲㉟其玄奧，忘其褊恡㊱焉。是以入彧室者，謂登僊也。荊州秀才張斐常為五言，有清拔㊲之句云：「異林花共色，別樹鳥同聲。」彧以蛟龍錦賜之，亦有緋紬紫綾㊳者。唯河東㊴裴子明為詩不工，罰酒一石。子明飲八斗而醉眠，時人譬之山濤㊵。及爾朱兆入京師，彧為亂兵所害，朝野痛惜焉。

注釋

⑱臨淮王彧　即元彧，字文若。《魏書‧卷一八》有傳。⑲辨慧清悟　猶言「聰慧善辯，清

靜恬淡」。⑳風儀詳審　風儀，即風度儀表。詳審，此處即莊重安詳之義。㉑容止可觀　猶言「形貌舉動堪被觀摩」。可觀，意即超羣出眾，有觀賞價值。㉒三元　即陰曆正月初一。因其爲歲之始、月之始、日之始，故云。㉓肇慶　即開始慶祝之時。㉔萬國齊臻　猶言「萬國使節齊至」。自漢朝以來，每逢大年初一，朝廷要舉行接受臣子和外國使節慶賀之儀式，故云。㉕金蟬曜首　金蟬，即冠上之裝飾物。曜首，即金的裝飾物在頭上閃光。據《後漢書・卷四〇・輿服志・武冠》載：武冠加黃金璫，附蟬爲文，插貂尾爲飾。故此處云「金蟬曜首」也。㉖寶玉鳴腰　猶言「腰上之佩玉叮噹作響」。㉗負荷執笏　猶言「肩負荷包，手執笏版」。荷即荷包。據書載，漢時朝服肩上綴此物，以裝奏書，後來只作裝飾品用。笏，音ㄏㄨˋ，即手版，以玉、象牙或木製成，長方形，執於手中，甚輕巧。古代臣子奏事時，將所奏之事記於其上，以備遺忘。㉘逶迤複道　逶迤，即從容自得地行進。複道，即樓閣之間懸空的通道。樓閣之間有上下兩重通道架空者即爲複道，俗稱天橋。㉙扇揚　即播揚，亦即傳布宣揚。㉚僚寀　即官屬。寀，音ㄘㄞˋ，本指官員之采地，也可作官屬解。㉛俊民　即才德優秀之士。㉜絲桐　指琴。琴以桐木爲之，故云。㉝羽觴　即飲酒之爵（酒杯），形如雀，爵口兩端翹起，如鳥張翼，故云。㉞清言乍起　清言，即清談，指玄談。魏晉之際，何晏、王衍等崇尚《老》、《莊》，競談玄理，蔚成風氣。乍起，即猝然而起。㉟飲　即含飲、領受之義。㊱褊恡　猶言「褊狹鄙吝」。恡，即吝。㊲清拔　即清秀挺拔。㊳緋紬紫綾　緋紬，即紅綢。紬，即較粗耐磨之綢。緋即紅色。紫綾，即紫綢。綾爲細綢。㊴河東 郡名，治所在今山西省永濟縣東南。㊵山濤 字巨源，西晉河內懷人，酒量極大。見《晉書・卷四三・山濤傳》。

語譯

法雲寺之北有侍中尚書令臨淮王元彧的住宅。元彧廣博地通曉各種典籍，爲人則聰慧善辯，清靜恬淡；風度儀表，莊重安詳；形貌舉動，堪可觀賞。每逢正月初一、朝廷開始慶祝之時，萬國使節齊來祝賀。元彧冠上之金蟬熠熠閃光，腰間之玉佩叮噹作響，肩負荷包，手執笏版，從容行進於天橋之上，令觀賞者忘卻疲倦，無不讚歎佩服。元彧生性喜愛山林泉石，又尊重賓客。每逢春風播揚、花樹如錦，他就早晨設筵於南館，夜晚遊覽於後園。官屬同僚者成羣，才德優秀者滿席，琴弦奏出樂調，酒爵傳遞流行，詩賦一齊陳獻，清談猝然而起，在座者無不領會其清奧玄妙之道理，而忘記其褊狹與鄙吝。所以進入元彧之室者自以爲是登天成仙。荊州秀才張斐裳寫了一首五言詩，其中有清秀挺拔之句云：「異林花共色，別樹鳥同聲。」元彧便把蛟龍錦賜給了他，也有人從元彧那裡得到紅綢或紫綢的賞賜。只有河東裴子明所寫之詩不工巧，而被罰酒一石。裴子明飲酒至八斗便醉臥而眠，因此當時有人把他比作晉代的山濤。當爾朱兆攻入京師時，元彧爲亂兵所害，朝野人士都爲他的死而感到悲痛和惋惜。

出西陽門外四里御道南，有洛陽大市，周迴八里。市南有皇女臺，漢大將軍梁冀㊶所造，猶高五丈餘。景明㊷中，比丘道恒㊸立靈僊寺於其上。臺西有河陽縣，臺東有侍中侯剛㊹宅。市西北有土山魚池，亦冀之所造，即《漢書》所謂：「採土築山，十里九坂，以象二崤㊺」者。

市東有通商、達貨二里。里內之人，盡皆工巧㊻。屠販為生，資財巨萬㊼。有劉寶者，最為富室。州郡都會之處，皆立一宅，各養馬十疋。至於鹽粟貴賤，市價高下，所在一例㊽。舟車所通，足跡所履，莫不商販焉。是以海內之貨，咸萃㊾其庭。產匹銅山㊿，家藏金穴(51)。宅宇踰制(52)，樓觀出雲，車馬服飾，擬於王者。

市南有調音、樂律二里。里內之人，絲竹謳歌，天下妙伎出焉。有田僧超者，善吹笳，能為「壯士歌」(53)、「項羽吟」(54)。征西將軍崔延伯(55)甚愛之。正光(56)末，高平失據(57)，虐吏充斥(58)。賊帥万俟醜奴(59)寇暴(60)涇岐(61)之間，朝廷為之旰食(62)，詔延伯總步騎五萬討之。延伯出師於洛陽西張方橋(63)，即漢之夕陽亭(64)也。時公卿祖道(65)，車騎成列。延伯危冠(66)長劍，耀武(67)於前，僧超吹「壯士笛曲」於後，聞之者懦夫成勇(68)，劍客思奮(69)。延伯膽略不羣(70)，威名早著(71)，為國展力(72)，二十餘年，攻無全城(73)，戰無橫陣(74)，是以朝廷傾心(75)送之。延伯每臨陣，常令僧超為「壯士聲」，甲冑之士莫不踴躍。延伯單馬入陣，旁若無人，勇冠三軍，威鎮戎豎(76)，二年之間，獻捷相繼(77)。醜奴募善射者射僧超，亡，延伯悲惜哀慟(78)，左右謂「伯牙之失鍾子期(79)，不能過也」。後延伯為流矢所中，卒於軍中。於是五萬之師，一時潰散。

市西有延酤、治觴二里，里內之人多醞酒為業。河東人劉白墮善能釀酒。季夏六月，時暑赫晞(80)，以甖(81)貯酒，暴於日中，經一旬，其酒味不動，飲之香美，醉而經月不醒。京師朝貴出郡登藩(82)，遠相餉饋，踰于千里。以其遠至，號曰「鶴觴」，亦名「騎驢酒」。永熙(83)年中，南青州(84)刺史毛鴻賓(85)齎酒之藩(86)，路逢賊盜，飲之即醉，皆被擒獲，因復命「擒奸酒」。游俠(87)語曰：「不畏張弓拔刀，唯畏白墮春醪(88)。」

市北慈孝、奉終二里，里內之人以賣棺槨為業，賃輀車(89)為事，有輓歌孫巖

(90)，娶妻三年，妻不脫衣而臥。巖因怪之，伺其睡，陰解其衣，有尾長三尺，似野狐尾，巖懼而出之。妻臨去，將刀截巖髮而走，鄰人逐之，變成一狐，追之不得。其後京邑被截髮者，一百三十餘人。初變為婦人，衣服靚妝(91)，行於道路，人見而悅近之，皆被截髮。當時有婦人著綵衣者，人皆指為狐魅(92)。熙平二年(93)四月有此，至秋乃止。

注釋

㊶梁冀　《後漢書·卷六四》有傳。㊷景明　北魏宣武帝（元恪）第一年號。㊸道恒　後秦高僧，中年出家，從鳩摩羅什遊，有盛名。㊹侯剛　字乾之，其先上谷人。《魏書·卷九三·恩倖列傳》有傳。㊺「採土築山」三句　見《後漢書·梁冀傳》。二崤，崤山位於今河南省洛寧縣西北，有東西二山，故稱二崤。㊻工巧　猶言「善於取巧」，亦即善於鑽營。㊼巨萬　亦作鉅萬，即萬萬，形容數目很大。㊽一例　猶言「一樣的價格或標準」。㊾萃　即聚集之義。㊿產匹銅山　猶言「家產可與漢朝鄧通擁有銅山相匹敵」。據《史記·卷一二五·佞幸列傳·鄧通傳》載，漢文帝賜鄧通蜀銅山一座，許其鑄錢，由是鄧氏錢布天下，其富無匹。(51)金穴　據《後漢

書·卷一〇·郭皇后紀》載，郭皇后弟郭況所得皇帝賞賜金錢縑帛，豐盛無比，京師稱郭況家為金穴。(52)踰制　猶言「超越制度之所限」。(53)「壯士歌」　即所謂「隴上歌」。見《樂府詩集·卷八五》。(54)「項羽吟」　即所謂「拔山歌」。見《樂府詩集·卷五八》。(55)崔延伯　博陵人。《魏書·卷七三》有傳。(56)正光　北魏孝明帝（元詡）第三年號（西元五二〇～五二五年）。(57)高平失據　高平，後魏屬原州。在今甘肅省固原縣。失據，即失守。史載：敕勒酋長胡琛於北魏孝明帝正光五年據高平稱王，魏將盧祖遷擊破之，次年，胡琛又占高平。(58)充斥　即眾多、充滿之義。(59)万俟醜奴　高平人，曾於北魏孝莊帝時僭稱帝號於關中。其寇暴涇岐時，為胡琛大將。万俟，音ㄇㄛˋ ㄑㄧˊ。(60)寇暴　即刼掠行兇之義。(61)涇岐　涇，即涇州，在今甘肅省涇川一帶。岐，即岐州，北魏太和十一年置。治所在雍縣，即今陝西省鳳翔縣南。(62)旰食　即晚食。此指朝廷有憂，不得按時吃飯。旰，日晚之義。(63)張方橋　即長分橋，在閶闔門外七里，俗稱張夫人橋。參見本卷末〈永明寺〉篇。(64)夕陽亭　漢時洛陽城外有十二亭，夕陽亭為其中之一。(65)祖道　即餞別送行。參見本書卷三〈景明寺〉篇注(82)。(66)危冠　即高冠。(67)耀武　即炫耀武力。(68)聞之者儒夫成勇　猶言「聞『壯士笛曲』者，是儒夫也變成勇士」。此語本出《孟子·萬章》篇。(69)劍客思奮　劍客，指精通劍術之人。思奮，猶言「想到要奮勇殺敵」。(70)膽略不羣　猶言「膽識才略超羣」。(71)早著　猶言「早就顯揚」。(72)展力　即出力，施展才力。(73)攻無全城　猶言「所攻之城，沒有能守得住的」。全城，保全城邑。(74)戰無橫陣　猶言「臨陣交戰，敵軍陣線無不崩潰」。橫陣，即橫列之陣。(75)傾心　此作誠心誠意解。(76)戎豎　即西戎豎子。戎，指西方少數民族。豎，即豎子，對人的鄙稱，猶稱小子，此指万俟醜奴也。(77)獻捷相繼　即連續獻上捷報。(78)悲惜哀慟　猶言「感到悲哀惋惜而痛哭」。(79)伯牙之失鍾子期　意謂痛失知己。據《呂氏春秋・本味》篇載，鍾子期爲春秋時楚人，聽伯牙鼓琴之音而知其意或在高山、或在流水。鍾子期死，伯牙謂世再無知音者，終身不復鼓琴。(80)赫晞　即炎熱乾燥。(81)甖　即口小腹大之瓶。(82)朝貴出郡登藩　朝貴，即朝中有權勢之貴官。出郡登藩，猶言「出任郡守或到封地去」。(83)永熙　北魏孝武帝（元脩）第三年號。(84)南青州　原爲東徐州，北魏孝文帝（元宏）太和二十二年（西元四九八年）改。在今山東省沂水縣一帶。(85)毛鴻賓　北地三原人，《北史・卷四九》有傳。(86)齎酒之藩　齎酒，即帶酒。藩，指藩地，即南青州。(87)游俠　古代指好交遊、勇於救人急難者。(88)春醪　即春酒。醪，音ㄌㄠˊ，醇酒。(89)賃輀車　即出租喪車。輀車，即喪車。輀，音ㄦˊ。(90)有輓歌孫巖　即有以唱輓歌爲業者名孫巖。(91)靚妝　即豔妝，以脂粉妝飾。(92)狐魅　猶俗稱狐狸精也。(93)熙平二年　即西元五一七年。熙平爲北魏孝明帝（元詡）第一年號。

語譯

出西陽門外四里御道之南，有洛陽大市，周圍八里。大市之南有皇女臺，爲漢朝大將軍梁冀所建造。此臺至今還有五丈多高。景明年中，和尚道恒在這座臺上建造了靈仙寺。臺之西是河陽縣，臺之東有侍中侯剛的住宅。洛陽大市之西北有土山、魚池，也是梁冀所建造，這也就是《漢書》中所說的：「採積泥土而築成高山，十里之遙就有九處斜坡，以此來摹擬東西兩座崤山」。

洛陽大市之東有通商、達貨二里。里內之人全都善於鑽營。他們以屠宰、販運為生，資財多達萬萬數。有一位名叫劉寶的人，是其中最富有的。他在州郡都會之處都建造房子，並在各處養了十四馬。至於鹽粟的或貴或賤，市價的或高或低，其所在之處一概相同。凡是舟車所能通達之處，或是足跡所能踐履之地，他沒有不去經商販運的。因此天下的貨物，全都集中在他的家裡。他的財產可與漢朝鄧通擁有一座銅山相比，他之富有如同漢朝郭況家藏一座金穴。他的住宅超越制度之所限，其樓觀之高聳出雲外。他的車馬、服飾可與王侯相比擬。

洛陽大市之南有調音、樂律二里。里內之人，善於彈奏歌唱，天下最好的樂伎就出於此處。有一位名叫田僧超的人，善於吹笳，能够奏「壯士歌」、「項羽吟」，征西將軍崔延伯非常喜愛他。正光末年，高平失守，暴虐之吏眾多。賊師万俟醜奴刼掠行兇於涇州、岐州之間，朝廷為此而寢食不安，詔令崔延伯統率五萬步兵和騎兵去征討他。崔延伯在洛陽城西張方橋率師出征；這張方橋也就是漢朝的夕陽亭。當時諸位公卿都前來為崔延伯餞行，車馬列隊成行。崔延伯頭戴高冠，身佩長劍，在前面耀武揚威；田僧超吹奏「壯士笛曲」，緊隨其後。凡聽到「壯士笛曲」的人，連儒夫也會變成勇士，是劍客也會想到奮勇殺敵。崔延伯的膽識才略都超羣出眾，其威名也是早就顯揚於世。他為國出力達二十多年。所攻之城，沒有能守得住的；臨陣交戰，敵軍陣線無不崩潰。因此朝廷誠心誠意地爲他送行。崔延伯每次臨陣作戰，常令田僧超吹奏「壯士笛曲」。士兵們聽到此聲，無不踴躍向前；崔延伯更是單騎闖入敵陣，旁若無人，勇冠三軍，威鎭西戎豎子。他出征的二年之間，連續向朝廷獻上捷報。万俟醜奴招募善於射箭之人，射死了田僧超，崔延伯爲之悲哀惋惜、痛哭不已。左右侍從說他之痛失田僧超，就是伯牙之痛失鍾子期也不能超過。此後崔延伯爲流箭射中，死於軍中，於是他所率領的五萬軍隊，一時之間全部潰散了。

洛陽大市之西有延酤、治觴二里。里內之人大多以釀酒爲業。河東人劉白墮就善於釀酒。季夏六月，正是暑天炎熱乾燥之時，劉白墮用甖貯酒，在太陽之下暴曬。十天之後，其酒味不再發生變化，喝起來香美可口。一旦醉倒，則一月之內都不會醒過來。京師的朝中權貴在出任郡守或到藩地去時，常常以此酒遠相饋贈，乃至超過千里之外。因爲此酒是從遙遠地方送來，所以號稱「鶴觴」，也名作「騎驢酒」。永熙年中，南青州刺史毛鴻賓携帶此酒赴任藩地，路上遇到盜賊。這些盜賊飲了此酒之後隨即醉倒，結果都被擒獲。因此這種酒又名「擒奸酒」。游俠之士曾說道：「不怕張弓拔刀，只怕白墮春醪。」

洛陽大市之北有慈孝、奉終二里。里內之人以販賣棺槨爲業，以出租喪車爲事。有一位以唱輓歌爲生者，名叫孫巖，娶妻三年，但其妻睡覺都不脫衣服。孫巖感到奇怪，趁她睡著，偷偷解開其衣服，發現她有三尺長的尾巴，好像是野狐狸之尾。孫巖害怕，把她趕出門外。其妻臨去時，還用刀截下孫巖的頭髮之後才逃走。鄰居們前去追趕時，她變成了一隻狐狸，無法追上。此後京師被截去頭髮的有一百三十多人。這隻狐狸起初變爲婦人，穿著衣服，塗脂抹粉，行於道路。人見了便會喜歡而親近她，結果都被截去頭髮。當時若有婦人穿著花衣服，人們都會把她指爲「狐狸精」。此事從熙平二年四月發生，到這年秋天才停止下來。

別有阜財、金肆二里，富人在焉。凡此十里，多諸[94]工商貨殖[95]之民。千金比屋[96]，層樓對出，重門啟扇[97]，閣道交通，迭相臨望[98]。金銀[99]錦繡，奴婢緹衣[100]，五味八珍[101]，僕隸畢口[102]。神龜年中，以工商上僭[103]，議[104]不聽[105]衣金銀錦繡。雖立此制，竟不施行。

阜財里內有開善寺，京兆人韋英宅也。英早卒，其妻梁氏不治喪而嫁，更納河內人向子集爲夫，雖云改嫁，仍居英宅。英聞梁氏嫁，白日來歸，乘馬將數人至於庭前，呼曰：「阿梁，卿忘我耶？」子集驚怖，張弓射之，應箭而倒，即變爲桃人。所騎之馬亦變爲茅馬[106]。從者數人盡化爲蒲人[107]。梁氏惶懼，遂捨宅爲寺。南陽[108]人侯慶有銅像一軀，可[109]高尺餘。慶有牛一頭，擬貨爲金色[110]。遇急事，遂以牛他用之。經二年，慶妻馬氏忽夢此像謂之曰：「卿夫婦負我金色，久而不償，今取卿兒醜多以償金色焉。」馬氏悟覺，而心不安。至曉，醜多得病而亡。慶年五十，唯有一子，悲哀之聲，感於行路。醜多亡日，像忽自有金色，光照四鄰，一里之內，咸聞香氣。僧俗長幼，皆來觀覩。尚書左僕射元順(111)聞里內頻有怪異，遂改阜財里為齊諧里(112)。

注釋

(94)諸　各種。(95)貨殖　謂貨財生殖繁息。即經商做買賣之義。(96)千金比屋　猶言「有千金財產的人家一家接連一家」。比屋，即並屋。(97)重門啟扇　猶言「重重門扇開啟」。(98)迭相臨望　相互面對而望。迭，更迭。猶相互之義。(99)金銀　即以金銀作的首飾或釵帶。(100)緹衣　用赤黃色綢緞製成之衣。緹，音ㄊㄧˊ。(101)八珍　見本書卷三〈報德寺〉篇注(55)。(102)畢口　猶言「八珍之味皆可嚐到」。(103)上僭　即超越制度。(104)議　即決議、議定。(105)不聽　即不得聽任，亦即不讓、不准之義。(106)茅馬　即茅草馬。(107)蒲人　即蒲草人。(108)南陽　郡名，治所在宛，即今河南省南陽市。⑩⑨可 即大約之義。⑪⓪擬貨為金色 猶言「打算把牛賣了，用來給佛像裝金」。⑪⑪元順 為任城王元澄之子。《魏書．卷一九》有傳。⑪⑫齊諧里 《莊子．逍遙遊》云：「齊諧者，志怪者也。」故以此名此里。

語譯

另外有阜財、金肆二里，是富人所居之處。凡是住在此處十里之內的，多數為各種經商做買賣之人。有千金財產者，一家連一家。更有層樓相對聳出，重重門扇開啟，閣道交接連通，彼此迭相臨望。那些奴婢僕隸，也是佩金戴銀、著錦衣綢，五味八珍，也都嚐到。神龜年中，因為工商之人超越制度，朝廷議定不准穿戴金銀錦繡。雖然建立了這種制度，但終究沒能施行。

阜財里內有開善寺，那是京師人韋英的住宅。韋英很早就去世了，其妻梁氏，沒有為他治理喪事便改嫁，納進河內人向子集為丈夫。她雖說是改嫁，但仍然住在韋英家中。韋英聽說梁氏嫁了人，於是白天回家來。他乘著馬，領著幾個人，來到庭前，呼叫道：「阿梁，你忘記我了嗎？」向子集感到驚奇恐懼，張弓搭箭向韋英射去，韋英應箭而倒，馬上就變成了桃木人，他所騎之馬也變成了茅草馬，跟隨他的那幾個人都變成了蒲草人。梁氏感到惶恐害怕，便把韋英的住宅施捨出來作為佛寺。

阜財里內有一位南陽人名叫侯慶，他有一尊銅像，大約有一尺多高。侯慶養了一頭牛，他打算把牛賣了用來給佛像裝飾金色。後來因遇到急事，於是就把賣牛的錢挪作他用。過了二年，侯慶之妻馬氏忽然夢見此像對她說：「你們夫婦倆欠了我的金色，很久都不償還，我今天就取你們的兒子醜多之命，以抵償所欠之金色。」馬氏驚醒之後，心神不定。到了天亮，醜多就得病而亡。侯慶年滿五十，只有一個兒子。其悲哀之聲，連過路之人都被感動。醜多死去的那天，那尊銅像忽然自己有了金色，其光輝照耀四鄰，一里之內，都聞得到香氣。僧人俗士、長幼老少全都前來觀看。尚書左僕射元順聽說阜財里內接連出現怪異之事，於是就把阜財里改名為齊諧里。

自延酤以西，張方溝以東，南臨洛水，北達芒山，其間東西二里，南北十五里，並名為壽丘里，皇宗[113]所居也。民間號為王子坊。當時四海晏清[114]，八荒率職[115]，縹囊紀慶[116]，玉燭調辰[117]。百姓殷阜[118]，年登俗樂[119]。鰥寡[120]不聞犬豕之食，煢獨[121]不見牛馬之衣[122]。於是帝族王侯，外戚[123]公主，擅[124]山海之富，居[125]川林之饒[126]。爭修園宅，互相誇競[127]。崇門豐室[128]，洞戶連房[129]，飛館[130]生風，重樓起霧。高臺芳榭[131]，家家而築；花林曲池，園園而有。莫不桃李夏綠，竹柏冬青。而河間王琛(132)最爲豪首(133)。常與高陽爭衡(134)，造文柏堂，形如徽音殿(135)。置玉井金罐(136)，以五色績爲繩(137)。妓女(138)三百人，盡皆國色(139)。有婢朝雲，善吹篪(140)，能爲「團扇歌」(141)、「隴上聲」(142)。琛爲秦州(143)刺史，諸羌(144)外叛，屢討之不降。琛令朝雲假爲貧嫗，吹篪而乞。諸羌聞之，悉皆流涕，迭相謂曰：「何爲棄墳井(145)，在山谷爲寇也？」即相率歸降。秦民語曰：「快馬健兒，不如老嫗吹篪。」

琛在秦州，多無政績，遣使向西域求名馬，遠至波斯國(146)。得千里馬，號曰「追風赤驥」。次有七百里者十餘匹，皆有名字。以銀爲槽，金爲環鎖，諸王服其豪富。琛常語人云：「晉室石崇(147)，乃是庶姓(148)，猶能雉頭狐腋(149)，畫卵雕薪(150)，況我大魏天王，不爲華侈(151)？」造迎風館於後園，牕戶之上，列錢青瑣(152)，玉鳳銜鈴，金龍吐佩(153)。素柰朱李，枝條入簷。伎女樓上，坐而摘食。琛常會宗室，陳諸寶器。金瓶銀瓮百餘口，甌檠盤盒稱是(154)。自餘酒器，有水晶鉢、瑪瑙盃、琉璃碗、赤玉巵數十枚，作工奇妙，中土所無，皆從西域而來。又陳女樂及諸名馬，復引諸王按行(155)府庫，錦罽(156)珠璣，冰羅霧縠(157)，充積其內，繡纈(158)、紬綾(159)、絲綵(160)、越葛(161)、錢絹(162)等，不可數計。琛忽謂章武王融(163)曰：「不恨我不見石崇，恨石崇不見我。」融立性貪暴，志欲(164)無限，見之歎惋(165)，不覺生疾，還家臥三日不起。江陽王繼(166)來省疾(167)，謂曰：「卿之財產，應得抗衡(168)，何爲嘆羨，以至於此？」融曰：「常謂高陽一人，寶貨多於融，誰知河間，瞻之在前(169)。」繼笑曰：「卿欲作袁術之在淮南，不知世間復有劉備(170)也？」融乃蹶起(171)，置酒作樂。

于時國家殷富，庫藏盈溢，錢絹露積於廊者，不可校數(172)。及太后賜百官負絹，任意自取，朝臣莫不稱力(173)而去。唯融與陳留侯李崇負絹過任(174)，蹶倒傷踝(175)。太后即不與之，令其空出，時人笑焉。侍中崔光(176)止取兩疋。太后問曰：「侍中何少？」對曰：「臣有兩手，唯堪兩疋(177)。所獲多矣。」朝貴服其清廉。

經河陰之役，諸元殲盡(178)，王侯第宅，多題爲寺。壽丘里閭，列刹相望，祇洹鬱起(179)，寶塔高淩(180)。四月初八日(181)，京師士女多至河間寺(182)，觀其廊廡(183)綺麗，無不歎息，以爲蓬萊僊室亦不足過(184)。入其後園，見溝瀆蹇產(185)，石磴嶕嶢(186)，朱荷出池，綠萍浮水，飛梁跨閣，高樹出雲，咸皆唧唧(187)，雖梁王兔苑(188)，想之不如也ㄧㄝˇ。

注釋

(113)皇宗　即皇族宗室。(114)晏清　即天下太平。晏即天清無雲，比喻安寧。(115)八荒率職　猶言「天下臣民遵循職守」。八荒，即八方：東、南、西、北、東南、西南、東北、西北。率職，即遵其職守。(116)縹囊紀慶　縹囊，即以青白色的布帛製成的書囊。此借指書籍。紀慶，即記載慶賞之事。慶，此作賞賜解。紀，通記。(117)玉燭調辰　即四時和順或風調雨順之義。玉燭，《爾雅・釋天》云：「四氣和謂之玉燭。」(118)殷阜　即富庶。(119)年登俗樂　年登，即一年穀物豐收。俗樂，即世俗歡樂。(120)鰥寡　即老年無偶的男女。(121)煢獨　謂孤獨、無依靠，亦指孤獨無靠之人。煢，無兄弟。獨，無子。(122)牛馬之衣　即用麻或草編成以披在牛馬身上之物。(123)外戚　指帝王的母族、妻族。(124)擅　即據有之義。(125)居　即積蓄、囤積之義。(126)饒　即富。(127)誇競　即誇耀爭勝。(128)崇門豐室　崇門，即高門，指高大房屋而言。豐室，即大屋。(129)洞戶連房　洞戶，猶洞門，即重門洞達。連房，謂屋相並連。(130)飛館　指凌空聳立的館閣。(131)芳榭　即美麗的臺榭。榭即在臺上蓋的屋。(132)河間王琛　即元琛，字曇寶，見《魏書・卷二〇》本傳。(133)豪首　猶言「豪富之首」。(134)與高陽爭衡　高陽，即高陽王元雍。高陽豪侈，見於本書卷三〈高陽王寺〉篇。爭衡，即爭先。衡爲車轅端之横木。(135)徽音殿　即宮內殿名，在太極殿之西。(136)金罐　猶言「金製的汲水罐」，形容此罐極貴重。(137)以五色繢爲繩　即以五色絲編製而成的繩索。繢，音ㄏㄨㄟˋ，絛組之屬。(138)妓女　即美女。(139)國色　指姿容極其美麗之女子。(140)篪　同箎，音ㄔˊ，用竹製成的横吹樂器，有八孔，似笛。(141)「團扇歌」　即《樂府詩集．卷四五．團扇郎歌》。(142)「隴上聲」　見前「壯士歌」注(53)。(143)秦州　州名，北魏時治所在上封（即上邽），在今甘肅省天水市西南。(144)羌　我國古代西部民族之一。(145)墳井　即家鄉、故土。(146)波斯國　見本書卷三〈龍華寺〉篇注(99)。(147)石崇　見《晉書．卷三三．石崇傳》。(148)庶姓　即異姓，對天子或諸侯國君之同姓而言。(149)雉頭狐腋　指名貴輕暖之裘衣，以五彩之雉頭毛和純白之狐腋皮製成。雉，俗稱野雞，雄者羽色華麗，頸毛如繡，可製爲服。狐腋，指狐之腋下皮毛。(150)畫卵雕薪　猶言「蛋上畫畫，柴上雕花」，極言元琛生活奢侈。(151)華侈　即豪華奢侈。(152)列錢青瑣　見本書卷一〈永寧寺〉篇注(48)、(59)。(153)吐佩　即吞吐環佩。(154)甌檠盤盒稱是　甌，指火盆或深底碗。檠，有腳的器皿。稱是，猶言「數目與是相稱」，即各百餘口。(155)按行　即巡行，此亦即巡視查尋之義。(156)錦罽　即華麗地毯。(157)冰羅霧縠　一種質地輕軟、經緯組織顯椒眼紋的絲織品。冰羅，言其潔白如冰雪。縠，即縐紗。霧縠，指縐紗輕薄如霧。(158)綉纈　五采絲織物，即采綢之類。纈，音ㄒㄧㄝˊ。(159)紬綾　即綢綾。(160)絲綵　即五色絲。(161)越葛　即南方出產的細葛布。越，即越地，此泛指南方。(162)錢絹　即織成錢文之絹。(163)章武王融　即元融，字永興，《魏書．卷一九》有傳。(164)志欲　此指私欲。

⑯⑤歎惋　即慨歎惋惜。⑯⑥江陽王繼　即元繼，爲元叉之父，《魏書・卷一六》有傳。⑯⑦省疾　即問候其病情。⑯⑧抗衡　即對抗，此謂元融財產同元琛的一樣多也。⑯⑨瞻之在前　語出《論語・子罕》篇。瞻，即向前看。此處意謂河間王比高陽王還富裕。⑰⓪欲作袁術之在淮南，不知世間復有劉備　據《後漢書・卷一〇五・袁術傳》、〈呂布傳〉載：袁術爲淮南尹，稱帝於九江，時劉備領徐州，居下邳，與袁術相拒於淮上，術欲引呂布擊劉備，乃與呂布書，謂術生年以來，不聞天下有劉備。後曹操起兵討術，術擬過徐州奔袁譚，操使備狙擊之，不得過，術憂憤嘔血而死。此處兩句是說，你如同袁術稱帝於淮南，沒想到世間還有個劉備存在。言外之意是勸元融放寬度量，勿過於嫉妬。⑰①蹶起　即遽然而起。⑰②校數　猶計數。⑰③稱力　猶言「就己力之所能」。⑰④過任　即超過其力所能勝任。⑰⑤蹶倒傷踝　猶言「跌倒而傷了踝骨」。⑰⑥崔光　見本書卷二〈秦太上君寺〉篇。⑰⑦唯堪兩疋　猶言「只能承受兩疋」。堪，即能承擔、勝任之義。⑰⑧河陰之役，諸元殲盡　指爾朱榮引兵入洛時，在河陰（故城在今河南省孟津縣東）謀殺百官及諸元。參見本書卷一〈永寧寺〉篇。⑰⑨鬱起　即聚積之義。⑱⓪高淩　同高凌，即凌空高聳。⑱①四月初八日　此日爲行像之日。⑱②河間寺　此寺原爲河間王宅，故名。⑱③廊廡　本指堂前廊屋，此處泛指房屋。⑱④不足過　猶言「不足以超過」。⑱⑤溝瀆蹇產　猶言「溝渠曲折」。⑱⑥石磴嶕嶢　石磴，指溝渠上石築圓拱橋兩端供上下用的石級。嶕嶢，音ㄐㄧㄠ　ㄧㄠˊ，高峻貌。⑱⑦唧唧　即讚嘆之聲。⑱⑧梁王兔苑　見前〈沖覺寺〉篇。

語譯

自延酤里以西，張方溝以東，南面臨近洛水，北面直達芒山，其間東西長二里，南北長十五里，統統稱爲壽丘里，這是皇族宗室所居住的地方，民間稱之爲王子坊。

當時天下太平，臣民都遵其職守，書籍記載慶賞之事；四季風調雨順，百姓殷實富裕；年穀豐收，世俗歡樂；鰥夫寡婦不食豬狗之食，孤獨之人不服牛馬之衣。於是帝族王侯、外戚公主，他們擁有如山海一樣的富裕，他們所積蓄的似川林一樣的豐饒。他們爭修園囿住宅，互相誇耀競勝。高房大屋，重門洞達，彼此相連；風生於凌空聳立之館，霧起於層疊升起之樓。高臺美樹，家家而築；花林曲池，園園而有；莫不種桃李而夏季競綠，植竹柏而冬日爭青。而河間王元琛則是他們之中最富有的，他常常與高陽王元雍比高低。他建造了一座文柏堂，其形如同徽音殿；設置了玉井金罐，以五色之絲編製繩索。還蓄有美女三百人，都是天姿國色。其中有一位婢女名叫朝雲，善於吹篪，能奏「團扇歌」、「隴上聲」。元琛任秦州刺史時，各個羌族背叛朝廷，屢次征討都不投降。元琛令朝雲假扮成一位貧窮老婦，吹篪而乞討。羌人們聽到篪曲，全都痛哭流涕，互相說道：「我們爲何要拋棄故土，在山谷當賊寇呢？」於是便相與歸降了。因此，秦地之民說道：「快馬健兒，不如老婦吹篪。」

元琛任秦州刺史時，多無政績。他派使者向西域求購名馬，最遠到達波斯國。他求得一匹千里馬，號稱「追風赤驥」；還有十多匹一日能跑七百里的馬，都有名字。他以銀爲馬槽，以金爲環鎖，諸位親王都嘆服其豪富。元琛常對人說：「晉朝的石崇，不過是異姓之輩，尚且能夠以五采雉頭毛和純白狐腋皮製成裘衣，並且在蛋上畫畫，在柴上雕花，何況我是大魏天王，爲什麼就不能生活豪華奢侈呢！」於是他在後園建造了一座迎風館，窗戶之上雕有錢紋、瑣紋，並塗上青色。更有玉鳳銜著風鈴，金龍吐出環佩。那些白的沙果樹和紅的李子樹，枝條伸入屋檐；住在樓上的美女，坐著就能摘食果實。元琛常常聚會宗室王侯，陳設各種寶器：金瓶、銀瓮各有一百多口，甌、檠、盤、盒也是各有一百多口。其餘的酒器，還有水晶鉢、瑪瑙盃、琉璃碗、赤玉卮等數十枚。這些寶器的製作工藝奇異巧妙，是中國所沒有的，都從西域得來。他又陳設女樂及各種名馬，還領著諸位王侯巡行於府庫之中，那些華麗的地毯和珍珠寶玉，那些潔白如冰的絲羅和輕薄如霧的縐紗，把府庫都堆滿了。至於五采的絲織品、綢綾、五色絲、產於越地的葛布、織成錢文的絹等等，更是不能以數計算。元琛忽然對章武王元融說：「不恨我沒見到石崇，只恨石崇沒見到我。」元融生性貪財暴虐，私欲無度。他見到元琛的財富後，慨歎惋惜，不覺生出病來，回到家裡就臥床三日不起來。江陽王元繼來探視他的病情，對他說：「你的財產，應該能同元琛相對抗，爲什麼還慨嘆羨慕，以至於生病了呢？」元融說：「常說高陽王元雍一人的寶物多於我元融，誰知河間王元琛比高陽王還富裕。」元繼笑道：「你想作袁術稱帝於淮南，不知道世間還有個劉備存在嗎？」元融於是遽然而起，設酒作樂起來。

當時國家殷實富盛，庫中所藏之物滿溢於外，錢絹就露天堆積於走廊上，其數量則難以算清。當胡太后賞賜百官任意自取錢絹並可揹負回家時，朝臣無不盡自己的最大力量負絹而去。只有元融與陳留侯李崇所負之絹，超過其力所能勝任的重量，結果跌倒在地，傷了踝骨。胡太后當即決定不賜給他們錢絹，命令他們空手出去，當時的人都譏笑他們貪心。侍中崔光只取了兩疋錢絹，胡太后問道：「侍中爲什麼要得這麼少？」崔光回答道：「我有兩隻手，只能承受兩疋的重量。我所獲得的已經夠多了。」朝中權貴都佩服他的清廉。

經過河陰之事後，諸位元氏王侯都被殺盡，他們的府第住宅，多被題名爲寺。壽丘里內，金剎成列相望，祇洹精舍叢集，寶塔高聳淩空。四月初八這天，京師男女多到河間寺，觀賞那些綺麗的房屋，沒有不歎息的，以爲蓬萊仙室也比不上。進入後園，見溝渠曲折，石磴高峻；紅的荷花長出水池；綠的荇葉浮於水面；雕梁橫空，飛跨樓閣；高大之樹，聳入雲外。大家全都唧唧讚嘆不已，認爲雖然是梁孝王的兔園，想來也是不如的。

七、追先寺

篇旨

此篇首先記敘追先寺所處地理位置及其來歷，隨後詳細介紹了元略的為人、愛好和生平事跡。

追先寺，在壽丘里，侍中尚書令東平王略①之宅也。略生而岐嶷②，幼則老成③，博洽羣書④，好道不倦⑤。神龜中，爲黃門侍郎。元叉專權，虐加宰輔⑥，略密與其兄相州刺史中山王熙⑦欲起義兵，問罪君側⑧。雄規不就⑨，釁起同謀⑩。略兄弟四人，並罹塗炭⑪。唯略一身逃命江左，蕭衍素聞略名，見其器度寬雅⑫，文學優贍⑬，甚敬重之。謂曰：「洛中⑭如王者幾人？」略對曰：「臣在本朝之日，承乏攝官⑮。至於宗廟⑯之美，百官之富，鴛鸞接翼⑰，杞梓成陰⑱，如臣之比，趙咨所云：車載斗量，不可數盡⑲。」衍大笑，乃封略爲中山王，食邑⑳千戶，儀比王子㉑；又除宣城㉒太守，給鼓吹一部，劍卒千人。略爲政清肅㉓，甚有治聲㉔。江東朝貴，侈於矜尚㉕，見略入朝，莫不憚其進止㉖。尋遷信武將軍、衡州㉗刺史。孝昌元年，明帝宥㉘吳人江革㉙，請略歸國㉚。江革者，蕭衍之大將也。蕭衍謂曰：「朕寧失江革，不得無王。」略曰：「臣遭家禍難，白骨未收㉛，乞還本朝，敘錄存沒㉜。」因即悲泣，衍哀而遣之。乃賜錢五百萬，金二百斤，銀五百斤，錦繡寶翫之物，不可稱數。親率百官送於江上，作五言詩贈者百餘人。凡見㉝禮敬如此比㉞。略始濟淮，明帝拜略侍中義陽㉟王，食邑千戶。略至闕㊱，詔曰：「昔劉蒼好善㊲，利建東平㊳，曹植能文，大啟陳國㊴。是用聲彪盤石㊵，義鬱㊶維城㊷。侍中義陽王略體自藩華㊸，門勳夙著㊹，內潤外朗㊺，兄弟偉如㊻。既見義忘家，捐生殉國㊼，永言忠烈㊽，何日忘之？往雖弛擔㊾爲梁，今便言旋闕下㊿，有志有節，能始能終。方(51)傳美丹青(52)，懸諸日月。略前未至之日，即心立稱(53)，故封義陽。然國既邊地(54)，寓食他邑(55)，求之二三(56)，未為盡善(57)。宜比德均封(58)，追芳曩烈(59)。可改封東平王，戶數如前。」尋進尚書令，儀同三司，領國子祭酒，侍中如故。略從容閒雅(60)，本自天姿，出南入北，轉復高邁(61)，言論動止，朝野師模。建義元年薨於河陰(62)，贈太保，諡曰文貞。嗣王景式(63)，捨宅為此寺。

注釋

①東平王略　即元略，字儁興，《魏書・卷一九》有傳。②岐嶷　語出《詩・大雅・生民》。謂漸能起立，形容峻秀的樣子。後多借以形容幼年聰慧。③老成　此即練達世事或有聲望之義。④博洽羣書　猶言「通覽羣書」，知識廣博。博洽即廣博之義。⑤好道不倦　猶言「喜愛儒道而不倦怠」。道，據〈元略墓誌〉載，元略所愛之道當是儒道。⑥虐加宰輔　猶言「暴虐地加害宰輔」。宰輔指清河王元懌，此謂殺害元懌。⑦中山王熙　即元熙，字真興。《魏書・卷一九》有傳。⑧君側　本指君主左右之親信，此指元叉。⑨雄規不就　猶言「宏偉的謀畫沒有完

成」，亦即雄圖未展之義，此指欲起兵問罪君側而不成也。⑩釁起同謀　猶言「爭鬥產生於同謀之人」。據《魏書・元熙傳》載，熙起兵討伐元叉才十日，就被其長史柳元章等叛逆所執，熙及其三子同時遇害，故云。⑪並罹塗炭　猶言「同遭災難」，即同時遇害。⑫器度寬雅　猶言「才能風度寬宏儒雅」。⑬文學優贍　猶言「文章學識豐富」。優贍，即豐富。⑭洛中　猶言「洛陽城之中」。此指北魏王朝。⑮承乏攝官　此為謙詞，出自《左傳・成公二年》。猶言「所任官職一時無適當人選，暫由自己充數」。承，即擔任。攝，即代理。⑯宗廟　本為天子、諸侯祭祀祖先之處所，此為國家之代稱。⑰鴛鸞接翼　猶言「賢人一個接一個」。鴛鸞皆為鳳族，以喻賢人。接翼，指羽翼相接，以喻賢人很多。⑱杞梓成陰　猶言「良材比比皆是」。杞梓，比喻良材，即傑出人才。成陰，以喻其多。⑲趙咨所云數句　據《三國志・吳志・吳主孫權傳》注引《吳書》云：趙咨，字德度，南陽人，博聞多識，應對辯捷。出使魏，魏文帝問曰：「吳如大夫者幾人？」咨曰：「聰明特達者，八九十人；如臣之比，車載斗量，不可勝數。」此極言人才之多。⑳食邑　古代卿大夫封地。即采邑。收其賦稅而食，故名食邑。㉑儀比王子　猶言「與王子相匹配」。儀比，即匹配、相同。㉒宣城　在今安徽省宣城縣。㉓清肅　猶言「清廉嚴正」。㉔治聲　即治理之聲譽。㉕侈於矜尚　猶言「放縱於驕矜自大」。㉖憚其進止　憚，畏、害怕。進止，猶言「進退去留」。㉗衡州　北魏衡州在今廣東省英德縣西七十五里。㉘有　即有罪，亦即寬免赦罪。㉙江革　字休映，濟陽考城人。《梁書・卷三六》有傳。㉚請略歸國　據《魏書・卷一九元略傳》載，江革曾爲蕭綜長史，鎭守彭城。彭城失守，被執。北魏孝明帝遣江革還，因以換取元略歸國。㉛白骨未收　猶言「親人的屍骨還沒安葬」。白骨，指死人之屍骨。㉜敍錄存沒　敍錄，猶記載。存沒，即生者和死者。㉝見　打算、擬議。㉞比　即「類似」或「例」之義。㉟義陽　郡名，治所在今河南省信陽縣南。㊱至闕　猶言「朝拜皇帝」。闕，指皇帝所居之處。㊲劉蒼好善　劉蒼，漢光武帝第八子，封爲東平王。見《後漢書・卷一二・光武十王列傳》。好善，即愛好做善事。據本傳載：漢明帝問：處家何者最樂？劉蒼答：爲善最樂。㊳利建東平　猶言「封爲東平王」。利建，《易・屯》云：「元亨利貞。勿用有攸往，利建侯。」後因以「利建」謂封土建侯。東平，在今山東省東平縣。㊴曹植能文，大啟陳國　據《三國志・魏志・卷一九・陳思王植傳》載，植年十歲餘，就誦讀詩論及辭賦數十萬言。善屬文。魏明帝太和六年以陳四縣封之，爲陳王。啟，即開拓、開創。大啟陳國，猶言「大力開拓陳國」，亦即受封爲陳王之義。㊵是用聲彪盤石　是用，即因此。用，相當於以。彪，即彪煥、光彩燦爛。盤石，即磐石之宗，比喻宗族之間堅如磐石。故此處以磐石指宗族。㊶鬱　即鬱勃、茂盛。㊷維城　即宗王維城，語出《詩・大雅・板》篇。謂王之嫡子連城以衛國。故此處維城亦指宗族。㊸體自藩華　猶言「出身於榮顯之宗族」。藩，通蕃；蕃華，即繁華茂盛，此謂出身門第顯耀。㊹門勳夙著　猶言「祖先建立的功勳早就顯明」。㊺內潤外朗　猶言「內溫潤而外高潔」，此指元略之德而言。㊻兄弟偉如　猶言「兄弟卓異奇特」。如，語尾詞，無義。㊼捐生殉國　猶言「捐獻生命以殉國難」。此指元熙兄弟三人先後被元乂所殺。㊽永言忠烈　即歌頌忠烈之士。永言，長言，語出《尚書・堯典》：「歌永言」。此作歌頌解。忠烈，指中山王元熙兄弟三人。㊾弛擔　猶息肩，即卸去負擔。㊿言旋闕下　言，助詞，無義。旋，即歸來。闕下，宮闕之下，此代指北魏。(51)方將。(52)丹青　此指史册而言。(53)即心立稱　猶言「就有心為其立名」。(54)國既邊地　指元略封地義陽與梁朝國界相接。(55)寓食他邑　猶言「寄食別人封邑」。(56)求之二三　猶言「所求之物很少」。二三，即或二或三，約數，言其少。(57)未為盡善　猶言「算不上盡善盡美」。盡善，即完美至極。(58)比德均封　猶言「比量德行而公平封賞」。(59)追芳曩烈　即追芳過去的有賢有德之人。追芳，猶追美，比美也。曩烈，指漢代劉蒼而言。(60)閑雅　即安閑高雅的樣子。(61)高邁　謂高超不凡。(62)薨於河陰　即於河陰被爾朱榮所害。(63)嗣王景式　即繼任東平王者元景式。景式名頑（頑即規）為元略世子，見〈元略墓誌〉。

語　譯

追先寺，位於壽丘里，本是侍中尚書令東平王元略的住宅。元略生來就十分聰慧，年幼便練達世事。他通覽羣書，知識廣博，喜愛儒道，不知倦怠。神龜年中，官任黃門侍郎。當時元叉獨攬政權，殘暴地加害清河王元懌。元略同他兄長相州刺史中山王元熙密謀，打算率領正義之師，向元叉問罪。可是他們雄圖未展，禍患就產生於同謀之人。結果元略的兄弟四人一同遇害。唯獨元略一人逃命到了江南梁朝。蕭衍平素就聽說過元略的聲名，見他才能風度寬宏儒雅，文章博學優厚豐盛，因此十分敬重他。蕭衍對他說：「魏朝像你這樣的人有幾位？」元略回答道：「在本朝之日，因所任官職一時無適當人選，這才暫時由我充數。至於國家則很美麗，百官則很富裕，賢人一個接著一個出現，良材更是比比皆是。像我這類的人，可以用漢朝趙咨所說的那句話來形容：車載斗量，不可數盡。」蕭衍聽完大笑，於是便封元略為中山王，賜食邑千戶，與王子相同。又拜他為宣城太守，配給鼓吹一部，持劍之兵卒一千人。元略為政清廉嚴正，頗有治理政事之聲譽。梁朝的那些朝中權貴，本來放縱於驕矜自大；但見元略入朝，無不畏懼其進退去留。此後不久，元略又升遷為信武將軍、衡州刺史。孝昌元年，魏孝明帝寬宥吳人江革（放歸梁朝），邀請元略回國。江革是蕭衍的大將。蕭衍對元略說：「我寧可失去江革，也不能沒有你。」元略回答道：「我家遭逢禍難之後，親人的屍骨還沒有安葬。請允許我回歸本朝，記錄下生者或死者的情況。」元略因此而悲痛得哭了起來。蕭衍也感到悲痛，答應送他回去。於是賜給他錢五百萬、金二百斤、銀五百斤，至於錦繡和珍貴的翫賞之物，更是不可計算。蕭衍還親自率領百官送元略到江上，當時作五言詩以相贈送的就有一百多人。凡是所受的禮敬如同此例。元略剛剛渡過淮河，孝明帝就拜他為侍中義陽王，封邑千戶。元略朝拜明帝時，明帝降詔道：「以前劉蒼喜愛行善，受封為東平王。曹植善寫文章，大力開拓陳國。因此他們的聲名彪煥於藩國，道義鬱勃於宗室。侍中義陽王元略，出身於榮顯之王族，其先祖之功勳早已顯著。元略內則溫潤外則高潔，他的兄弟也是卓異奇特之人。他們見義忘家，獻生以赴國難。應當歌頌這些忠臣烈士，任何時候也不把他們忘記！元略過去雖然卸去負擔而去梁朝做官，但是現在已經還歸本朝，有志有節，能始能終。正可在史册上留傳他的美名，使他的聲譽如日月高懸。元略還沒回來之前，我就有心爲他立聲揚名，因此封爲義陽王。可是義陽爲邊境之地，他若寄食別人的封地，即或所求很少，也算不上盡善盡美。因而應當比量其德行而公平封賞，使他能同過去的賢德之人比美。爲此，可改封他爲東平王，所食戶數與以前相同。」不久，元略又被提升爲尚書令、儀同三司、領國子祭酒，侍中之職則依然如故。元略儀態從容、安閒高雅，這本是出自他的天生之資質，但由梁朝返回魏朝之後，他又變得高超不凡。其言論舉止，都成了朝野人士的榜樣。建義元年，他被害於河陰。他死後朝廷封贈他爲太保，並賜謚號爲「文貞」。繼任東平王的元景式把住宅施捨出來作爲這座追先寺。

八、融覺寺

篇　旨

此篇記敘融覺寺之來歷、所處地理位置及曇謨最之佛學造詣。

融覺寺，清河文獻王懌所立也，在閶闔門外御道南。有五層浮圖一所，與沖覺寺①齊等。佛殿僧房，充溢三里②。比丘曇謨最③善於禪學④，講《涅槃》、《華嚴》⑤，僧徒千人。天竺國胡沙門菩提流支⑥見而禮之，號爲菩薩。流支解佛義，知名西土，諸夷號爲羅漢⑦。曉魏言及隸書，翻《十地》、《楞伽》及諸經論二十三部。雖石室之寫金言⑧，草堂之傳眞教⑨，不能過也。流支讀曇謨最《大乘義章》，每彈指⑩讚嘆，唱言微妙。即為胡書寫之，傳之於西域，西域沙門常東向遙禮之，號曇謨最為東方聖人。

注釋

①沖覺寺　亦為元懌所立，見本卷〈沖覺寺〉篇。②充溢三里　猶言「遍布於三里之內」。充溢，即充滿。③曇謨最　見本書卷二〈崇眞寺〉篇。④禪學　此泛指佛學教理。⑤《涅槃》、《華嚴》　皆佛教大乘經典。⑥菩提流支　漢名道希，北天竺人。《續高僧傳・卷一》有傳。⑦羅漢　佛教名詞，又名阿羅漢。為小乘佛教所理想的最高果位。有三種義：一、殺賊，斷除貪、瞋、癡等煩惱（佛教以煩惱為賊，能賊害善法）。二、應供，應受人天供奉。三、無生，不受生死輪迴。佛寺常有十八羅漢和五百羅漢之塑像。⑧石室之寫金言　指後漢明帝永平年中攝摩騰至洛陽譯《四十二章經》，藏於蘭臺之石室。見《弘明集・卷一・牟融・理惑論》。⑨草堂之傳眞教　謂鳩摩羅什於後秦弘治三年多至長安，於草堂寺集義學沙門八百人，重譯經本。其通東西方言，聰辯敏慧，口譯解釋。見《高僧傳》。⑩彈指　猶言彈擊手指。佛教儀式，以手作拳，屈食指，以大拇指捻彈作聲，表示許諾、憤怒、讚嘆或告誡等意。

語譯

融覺寺爲清河王元懌所建造。此寺位於閶闔門外御道之南。寺內有一座五層佛塔，與沖覺寺的佛塔相等同。此寺的佛殿僧房，遍布於三里之內。僧徒曇謨最善於解釋佛學教理，他宣講《涅槃》、《華嚴》二經，聽講的僧徒多達千人。天竺國僧人菩提流支會見他時向他施禮致敬，稱他爲菩薩。菩提流支善解佛理，其名聲爲西域人所知，西夷各族稱之爲羅漢。他通曉漢語及漢字，翻譯了《十地》、《楞伽》及各種經論共二十三部。雖然是攝摩騰譯《四十二章經》，藏於蘭臺之石室；鳩摩羅什於長安草堂寺重譯經本，以傳眞教，也不能超過他。但是菩提流支在讀曇謨最的《大乘義章》時，常常彈指讚嘆，揚言其義理微妙。於是便把它翻譯爲梵文，流傳到西域，西域的僧徒常常向東遙遠地禮拜曇謨最，稱他爲東方聖人。

九、大覺寺

篇旨

此篇記敘大覺寺之來歷、所處地理位置及其環境和主要建築。

大覺寺，廣平王懷①捨宅也，在融覺寺西一里許。北瞻芒嶺，南眺洛汭②，東望宮闕，西顧旗亭③，禪皐顯敞④，實爲勝地。是以溫子昇碑云：「面水背山，左朝右市」，是也。懷所居之堂，上置七佛⑤，林池飛閣，比之景明⑥。至於春風動樹，則蘭開紫葉；秋霜降草，則菊吐黃花。名僧大德⑦，寂以遣煩⑧。永熙年中，平陽王⑨即位，造磚浮圖一所。是土石之工，窮精極麗⑩。詔中書舍人溫子昇以爲文ㄨㄣˊ⑪也ㄧㄝˇ。

注釋

①廣平王懷　即元懷，見本書卷二〈平等寺〉篇。②洛汭　本為洛水在河南省流入黃河處。後泛指洛陽一帶地區。③旗亭　即洛陽閶闔門外門亭。見本書卷二〈龍華寺〉篇注②。④禪皐顯敞　猶言「良田廣闊」。禪皐，指京都一帶良田。顯敞，即寬廣。⑤七佛　七佛名號，佛典所言不同。據《佛說七佛經》載，即毗婆尸、尸棄、毗舍、俱留孫、俱那含牟尼、迦葉波、釋迦牟尼。⑥景明　即景明寺，見本書卷三。⑦名僧大德　即名僧。大德為佛教對僧人的尊稱。⑧寂以遣煩　猶言「寂滅以遣除煩惱」。寂滅，涅槃的意譯，謂超脫一切境界入於不生不滅之門。煩惱，佛教指身心為貪、瞋、癡所困惑而產生的精神狀態。⑨平陽王　即孝武帝元修，為廣平王之子。即位事見卷二〈平等寺〉篇注(145)。⑩窮精極麗　猶言「非常精巧華麗」。⑪溫子昇以為文　溫子昇所作大覺寺碑文，見《藝文類聚·卷七七》。

語譯

大覺寺為廣平王元懷施捨住宅所建立。此寺位於融覺寺西面一里左右的地方，（若置身寺上）

則可北瞻芒嶺，南眺洛汭，東望宮闕，西顧旗亭。良田廣闊，實爲勝地。所以溫子昇在碑文中寫道：此寺「面山背水，左朝右市」，的確如此。在元懷所居的殿堂之上，供有七尊佛像。寺中果林、水池和凌空聳立之高閣，都可與景明寺的相比。至於每逢春風拂動樹枝，則有蘭草開放紫葉；寒霜降落野草，則有秋菊吐出黃花。大德名僧，則於此寺涅槃以遣除煩惱。永熙年中，平陽王元修登上皇帝寶位，在此寺用磚造了一座佛塔。此塔土石之營造，十分精美華麗。於是詔令中書舍人溫子昇爲此寺撰寫了碑文。

十、永明寺

篇旨

此篇首先簡要介紹永明寺之來歷、所處地理位置及內部構造；隨後詳細記敘西域和南方各國的地理位置和風土人情；最後記敘元景皓之性情、為人、對佛教的信仰及孟仲暉的佛學造詣和有關傳聞，同時也順便交代了張分橋、千金堰之名的來歷。

永明寺，宣武皇帝①所立也，在大覺寺東。時佛法②經像盛於洛陽，異國沙門，咸來輻輳③，負錫④持經，適茲樂土⑤。世宗⑥故立此寺以憩之⑦。房廡連亘⑧，一千餘間。庭列修竹⑨，簷拂高松⑩，奇花異草，駢闐堦砌⑪。百國沙門，三千餘人。西域遠者，乃至大秦國⑫，盡天地之西垂⑬，耕耘績紡，百姓野居⑭，邑屋相望，衣服車馬，擬儀⑮中國。南中有歌營國⑯，去京師甚遠，風土⑰隔絕，世不與中國交通，雖二漢⑱及魏，亦未曾至也。今始有沙門菩提拔陀至焉。自云：「北行一月，至句稚國⑲，北行十日，至典孫國⑳。從典孫國北行三十日，至扶南國㉑。方五千里，南夷之國，最爲強大。民戶殷多，出明珠金玉及水精㉒珍異，饒檳榔㉓。從扶南國北行一月，至林邑國㉔。出林邑，入蕭衍國㉕。」拔陀至揚州歲餘，隨揚州比丘法融來至京師。京師沙門問其南方風俗，拔陀云：「古有奴調國㉖，乘四輪馬爲車。斯調國㉗出火浣布㉘，以樹皮爲之，其樹入火不燃。凡南方諸國，皆因城郭而居，多饒珍麗㉙，民俗淳善㉚，質直好義㉛，亦與西域、大秦、安息㉜、身毒㉝諸國交通往來。或三方四方㉞，浮浪乘風，百日便至。率奉佛教，好生惡殺㉟。」

注釋

①宣武皇帝　即元恪。②佛法　即佛教之教義。③輻輳　即車輻集中於軸心。喻人或物聚集一處。④負錫　即肩負錫杖。⑤適茲樂土　語本《詩・魏風・碩鼠》篇中「適彼樂土」句。意即「到這一安樂之地」。⑥世宗　即元恪。⑦憩之　猶言「讓他們休息」。⑧房廡連亘　即房屋一間連著一間。亘，即連接。⑨修竹　即長竹。⑩簷拂高松　猶言「高松拂簷」。⑪駢闐堦砌　駢闐，即布集、連屬。堦砌，即臺階。⑫大秦國　即羅馬帝國。⑬西垂　即西方邊地。垂，通陲。⑭野居　即在郊野居住。⑮擬儀　即仿效取法之義。⑯南中有歌營國　南中，或指嶺南，此似作國境以南或南方解。歌營國，或謂在今馬來半島南岸。⑰風土　即風俗習慣和地理環境。⑱二漢　即西漢和東漢。⑲句稚國　或謂在今馬來半島西岸。⑳典孫國　亦在今馬來半島。㉑扶南國　或謂即今柬埔寨和下南圻。《梁書・卷五四》有〈扶南國傳〉。㉒水精　即水晶。㉓檳榔　木名，果橢圓，橙紅色，可入藥。㉔林邑國　在今越南北境。㉕蕭衍國　即南朝梁國。㉖奴調國　在今南洋羣島上。㉗斯調國　一說即今之錫蘭。㉘火浣布　即今之石綿。㉙珍麗　指珠玉而言。㉚淳善　即淳樸友善。㉛質直好義　即正直而喜愛仁義。㉜安息　即伊朗高原之古國。《魏書・卷一〇二》有記載。㉝身毒　即印度之古譯名。㉞三方四方　猶言「三方臨海或四方臨海」。㉟好生惡殺　好生，即不忍殺生，謂以仁義爲懷，愛惜生命。惡殺，猶言「厭惡兇殺」。

語譯

永明寺為宣武皇帝元恪所建造。此寺位於大覺寺之東。當時，信仰佛法、供養經像之風盛行於洛陽，別國的僧徒，都來此聚會。他們肩負錫杖、手持佛經，來到這一樂土。因此，世宗元恪便建造此寺做為他們休息之處。寺內房屋相連，共有一千餘間。長竹列於庭院，高松拂過屋簷，奇花異草，布集於臺階。在此寺居住的百國僧徒，多達三千餘人。

西域遙遠的國家，則遠及於大秦國。它位於天地的最西邊。那裡的人耕耘種植、紡紗績布，居於郊野；其城邑房屋互相對望；所穿之衣服、所乘之車馬，都是仿效取法於中國。

南方有歌營國，離京師很遠，其風俗習慣和地理環境與世隔絕，世代不與中國交往，即使是兩漢和三國時的魏朝，也未曾有人到過，今天才有僧人菩提拔陀去了。菩提拔陀自己說道：「往北行走一個月，便到了句稚國；再往北行走十天，便到了典孫國。從典孫國再往北行三十天，便到了扶南國。扶南國方圓五千里，是南夷國家中最為強大的。那裡民戶很多，出產明珠金玉及水晶珍奇之物，和豐饒的檳榔果。從扶南國北行一月，便到了林邑國，出林邑國境，便進入南朝梁國了。」菩提拔陀到揚州一年多之後，便隨同揚州的和尚法融來到京師。京師的僧人向他詢問南方的風俗，菩提拔陀回答道：「古時候南方有個奴調國，那裡的人乘坐的是四輪馬車。還有個斯調國，出產火浣布，以樹皮製成，其樹入火不會燃燒。凡是南方各國，都是築城而居，盛產珠玉，民情風俗淳樸友善，並且為人質樸正直、喜愛仁義，也與西域大秦、安息、身毒諸國交通往來。這些國家或三方或四方臨海，若駕船乘風破浪而往，則一百天便可到達。這些國家信奉佛教，愛惜生命而厭惡殺害生命。」

寺西有宜年里，里內有陳留王景皓㊱、侍中安定公胡元吉㊲等二宅。景皓者，河州㊳刺史陳留莊王祚㊴之子，立性虛豁㊵，少有大度㊶，愛人好士㊷，待物無遺㊸。夙善玄言㊹道家之業㊺，遂捨半宅安置佛徒，演唱大乘數部㊻。並進㊼京師大德超、光、暱、榮四法師㊽，三藏㊾胡沙門菩提流支㊿等咸預其席(51)。諸方伎術之士，莫不歸赴。時有奉朝請孟仲暉者，武威(52)人也。父賓，金城(53)太守。暉志性聰明，學兼釋氏(54)，四諦(55)之義，窮其旨歸(56)。恒來造第(57)，與沙門論議，時號為玄宗先生。暉遂造人中(58)夾紵像(59)一軀，相好端嚴(60)，希世所有。置皓前廳須彌寶坐(61)。永安二年(62)中，此像每夜行遶其坐，四面腳跡，隱地成文(63)。於是士庶異之，咸來觀矚。由是發心[64]者，亦復無量[65]。永熙三年[66]秋，忽然自去，莫知所之。其年冬，而京師遷鄴[67]。武定五年[68]，暉為洛州開府長史，重加採訪[69]，寥無影迹。

出閶闔門城外七里，有長分橋。中朝[70]時以穀水浚急，注於城下，多壞民家，立石橋以限之。長[71]則分流入洛，故名曰長分橋。或云：「晉河間王[72]在長安遣張方[73]征長沙王[74]，營軍於此，因名張方橋。」未知孰是。今民間語訛[75]，號為張夫人橋。朝士送迎，多在此處。

長分橋西，有千金堰。計其水利，日益千金[76]，因以為名。昔都水使者陳勰所造，令備夫一千，歲恒[77]修之。

注釋

㊱陳留王景皓　即元景皓，元祚子。見《北齊書・卷四一・元景安傳》。㊲胡元吉　名祥，胡國珍之子，胡太后之異母弟。見《魏書・卷八三・外戚列傳》。㊳河州　在今甘肅省導河縣。

㊴陳留莊王祚 元祚，字龍壽，陳留王元虔之後。見《北史·卷一五·陳留王虔傳》。㊵立性虛豁 猶言「生性虛懷豁達」。立性，樹立品性，即生性之義。㊶大度 即氣度寬宏大量。㊷愛人好士 猶言「熱愛他人，喜歡結交名士」。㊸待物無遺 猶言「接人待物十分周全、無所遺漏」。無遺，無所遺漏，即周全之義。㊹玄言 即精微玄妙之言。此指佛學義理。㊺道家之業 依下文，此指佛教之事而言。道家，古代亦指佛教，非專指老莊之道家也。㊻大乘數部 猶言「數部大乘經典」。如《華嚴經》、《涅槃經》、《法華經》皆是。㊼並進 意即才力相同，佛學造詣齊等。㊽超、光、暱、榮四法師 超，即僧超。光，即惠光。暱，疑即智誕，暱與誕形近而譌。榮，即道榮。四人皆為當時大德名僧。法師，對僧侶的尊稱。㊾三藏 佛教以經、律、論為三藏。經為佛所自說，論為經義之解釋，律為記戒規。後把通曉三藏的僧人稱為三藏法師，簡稱三藏。㊿菩提流支 見前〈融覺寺〉篇注⑥。㊿咸預其席 猶言「都參與其講法」。預，通與。席，講席，即講法之所，亦指講法。㊿武威 郡名，在今甘肅省武威縣。㊿金城 在今甘肅省蘭州。㊿釋氏 本指釋迦牟尼氏，此借指佛理。㊿四諦 即四聖諦，亦即苦諦、集諦、滅諦、道諦。㊿旨歸 猶言「宗旨或意義之所在」。㊿恒來造第 猶言「常來造訪」。恒，即常常。造第，謂到府第，即造訪之義。㊿人中 即人中像。指佛像。佛之德號頗多，有所謂「人中象王」、「人中獅子」、「人中龍王」等。人中本義為人類之中。㊿夾紵像 即灰泥像。夾紵為外來語，意即灰泥。㊿相好端嚴 猶言「佛身塑像之儀容端莊嚴肅」。相好，佛典稱釋迦牟尼有三十二種

相，八十種好。因以相好爲佛身塑像之敬稱。㉑須臾彌寶坐　即須彌座。佛教稱須彌燈王之寶座，後也泛指佛座。㉒永安二年　即西元五二八年。永安爲北魏孝莊帝元子攸第二年號。㉓隱地成文　謂隱沒於地而成花紋。㉔發心　佛教語。謂發求無上菩提之心，亦即發求至高眞道之心。㉕無量　佛教語。即廣大不可計量。㉖永熙三年　即西元五三二年。永熙爲北魏孝武帝元修第三年號。㉗京師遷鄴　事見本書卷首〈序〉注㉛。㉘武定五年　即西元五四三年。武定爲東魏孝靜帝元善見之年號。㉙採訪　此即查訪之義。㉚中朝　指西晉建都洛陽時。㉛長　讀如ㄓㄤˇ。㉜晉河間王　即司馬顒。見《晉書・卷五九・河間王顒傳》。㉝張方　河間人。見《晉書・卷六〇・張方傳》。㉞長沙王　即司馬乂。《晉書》有傳。㉟語訛　猶言「言語有誤」。因「夫人」合言之則爲「分」，故云。㊱計其水利，日益千金　猶言「計算其蓄水所獲之利，每天都可增加千金」。㊲恒　即連續之義。恒，通亘。

語譯

永明寺之西有宜年里，里內有陳留王元景皓、侍中安定公胡元吉等二人的住宅。元景皓是河州刺史、陳留莊王元祚之子。他生性虛懷豁達，年少時就氣度寬宏，熱愛他人，喜歡與名士交往，接人待物十分周到。他很早就善於佛學義理和佛教之事，於是便把一半住宅施捨出來，用以安置佛徒，請他們宣講說唱數部大乘經典。就連佛學造詣相當的京師大德名僧僧超、惠光、智誕、道榮四法師及三藏胡僧菩提流支等也都參與其講法之事。一些方伎術士也無不投奔於他。當時有一位任奉朝請之職的孟仲暉，是武威人，他的父親名孟賓，任金城太守。孟仲暉情志秉性聰慧明達，學識兼及佛理，對苦、集、滅、道四聖諦，能窮究出它們的含義之所在。他常來造訪元景皓，與僧徒討論佛理，當時就被稱爲「玄宗先生」。孟仲暉造了一尊灰泥佛像，其儀容端莊嚴肅，爲世上所少有。他把這尊佛像放在元景皓前廳的佛座上。永安二年中，此像每夜環繞佛座行走，四周的腳跡則隱沒於地而變成花紋。於是朝士百姓感到驚奇，都來觀看。由此而發求至高眞道之心的人，也是多得無法計算。永熙三年秋天，此像忽然自己離開了，誰也不知道它去了哪裡。這年冬天，京師便遷往鄴城。武定五年，孟仲暉任洛州開府長史，他再次查訪此像，還是寥然而無其影跡。

自閶闔門出來，在城外七里之處，有一座長分橋。西晉時因爲穀水既深且急，在它奔流於城下時，毀壞了很多民房。因此才建了這座石橋來限制它。如果水漲則可使之分流入洛水，因此才稱這座橋爲長分橋。也有人說：「晉代河間王司馬顒在長安派遣張方去征討長沙王時，張方就是在此駐紮軍隊的。因此才把此橋稱爲張方橋。」這兩種說法，不知道哪一種是對的。今天民間言語有誤，把長分橋稱爲張夫人橋。朝士送往迎來，多在此處。

在長分橋之西，有一口千金堰，計算此堰蓄水的利益，每天可增益千金，因此才以「千金」作爲它的名字。這口堰是以前都水使者陳勰所修造的。他命令配備一千民夫，在一年之內連續不斷地修成。

卷五　城北

卷五 [illegible] 上

一、禪虛寺

篇旨

此篇記敘禪虛寺之地理位置及農閒時士兵在寺前閱武場習戰和為角觝戲之情景。

禪虛寺，在大夏門御道西。寺前有閱武場，歲終農隙①，甲士習戰，千乘②萬騎，常在於此。有羽林馬僧相善角觝戲③，擲戟與百尺樹齊等；虎賁④張車渠⑤，擲刀出樓一丈。帝⑥亦觀戲在樓，恒令二人對爲角戲。

中朝⑦時，宣武場⑧在大夏門東北，今爲光風園，苜蓿⑨生焉。

注釋

①農隙　即農閒。隙，即空、閒之義。②乘　音尸ㄥˋ，即車輛。③角觝戲　本爲相互角力的一種技藝，後爲百戲之總名。角力，類似今天的摔角。④虎賁　官名，言如猛虎之奔走，喻其勇猛。掌皇帝出入儀衛之事。⑤張車渠　見《北史・后妃宣武靈皇后胡氏傳》。⑥帝　當爲孝明帝元詡。⑦中朝　見本書卷四〈永明寺〉篇注⑳。⑧宣武場　位於宣武觀之北。是魏、晉兩朝習武之場所。⑨苜蓿　植物名，又稱木栗、懷風、光風草等。原產西域，漢武帝時傳入中土，爲馬牛等飼料及綠肥作物，也可入藥。其嫩莖葉可當蔬菜。其花有光彩。

語譯

禪虛寺位於大夏門外御道之西。寺前有一個閱武場，每逢年終農閒，兵士於此練習作戰，千乘萬騎，常會聚在此處。有一位羽林郎名叫馬僧相的，善於角觝戲，他所擲出的戟有百尺樹那麼高。還有虎賁郎張車渠所擲出的刀，則比樓還高出一丈。孝明帝元詡也在樓上觀戲，他常令二人相對，表演角觝戲。

西晉時，宣武場位於大夏門之東北。今天則變成了光風園，園中生長著苜蓿草。

二、凝玄寺

篇旨

此篇先記敘凝玄寺之來歷、所處地理位置，隨後介紹上商里內居住者的有關趣聞。

凝玄寺，閹官濟州刺史賈璨①所立也。在廣莫門外一里御道東，所謂永平里也。注：即漢太上王廣②處。遷京之初，創居此里，值母亡，捨以爲寺。地形高顯，下臨城闕。房廡精麗，竹柏成林，實是淨行息心③之所也。王公卿士來遊觀爲五言者，不可勝數。

洛陽城東北有上商里，殷之頑民④所居處也。高祖⑤名聞義里。遷京之始，朝士住其中，迭相譏刺⑥，竟皆去之。惟有造瓦者止其內，京師瓦器出焉。世人歌曰：「洛城東北上商里，殷之頑民昔所止⑦，今日百姓造瓮子⑧，人皆棄去住者恥。」⑨唯冠軍將軍郭文遠遊憩其中，堂宇園林，匹於邦君⑩。時隴西⑪李元謙樂雙聲語⑫，常經文遠宅前過，見其闕閣⑬華美，乃曰：「是誰第宅⑭？過佳⑮！」婢春風出曰：「郭冠軍家⑯。」元謙曰：「凡婢雙聲⑰！」春風曰：「儜奴慢罵⑱！」元謙服婢之能，於是京邑翕然⑲傳之。

注釋

①賈璨　字季宣，酒泉人。《魏書・卷九四・閹官列傳》有傳。②漢太上王廣　無考。③淨行息心　淨行，佛語。謂清淨之修行。息心，佛語，猶止心，即排除雜念之義。④殷之頑民　語出《尚書・多士・序》。意謂殷商之不服從周代統治的人。⑤高祖　指北魏孝文帝元宏。⑥迭相譏刺　即以殷商頑民遺種相互譏誚。⑦止　即居住之義。⑧瓮子　一種陶製容器。⑨洛城東北上

商里等四句　此歌辭中的里、止、子、恥協韻。⑩邦君　即國君。⑪隴西　郡名。地在今甘肅省東南一帶，歷代屢有增縮。⑫雙聲語　此所謂雙聲語，亦名體語，即取雙聲字（即二字同聲母）以爲言辭。南北朝人喜作雙聲語。可參見《南史・卷二〇・謝莊傳》。⑬闕閣　本指宮門上之小閣，此處指郭文遠住宅之門仿宮門而設閣。⑭是誰第宅　據《廣韻》云：是字承紙切，誰字視佳切，二字同屬禪紐。故「是」、「誰」爲雙聲語。「等」字特計切，屬定紐。古宅字通度字，與「第」同屬定紐。故「第」、「宅」爲雙聲語。⑮過佳　過字古禾切，佳字古膎切，二字同屬見紐，故爲雙聲語。過佳爲過分華麗之義。⑯郭冠軍家　郭字古博切，冠字古玩切，軍字舉云切，家字古牙切，四字同屬見紐。⑰凡婢雙聲　凡字符咸切，屬奉紐；婢字便俾切，屬並紐。而奉紐與並紐三等字同屬一類，是在《廣韻》時奉紐並紐不分。婢字屬並紐三等，故與凡字同類。雙字所江切，聲字書盈切，二字同屬審紐。凡婢猶言「庸婢」也。⑱儜奴慢罵　據《廣韻》云：儜字女耕切，奴字乃都切，二字同屬泥紐。儜奴，罵人語，與蠻奴同。猶今之言蠻子。慢，同謾。⑲翕然　即迅速之貌。

語譯

凝玄寺爲閹官濟州刺史賈璨所建造。此寺位於廣莫門外一里御道之東，就是所說的永平里。

注：也就是漢朝太上王廣曾經居住之處。在遷都洛陽的初年，賈璨首先居住在永平里，後來遭逢

他的母親去世，於是他便把住宅施捨出來作爲佛寺。此寺所處地形高敞，下臨城闕。寺內房屋精巧華麗，實在是出家人淨行息心的好地方。王公卿士中，前來遊覽並撰寫了五言詩的人，不可勝數。

在洛陽城的東北面有上商里，是殷商那些不服從周代統治的人曾經居住過的地方。高祖孝文皇帝元宏把此里改名爲聞義里。京師遷到洛陽的開頭幾年，朝士都住在這一里內，他們互相以殷商的頑民遺種譏刺對方，最後都離開此里了。唯有那些製造瓦器的人還住著。京師的瓦器就出產在這裡。當世有人歌唱道：「洛城東北上商里，殷之頑民昔所止，今日百姓造瓮子，人皆棄去住者恥。」朝士中只有冠軍將軍郭文遠仍然遊翫居住在上商里中，其房屋園林，可與國君相匹敵。當時隴西人李元謙喜作雙聲語，他常常從郭文遠的住宅前經過，見其門閣華麗，於是就說：「是誰第宅？過佳！」郭家女婢春風出門答道：「郭冠軍家。」李元謙又說：「凡婢雙聲！」春風又答：「儜奴謾罵！」李元謙佩服春風有才能，於是就在京城之內迅速傳頌開了。

三、聞義里

篇旨

此篇詳細記敍宋雲、惠生俱使西域的路線及途經各國的見聞。

聞義里①有燉煌②人宋雲宅，雲與惠生俱使西域也。神龜元年③十一月冬，太后遣崇立寺④比丘惠生向西域取經，凡得一百七十部，皆是大乘典。初發京師，西行四十日，至赤嶺⑤，即國之西疆也，皇魏關防⑥，正在於此。赤嶺者，不生草木，因以爲名。其山有鳥鼠同穴⑦。異種共類，鳥雄鼠雌，共爲陰陽⑧，即所謂鳥鼠同穴。

發赤嶺西行二十三日，渡流沙⑨，至吐谷渾國⑩。路中甚寒，多饒風雪，飛沙走礫，舉目皆滿，唯吐谷渾城⑪煖於餘處。其國有文字，況⑫同魏。風俗政治，多爲夷法。

從吐谷渾西行三千五百里，至鄯善城⑬。其城自立王，爲吐谷渾所吞。今城內主是吐谷渾第二息⑭寧西將軍，總部落三千，以禦西胡。

章　旨

此章首先簡要介紹宋雲、惠生俱使西域取經的時間及取經之結果，隨後記敘二人途經赤嶺、吐谷渾、鄯善城之見聞。

注　釋

①聞義里　見上篇。按：自此所敘，皆爲楊衒之採錄惠生《行記》、宋雲《家紀》及《道榮傳》所載宋雲、惠生向西域求經事，頗有史料價值，故早爲中外學者所重視。②燉煌　即敦煌，郡名，漢置，治所在敦煌縣（今甘肅省敦煌縣西）。此後多有變易。③神龜元年　即西元五一九

年。神龜爲北魏孝明帝（元詡）第二年號。④崇立寺　本書所記佛寺無崇立之名。⑤赤嶺　據法國人沙畹《宋雲行紀箋註》云：「在今青海西寧之西。西元七三四年曾於此建有與吐蕃贊普分界碑。《新唐書・卷四〇・地理志》鄯州鄯城（今西寧）條下云：西六十里有臨蕃城，又西六十里有白水軍、綏戎城，又西南六十里有定戎城，又南隔澗七里有天威軍，故名堡城。又西二十里至赤嶺。」又據今人考證，赤嶺即今青海省湟源縣西的日月山。⑥關防　即關隘有兵防守之處。⑦鳥鼠同穴　據《爾雅・釋鳥》云：「鳥鼠同穴，其鳥爲鵌，其鼠爲鼵。」王芭蓀手批《禹貢錐指・卷一七》云：「鼠之穴地，其常也。西北風土高寒，其穴加深，而有三四尺，皆無足怪。蓋此鳥不能爲巢，故借鼠穴以寄焉。鼠在內，鳥在外，猶之鵲巢鳩居而已。」⑧共爲陰陽　猶言「雌雄交合」。按：楊衒之依孔氏《尚書傳》對鳥鼠同穴作了不科學解釋。據王芭蓀手批《禹貢錐指・卷一七》云：「鼵自牝牡而生鼵，鵌自雌雄而生鵌，皆事理之可推者。若使鳥鼠共爲牝牡，則鵌鼵之外，必又別成一物。而今無之，則不相牝牡之說爲長。」⑨流沙　此指青海省境內沙漠地，古曰沙洲，以其風沙流漫，故曰流沙。⑩吐谷渾國　我國古鮮卑族所建立的國家。谷，音ㄩˋ。鮮卑族，本居遼東，魏晉時西遷，附陰山而居。晉末又西度隴，居住在今青海省北部和新疆東南部地區，葉延時，始稱吐谷渾，居伏俟城（即今青海省都藍）。⑪吐谷渾城　即伏俟城。⑫況　表示比況，即彷彿之義。⑬鄯善城　即鄯善國之都城。據《魏書・西域傳》云：「鄯善國去代七千六百里，所都城方一里。」鄯善國，古西域國名。原名樓蘭，漢昭帝時稱鄯善，魏晉因之，後沒入流沙，故址在今新疆省若羌縣境內。⑭息 謂息子，即親生兒子。

語譯

聞義里有敦煌人宋雲的住宅。宋雲與惠生都出使過西域。神龜元年十月冬，胡太后派遣崇立寺比丘惠生向西域取經，共獲得一百七十部，都是大乘精妙的佛教典籍。

宋雲、惠生最初從京師出發，西行四十日，便到了赤嶺，這就是我國的西疆邊境，大魏的國防重地正在此處。所謂赤嶺，就是草木不生，因此才叫這個名字。赤嶺山上有鳥和鼠同穴而居。不同種的動物共為一類，雄者為鳥，雌者為鼠，共相交合，這就是所謂的鳥鼠同穴。

從赤嶺出發西行二十三天，穿越流沙，便到了吐谷渾國。路上非常寒冷，風雪很多，飛沙走石，滿目皆是。唯有吐谷渾城比別處暖和。吐谷渾有文字，彷彿同於魏朝。其風俗政治，多是西夷之法度。

從吐谷渾西行三千五百里，便到了鄯善城。其城自己立有國王，後被吐谷渾所吞沒。今天鄯善城內之主是吐谷渾國王第二個兒子寧西將軍，他統率三千個部落，以抵禦西方胡人的侵犯。

從鄯善西行一千六百四十里，至左末城⑮。居民可⑯有百家，土地無雨，決水種麥，不知用牛，耒耜⑰而田。城中圖佛與菩薩，乃無胡貌，訪古老⑱，云是呂光伐胡⑲時所作。

從左末城西行一千二百七十五里，至末城⑳。城傍花果似洛陽，唯土屋平頭爲異也。

從末城西行二十二里，至捍麼城㉑。南十五里有一大寺，三百餘僧眾。有金像一軀，舉高丈六，儀容超絕，相好㉒炳然㉓，面恒東立，不肯西顧。父老傳云：「此像本從南方騰空而來，于闐㉔國王親見禮拜，載像歸，中路夜宿，忽然不見，遣人尋之，還來本處。王即起塔，封四百戶以供灑掃㉕。戶人有患，以金箔㉖貼像所患處，即得除愈㉗。後人於此像邊造丈六像及諸像塔，乃至數千，懸綵幡蓋㉘，亦有萬計。魏國之幡過半矣。幡上隸書，多云太和十九年㉙、景明二年㉚、延昌二年㉛。唯有一幡，觀其年號是姚秦㉜時幡。

章旨

此章記敘西行至左末城、末城、捍麼城的各種見聞。

注釋

⑮左末城　《魏書・西域傳》作「且末」，《大唐西域記》作「沮沫」。據近人考證，左末城當為今之新疆省且末縣治車爾城或在其附近。⑯可　即大約之義。⑰耒耜　上古時的翻土農具。耜似鍬，以起土；耒為其柄。原始時用木，後改為用鐵。⑱古老　猶言「故老」，稱呼老年人。⑲呂光伐胡　呂光字世明，氐人。《魏書・卷九五》有傳。按：前秦建元十八年（西元三八二年），苻堅遣光伐龜茲、烏耆國，勝之兵還，聞苻堅已為姚萇所害，乃於涼州建立後涼國。⑳末城　此所謂末城，他書無載。以其地望考之，疑在今尼雅之于闐附近。㉑捍麼城　即捍彌城，當為今和闐東北、塔里木流域之南的于闐。㉒相好　見本書卷四〈永明寺〉篇注㊵。㉓炳然　即光明顯耀之貌。㉔于闐　漢代西域城國，又名于窴。在今新疆省和田縣一帶。㉕灑掃　即清掃。㉖金箔　即金之薄片。本作金簿，用以飾物，俗稱貼金。㉗除愈　即痊癒。除，即病除、病癒。㉘綵幡蓋　即五彩幢幡華蓋。㉙太和十九年　即西元四九五年。太和為北魏孝文帝（元宏）第三年號。㉚景明二年　即西元五〇〇年。景明為北魏宣武帝（元恪）第一年號。㉛延昌二年　即西元

五一三年。延昌爲北魏宣武帝（元恪）第四年號。㉜姚秦　即東晉十六國之後秦。創建者爲姚萇，故亦稱姚秦，以別於苻健所建立之前秦。後秦三主姚萇、姚興、姚泓在位分別是西元三八四～三九三年、西元三九四～四一五年、西元四一六～四一七年。宋雲所見姚興時之幡當懸於西元三九四～四一五年之間。

語譯

從鄯善國西行一千六百四十里，便到了左末城。城中居民大約有一百家。土地無雨水澆灌，只能掘地取水來種麥子。他們不知道用牛犁地，而是以耒耜來翻田。城中所畫的佛像與菩薩像，都不是胡人的容貌。問老年人，他們說是呂光征伐胡人時所畫的。

從左末城西行一千二百七十五里，便到了末城。城傍的花果與洛陽城的相類似。只有土屋是平頂的，與洛陽城的房屋不一樣。

從末城西行二十二里便到了捍麼城。城南十五里處有一座大寺，寺內有僧眾三百多人。寺中供養一尊金像，高達一丈六尺。金像儀容超俗絕世，光明顯耀，常常面朝東方而立，不肯向西望。老人們傳說道：此像本是從南方騰空飛來的，于闐國王親眼所見並施禮叩拜，隨後載像而歸。半路上，夜晚睡覺時，金像忽然不見了。派人尋找，發現它回到原來的地方。於是于闐王便建造一座佛塔來供奉此像，並封四百戶居民以供清掃。居民中如有人患病，只要在金像相應的患處貼上金箔，此人的病就會痊癒。後人在此像旁邊造一丈六尺高的佛像及諸座像塔，以至多達數千座，所懸掛的五彩幢幡和華蓋，也以萬計算。其中魏國的幢幡超過了半數。幡上以漢隸所寫的年號，大多說是太和十九年、景明二年、延昌二年。唯有一面幢幡，觀看它上面的年號則是姚興時的幢幡。

從捍麼城西行八百七十里，至于闐國。王頭著金冠，似鷄幘㉝，頭後垂二尺生絹㉞，廣五寸以爲飾。威儀㉟有鼓角金鉦㊱，弓箭一具，戟㊲二枝，槊㊳五張。左右帶刀，不過百人。其俗婦人袴衫束帶，乘馬馳走，與丈夫㊴無異。死者以火焚燒，收骨葬之，上起浮圖㊵。居喪㊶者剪髮剺面㊷，以爲哀慼。髮長四寸，即就平常㊸。唯王死不燒，置之棺中，遠葬於野，立廟祭祀，以時思之㊹。

于闐王不信佛法，有商胡將一比丘名毗盧旃，在城南杏樹下，向王伏罪云：「今輒將異國沙門來在城南杏樹下。」王聞忽怒，即往看毗盧旃。旃語王曰：「如來㊺遣我來，令王造覆盆浮圖㊻一所，使王祚永隆㊼。」王言：「令我見佛，當即從命。」毗盧旃鳴鍾告佛，即遣羅睺羅㊽變形為佛，從空而現眞容。王五體投地㊾，即於杏樹下置立寺舍，畫作羅睺羅像，忽然自滅。于闐王更作精舍籠之㊿。今覆瓫之影(51)，恒出屋外。見之者無不回向(52)。其中有辟支佛(53)靴，於今不爛，非皮非綵(54)，莫能審(55)之。

案：于闐國境，東西不過三千餘里。

章旨

此章記敍于闐國風土人情及佛法開始傳入時的情形。

注釋

㉝鷄幘　即鷄冠。㉞生絹　即沒有漂煮過的絹。㉟威儀　即儀仗、隨從。㊱金鉦　金屬樂器。形似鐘而狹長，有長柄，用時口朝上，以槌擊之。㊲戟　古代兵器，合戈矛為一體，可以直刺和橫擊。㊳槊　古代兵器，即長矛。㊴丈夫　即成年男子之通稱。㊵浮圖　即佛圖，亦即塔。㊶居喪　即在直系親長喪期之中。㊷剺面　即以刀劃面。㊸髮長四寸，即就平常　指髮長了四寸

時，就節抑哀痛而恢復平常生活。㊹以時思之　猶言「以便時時追思之」。語見《孝經・喪親章》。㊺如來　爲佛之通號。梵語則是多陀阿伽陀。意爲如實道來而成正覺。㊻覆盆浮圖　謂所建佛塔之頂圓拱如覆盆。㊼王祚永隆　猶言「王位永遠興盛」。㊽羅睺羅　佛之弟子名。㊾五體投地　爲佛教頂禮儀式。即禮拜時雙膝雙肘及額頭頂著地。㊿作精舍籠之　即造了一座精舍來籠罩羅睺羅像。(51)覆瓫之影　即覆盆佛塔之影。瓫，即盆字。(52)回向　佛教名詞，亦作迴向。回者回轉，向者趣向，謂回轉自已所修之功德而趣向於所期望者。共分爲兩種：回已之種種功德而專向於求成佛果，謂之回向佛果；回已所修之功德施與一切眾生，期其共成佛道，謂之回向眾生。(53)辟支佛　即辟支迦佛陀。辟支義爲緣，佛義爲覺。言其不逢佛世，觀十二因緣而得悟，曰緣覺。(54)縉　即絲織物之總稱。按：酈道元在《水經・河流注》中明言辟支佛靴爲石靴。此引宋雲等所謂「非皮非縉」，其意或是故神其跡。(55)審　即確定之義。

語譯

從捍麼城西行八百七十八里，便到了于闐國。于闐國王頭戴金冠，其形與鷄冠相似；頭後垂著長二尺、寬五寸的生絹，以此作爲裝飾。儀仗則有鼓角金鉦，一套弓箭，三枝戟和五張槊。還有帶刀的左右侍從，不超過一百人。于闐國的風俗是婦人身穿套褲短衫，束著腰帶，乘馬奔走，與男人沒有差別。人死了就用火焚燒，然後把骨頭收集起來予以安葬，並在其上建塔。凡是處於直系親長喪期中的人，都要剪去頭髮，並且用刀劃面，以表示悲哀。當頭髮長了四寸長時，就節抑哀痛而恢復平常的樣子。只有國王死了纔不焚燒，把他放在棺木中，遠遠地埋葬於野外，並建廟祭祀，以此來時時追念他。

以前于闐王不信佛法。有一位經商的胡人領著一個名叫毗盧旃的僧徒來到城南杏樹下，這位胡人向國王伏罪道：「今天我擅自領著別國的僧徒回來，他現在城南杏樹下。」國王聽說後忽然發怒了，當即便去看毗盧旃。毗盧旃對國王說：「如來派我來令你建一座覆盆佛塔，使你的王位永遠興盛。」國王說：「如果讓我見到佛身，我馬上就聽從命令。」毗盧旃敲響鐘聲，把國王的話向佛稟告了。佛馬上派其弟子羅睺羅變形爲自己的樣子，從空中現出眞實儀容，國王五體投地，馬上在杏樹下建造佛寺，並畫上羅睺羅之像，但是此像忽然自己消失了。於是于闐王又造了一座精舍將羅睺羅像籠罩起來。現在覆盆佛塔之影常常出現在屋外，見之者沒有不回轉自己所修之功德而趨向所期望的。此寺中有辟支佛靴，至今還沒有腐爛。此靴既不是用皮也不是用絲織成的，誰也不能確定用的是什麼質料。案：于闐國境東西相距不過三千餘里。

神龜二年(56)七月二十九日入朱駒波國(57)。人民山居(58)，五谷甚豐，食則麵麥，不立屠煞(59)。食肉者，以自死肉(60)。風俗言音與于闐相似；文字與婆羅門(61)同。其國疆界可五日行遍。

八月初入漢盤陀國(62)界。西行六日，登葱嶺山(63)。復西行三日，至鉢盂城(64)。三日至不可依山(65)，其處甚寒，冬夏積雪。山中有池，毒龍(66)居之。昔有三百商人止宿池側，值龍忿怒，汎殺(67)商人。盤陀王聞之，捨位與子，向烏場國學婆羅門(68)呪，四年之中，盡得其術。還復王位，就池呪龍，龍變爲人，悔過向王。王即徙之葱嶺山，去此池二千餘里。今日國王十三世祖(69)。

自此以西，山路欹側(70)，長坂千里，懸崖萬仞(71)，極天之阻(72)，實在於斯。太行、孟門(73)，匹茲非險；崤關、壠坂(74)，方此則夷。自發葱嶺，步步漸高。如此四日，乃得至嶺。依約中下，實半天(75)矣。漢盤陀國正在山頂。自葱嶺已西，水皆西流。世人云是天地之中。人民決水以種。聞中國待雨而種，笑曰：「天何由可共期也？」

城東有孟津河(76)，東北流向沙勒(77)。葱嶺高峻，不生草木。是時八月，天氣已冷，北風驅雁，飛雪千里。

章旨

此章記敘朱駒波國、漢盤陀國等地的風俗習慣、地理環境和氣候。

注釋

㊱神龜二年　即西元五一九年。神龜爲北魏孝明帝（元詡）第二年號。57朱駒波國　《魏書》作朱居波國。即漢朝西夜國地，在今新疆省葉爾羌西南之葉城縣治哈爾噶里克。58山居　即在山中居住。59不立屠煞　猶言「沒有設置屠宰業」。煞，同殺。60以自死肉　猶言「以自然死亡的禽畜之肉爲食物」。61婆羅門　意譯爲淨行，本爲印度四姓之一，此處則代指印度。62漢盤陀國　《魏書》作渴槃陀國。在今新疆省蒲犂縣治塔什庫爾罕一帶，其全境稱色勒庫爾。63葱嶺山　即今新疆省西南帕米爾高原。64鉢盂城　其地未詳。65不可依山　即小帕米爾地帶。66毒龍　即有毒之龍。此非佛教故事中所說的作爲佛前身之毒龍。據法顯《遊天竺記》云：「葱嶺冬夏有雪。有毒龍，若犯之，則風雨晦冥，遇此難者，萬無一全也。」所云與此書大致相同。67汎殺　猶言「遍殺」。汎，廣博之義。68婆羅門　此指婆羅門教，奉梵王爲主，佛教徒視爲外道。呪龍

術印度方士多習之。⑲世祖　即世或代。⑳欹側　即傾斜。㉑萬仞　極言其高。仞，古代長度單位，其長度所說不一。或言七尺，或言八尺等等。此處不必確指。㉒極天之阻　猶言「至天之險阻」。極天，形容山十分高峻。㉓太行、孟門　皆山名。太行跨河南、河北、山西三省。孟門，在河南省輝縣西，位於太行山東。㉔崤關、壠坂　崤關，即崤山。因山在函谷關之東端，故稱崤關。壠坂，位於陝西省隴縣西北，爲關中西面之要塞。㉕依約中下，實半天　猶言「其似中下等山之高度，實則處於半天之中」。中下，中下等高度，言其低也。依約，即隱約之義。㉖孟津河　即今之葉爾羌河。㉗沙勒　即今新疆省喀什噶爾城。

語譯

神龜二年七月二十九日進入朱駒波國。朱駒波國的人民在山中居住，那裡五穀十分豐盛，吃的則是麥麵。沒有設立屠宰業；吃肉者所食都是自然死亡的禽獸之肉。風俗習慣、言語音調與于闐國相似，文字則與印度相同。其國土疆界可以用五天時間走遍。

八月初進入漢盤陀國的邊界。西行六天，便登上葱嶺山。再西行三天，便到了鉢盂城。再西行三日便到了不可依山。這裡非常寒冷，冬、夏兩季都有積雪。山中有一個水池，毒龍住在裡面。從前有三百個商人在池邊留宿，正碰上毒龍發怒，結果遍殺商人。盤陀王聽說此事後，把王位讓給了兒子，自己則向烏場國婆羅門教學習咒術。四年之中，他把咒術全部學會了。回國後，他又恢復了王位，便在池旁對毒龍施行咒術。毒龍變成了人，向盤陀王悔過。盤陀王便把它遷徙到葱嶺山，離這個水池有二千多里。今天的盤陀國王是第十三世。

從此再向西行，則山路傾斜，山坡長達千里，懸崖高達萬仭。至天之險阻，事實上就在此處。太行、孟門二山，與此相比算不上險峻；崤關、壠坂二山，與此相比則顯得平夷。自葱嶺啟程，步步逐漸升高，如此行走四天，才能到達嶺上。葱嶺山看起來好像只有中下等高度，實際上處於半天之中。漢盤陀國正位於山頂之上。自葱嶺以西，水皆向西流去。當世的人們說，這是因爲此地處於天地的中央。這裡的人民掘井取水來種田。他們聽說中國的田地都是依靠雨水耕種的，便笑道：「老天有何理由可供期求的呢？」漢盤陀國的都城之東有孟津河，河水沿東北方向流往沙勒。葱嶺高峻，草木不生。此時雖是八月，天氣卻已寒冷；北風驅走大雁，飛雪覆蓋千里。

九月中旬入鉢和國(78)。高山深谷，嶮道如常(79)。國王所住，因山爲城。人民服飾，惟有氈衣(80)。地土甚寒，窟穴而居(81)。風雪勁切(82)，人畜相依。國之南界有大雪山，朝融夕結(83)，望若玉峰。

十月之初，至嚈噠國(84)。土田庶衍(85)，山澤彌望(86)，居無城郭，游軍(87)而治。以氈為屋，隨逐水草(88)，夏則遷涼，冬則就溫(89)。鄉土不識(90)，文字禮教俱闕。陰陽運轉(91)，莫知其度(92)，年無盈閏，月無大小，周(93)十二月為一歲。受諸國貢獻，南至牒羅(94)，北盡勅勒(95)，東被(96)于闐，西及波斯(97)，四十餘國皆來朝貢。王居大氈帳，方(98)四十步，周迴以氍毹(99)為壁。王著錦衣，坐金牀，以四金鳳凰為牀腳。見大魏使人，再拜(100)跪受詔書。至於設會，一人唱，則客前後唱，則罷會(101)，唯有此法，不見音樂。嚈噠國王妃亦著錦衣，長八尺奇(102)，垂地三尺，使人擎之。頭帶一角(103)，長三尺，以玫瑰五色珠裝飾其上。王妃出則輿之(104)，入坐金牀，以六牙白象、四獅子為牀(105)，自餘大臣妻皆隨。傘頭亦似有角，團圓下垂，狀似寶蓋(106)。觀其貴賤，亦有服章(107)。四夷(108)之中，最為強大。不信佛法，多事外神(109)。殺生血食(110)，器用七寶，諸國奉獻，甚饒珍異。按：嚈噠國去京師二萬餘里。

十一月初入波知國(111)。境土甚狹，七日行過，人民山居，資業窮煎(112)。風俗凶慢(113)，見王無禮。國王出入，從者數人。其國有水，昔日甚淺，後山崩截流，變為二池。毒龍居之，多有災異。夏喜暴雨，冬則積雪，行人由之(114)，多致艱難。雪有白光，照耀人眼，令人閉目，茫然無見。祭祀龍王，然後平復(115)。

章旨

此章記敘鉢和國、嚈噠國和波知國的地理環境及風土人情。

注釋

(78)鉢和國　據近人考證：當爲今阿富汗東北的瓦汗。(79)嶮道如常　猶言「常見險道」。嶮道，即險道。嶮，通險。如常，如同平常，經常之意。(80)氈衣　用氈縫製的衣服。氈，也作氊。用獸毛碾成的片狀物。(81)窟穴而居　猶言「居住在山洞之中」。窟穴，指鑿山爲穴。(82)勁切　指風雪猛烈。(83)朝融夕結　猶言「早上寒冰融化，晚上又凍結成冰」。(84)噘噠國　《魏書》作嚈噠國。即古之大月氏國改名，都城在阿母河南，曰拔底延，在今阿富汗東北部法扎巴德之東。噘，同喝。(85)庶衍　猶言「廣闊平坦」。(86)彌望　即滿眼之義。(87)游軍　指流動作戰的軍隊。(88)隨逐水草　猶言「追逐水草而居」。意即哪裡有水草就住在哪裡。按：依此，噘噠國爲游牧之國。(89)夏則遷涼，多則就溫　猶言「夏天則遷移到涼快之地，多天則靠近溫暖之地」。(90)鄉土不識　猶言「不認識故鄉」。因其居無定處，故云。(91)陰陽運轉　猶言「晝夜交替」，亦可解爲「寒暑交替」。陰陽，最初之義是指日光的向背，向者爲陽，背者爲陰。歷來引申爲氣候的寒暑，或以之解釋萬物化生，凡天地、日月、晝夜、男女等等皆分屬陰陽。(92)莫知其度　猶言「不知其變化之常規」。度，常規之義。(93)周　即滿之義。(94)牒羅　此國無考。(95)北盡勑勒　盡，止、終之義。勑勒，北魏時亦稱高車部，其先匈奴。有十五個部落，散居漠北。(96)被　即及之義。(97)波斯　即今伊朗。(98)方　即方圓。(99)氍毹　以毛或毛麻混織的毛布、地毯之類。(100)再拜　即一拜而又拜，表示恭敬之禮節。(101)一人唱，則客前後唱，則罷會　猶言「一人唱，則從客人到來之前唱到客人離開之後，唱完則散會」。按：此句因斷句不同而解釋亦有別。(102)奇　餘數。長八尺奇，猶言「長八尺多」。(103)角　即角帽。見《魏書》。又據玄奘《西域記》云：「婦人首冠木角，高三尺餘，前有兩岐，表夫父母，上岐表父，下岐表母。隨先喪亡，除去一岐。舅姑俱歿，角葉全棄。」(104)輿之　即乘車之義。(105)六牙白象二句　佛教謂象柔順有力。六牙表示六種神通，菩薩自兜率天降生，即化乘六牙白象入胎。見《瑞應本起經·卷上》。獅子牀，佛所坐的牀。(106)寶蓋　用珍寶裝飾的華蓋。(107)服章　指表示官吏身分品秩的服飾。此言其上下有別。(108)四夷　指東夷、西戎、南蠻、北狄。古時侯對華夏族以外的各族的蔑稱。(109)外神　指佛以外的神。(110)殺生血食　即殺牲取血用以祭祀。(111)波知國　見《魏書》。地處今阿富汗東北的澤巴克。(112)資業窮煎　即資產窮盡。煎，盡之義。(113)凶慢　即凶惡輕慢。(114)行人由之　即行人經歷此地。由，經由、經歷之義。(115)平復此即平息之義。據《魏書・西域傳》云：「波知國，在鉢和西南，土狹人貧，依託山谷。其王不能總攝。有三池，傳云大池有龍王，次者有龍婦，小者有龍子。行人經之，設祭乃得過。不祭，多遇風雪之困。」依此，則所謂平復當指風雪之困得到平息。

語譯

九月中旬進入鉢和國。此地高山深谷，常見險道。國王所住之處，依山築爲城邑。人民穿的只有氈布縫製的衣服。氣候十分寒冷，都居住山洞之內。風雪猛烈銳急，人畜相依共處。在鉢和國的南部邊界處，有一座大雪山，山上的冰雪，早上才融化，晚上又凍結，望去好像玉峯似的。

十月之初，到了嚈噠國。這裡田地廣闊平坦，滿眼皆是山澤。人民所居之處沒有築起城郭，以流動作戰的軍隊治理國家。用氈布做的帳蓬爲屋舍，哪裡有水草就在哪裡居住。夏天遷徙到涼快之地，冬天則靠近溫暖之處。他們不認識故鄉，文字和禮教也都付之闕如。冬夏冷暖互相交替，他們也不知其變化的常規。在這裡，沒有閏年的設置，也沒有大小月的差別，滿十二個月便爲一年。嚈噠國接受各個國家的貢獻，南面直至牒羅，北面盡於勅勒，東面則到于闐，西面及於波斯，四十多個國家都來朝貢。國王居住大氈帳內，方圓有四十步，周圍以氍毹爲壁。國王穿的是錦衣，坐的是金牀。而金牀則是用四隻金鳳凰做的牀腳。會見大魏使者時，他一拜再拜地接受詔書。至於擺設宴會，則一人唱歌，從客人到達之前唱到客人離開之後，唱完則散會。他們只有這種助興的方法，沒有見到音樂。嚈噠國王妃也穿著錦衣，長八尺多，垂地三尺，需讓人把衣服下襬提起。王妃頭戴一頂角帽，長三尺，上面裝飾著玫瑰五色珍珠。王妃出門則乘車，回家則坐金牀，這是以六牙白象、四獅子裝飾的金牀，其餘大臣的妻子都伴隨在旁。傘頭上也好像有角帽，圓圓地垂下，其形狀好似寶蓋一般。觀察他們中的貴人和賤民，穿著也有上等與下等的區別。四夷之中，嚈噠國最為強大。他們不信佛法，多事奉外神。他們殺牲取血，用以祭祀；所用器皿則以七寶裝飾。各個國家所朝貢的都是十分豐富的奇珍異寶。按：嚈噠國離京師有二萬多里。

十一月初進入波知國。其國境十分狹窄，用七天時間便可穿過。人民在山中居住，資產窮盡，風俗凶惡輕慢，見國王也無禮節。國王出入，跟隨者才有幾人。這個國家有水，以前水很淺，後來山崩而截住水流，變成二個水池。毒龍居住在水池中，多有災害變異：夏天喜愛降暴雨，冬天則喜愛積冰雪。行人經過此地，大多會招致艱難困苦。積雪有白光，照耀人的眼睛，使人閉上雙目，茫然無所見。只有祭祀了龍王，然後才能平息風雪之困。

十二月中旬入賒彌國[116]。此國漸出葱嶺[117]，土田嶢崅[118]，民多貧困。峻路危道，人馬僅通，一直一道(119)，從鉢盧勒國(120)向烏場國，鐵鎖爲橋，懸虛爲度(121)，下不見底，旁無挽捉(122)，倏忽(123)之間，投軀萬仞(124)，是以行者望風謝路(125)耳！

十二月初，入烏場國(126)。北接蔥嶺，南連天竺(127)，土氣和暖，地方數千里。民物殷阜(128)，匹臨淄之神州(129)；原田膴膴(130)，等咸陽之上土(131)。鞞羅施兒(132)之所，薩埵投身(133)之地，舊俗雖遠，土風(134)猶存。國王精進(135)，菜食長齋(136)，晨夜禮佛，擊鼓吹貝(137)，琵琶箜篌，笙簫備有。日中(138)已後，始治國事。假有死罪，不立殺刑，唯徙空山，任其飲啄(139)。事涉疑似(140)，以藥服之，清濁則驗(141)。隨事輕重(142)，當時即決。土地肥美，人物豐饒(143)。五穀盡登(144)，五果(145)繁熟。夜聞鐘聲，遍滿世界(146)。土饒異花，冬夏相接，道俗(147)採之，上佛供養(148)。

國王見宋雲云大魏使來，膜拜(149)受詔書。聞太后崇奉佛法，即面東合掌，遙心頂禮(150)。遣解魏語人問宋雲曰：「卿是日出人也(151)？」宋雲答曰：「我國東界有大海水，日出其中，實如來旨(152)。」王又問曰：「彼國出聖人否？」宋雲具說周、孔、莊、老之德；次序(153)蓬萊山(154)上銀闕金堂，神僊聖人並在其上；說管輅(155)善卜、華佗(156)治病，左慈(157)方術；如此之事，分別說之。王曰：「若如卿言，即是佛國，我當命終(158)，願生彼國。」

宋雲於是與惠生出城(159)外，尋如來教跡(160)。水(161)東有佛晒衣處。初，如來在烏場國行化(162)，龍王瞋怒(163)，興大風雨，佛僧伽梨(164)表裏通濕。雨止，佛在石下，東面而坐，晒袈裟(165)。年歲雖久，彪炳(166)若新，非直條縫明見，至於細縷亦彰(167)。乍往觀之，如似未徹(168)；假令刮削，其文轉明(169)。佛坐處及晒衣所，並有塔記(170)。水西有池，龍王居之，池邊有一寺，五十餘僧。龍王每作神變(171)，國王祈請(172)，以金玉珍寶投之池中，在後涌出，令僧取之。此寺衣食，待龍而濟(173)，世人名曰龍王寺。

王城八十里，有如來履石之跡，起塔籠之。履石之處，若踐水泥(174)，量之不定，或長或短(175)。今立寺，可七十餘僧。塔南二十步有泉石。佛本清淨(176)，嚼楊枝(177)，植地即生，今成大樹，胡名曰婆樓。

城北有陀羅寺，佛事最多。浮圖高大，僧房逼側(178)，周匝金像六千軀。王年常大會[179]，皆在此寺。國內沙門，咸來雲集。宋雲、惠生見彼比丘戒行精苦[180]，觀其風範[181]，特加恭敬，遂捨奴婢二人，以供灑掃。

去王城東南，山行八日，如來苦行投身餧餓虎[182]之處。高山巃嵸[183]，危岫[184]入雲。嘉木靈芝，叢生其上。林泉婉麗[185]，花綵曜目[186]。宋雲與惠生割捨行資[187]，於山頂造浮圖一所，刻石隸書，銘魏功德[188]。山有收骨寺，三百餘僧。

王城南一百餘里，有如來昔在摩休國[189]剝皮爲紙、折骨爲筆[190]處。阿育王[191]起塔籠之，舉高十丈。折骨之處，髓流著石，觀其脂色，肥膩若新[192]。

王城南五百里有善持山[193]，甘泉美果，見於經記。山谷和暖，草木冬青。當時太簇御辰[194]，溫熾已扇[195]，鳥鳴春樹，蝶舞花叢。宋雲遠在絕域[196]，因矚此芳景，歸懷之思[197]，獨軫中腸[198]，遂動舊疹[199]，纏綿經月[200]，得婆羅門呪，然後平善[201]。山頂東南，有太子石室[202]，一戶兩房，太子室前十步，有大方石。云太子常坐其上，阿育王起塔記之。塔南一里，太子草菴[203]處。去塔一里，東北下山五十步，有太子男女遶樹不去[204]，婆羅門以杖鞭之流血灑地處，其樹猶存。灑血之地，今爲泉水。室西三里，天帝釋化為師子，當路蹲坐，遮嫚婗(205)之處。石上毛尾爪跡，今悉炳然。阿周陀窟(206)及閃子(207)供養盲父母處，皆有塔記。山中有昔五百羅漢牀，南北兩行相向坐處，其次第(208)相對。有大寺，僧徒三百人。太子所食泉水北有寺，恒以驢數頭運糧上山，無人驅逐，自然往還。寅發午至(209)，每及中飡(210)。此是護塔神濕婆僊(211)使之然。此寺昔日有沙彌(212)常除灰(213)，因入神定(214)。維那輓之(215)，不覺皮連骨離，濕婆僊代沙彌除灰處，國王與濕婆僊立廟，圖其形像，以金傅之(216)，隔山嶺有婆姧寺，夜叉(217)所造，僧徒八十人。云羅漢夜叉常來供養，灑掃取薪；凡俗(218)比丘，不得在寺。大魏沙門道榮至此禮拜而去，不敢停留。

章旨

此章首先簡要介紹賒彌國和烏場國的地理環境、氣候、物產和風俗習慣，隨後詳細記敘了宋雲在烏場國所見到佛行化之遺跡及有關傳聞。

注釋

(116)賒彌國　《魏書》作商彌國，在波知國之南，即今巴基斯坦北部的乞特拉爾。(117)此國漸出葱嶺，因自此順蘇瓦特西河下行，故云。(118)嶢峭　即磽确，音ㄑㄧㄠ ㄑㄩㄝˋ，土地貧瘠之義。(119)一直一道　猶言「一條直道」。(120)鉢盧勒國　即博羅爾，玄奘《西域記·卷三》作鉢露羅國。《魏書》作波路國。在今克什米爾西北。東西長，南北狹。有一直道通烏場國。(121)懸虛為度　猶言「懸空渡過」。為，此乃使、令之義。(122)挽捉　即牽引握持。(123)倏忽　即急速，指極短的時間。(124)投軀萬仞　猶言「投身於萬丈深淵」。(125)望風謝路　望風，此指觀察危險之形勢。謝路，猶言「離開此路」。(126)烏場國　亦作烏萇國，在今巴基斯坦北部斯瓦特河上游一帶地方。(127)天竺　即印度。(128)殷阜　即殷實富盛。(129)臨淄之神州　臨淄，為周朝時齊國之都城。在今山東省臨淄縣。臨淄之富實，《史記·蘇秦傳》已載。故此處借以比擬。神州，此指中國之地。(130)原田膴膴　猶言「土地肥美」。語本《詩·大雅·緜》篇。原，寬闊平坦之地。膴膴，肥美之義。(131)咸陽之上土　咸陽，古屬雍州地，秦都地。語出《尚書·禹貢》。上土，即肥沃的上等土地。(132)鞞羅施兒　見《太子須大拏經》。其故事詳下文。(133)薩埵投身　見《金光明經·卷四》。薩埵，為摩訶薩埵之省稱，為如來未成佛時之名號。其故事詳下文。(134)土風　指地方固有之風俗習慣。(135)精進　佛教以布施、持戒、忍辱、精進、禪定、智慧為成佛的基本功，稱六度。能持善樂道不自放逸，爲精進。⑬⑥菜食長齋　猶言「終年素食」。菜食，即素食。⑬⑦貝　即梵貝，爲西域的一種樂器。⑬⑧日中　即正午。⑬⑨飲啄　本爲鳥類之飲水啄食。常借喻逍遙自在。此指自己尋找食物，自生自滅。⑭⓪疑似　即是非難辨。⑭①清濁則驗　猶言「或善或惡便得以驗明」。清者潔白無邪，濁者污垢多亂，故以清濁喻人之美善與醜惡。⑭②隨事輕重　猶言「依隨事之輕重」，即根據事之輕重也。⑭③人物豐饒　猶言「人口眾多，物產富饒」。⑭④登　即豐登，亦即豐收。登，熟之義。⑭⑤五果　即桃、李、杏、栗、棗。⑭⑥遍滿世界　猶言「響遍人間」。此指鐘聲傳得很廣、很遠。⑭⑦道俗　此指僧徒和俗士。⑭⑧上佛供養　猶言「供養在佛前」。上佛，即給佛獻上。⑭⑨膜拜　即合掌加於額上，伏地跪拜。我國古代西部少數民族對其最尊敬者或畏服者，多行此禮。⑮⓪遙心頂禮　猶言「遙遠地誠心致敬」。頂禮，即跪地以頭承尊者之腳，爲佛教徒的最敬禮。後來一般用作敬禮、致敬之義。⑮①卿是日出人也　猶言「你是東方人嗎？」日出即指東方。《樓炭經》云：「蔥河以東，名爲震旦。以日初出，耀於東隅，故得名也。」此也字則與邪、歟、乎等字相同，爲發問助詞。說見《經傳釋詞》。⑮②實如來旨　猶言「其實是如來佛的旨意」。⑮③次序　猶言「其次敍述」。序即敍說。⑮④蓬萊山　爲古代傳說中的三神山之一，在渤海之中。見《漢書．卷二五．郊祀志》。⑮⑤管輅　生於西元二〇八年，卒於西元二五五年。《三國志．魏志．卷二九》有傳。⑮⑥華佗　《三國志．魏志．卷二九》及《後漢書．卷一一二〇下》有傳。⑮⑦左慈　生於西元一五五年，卒於西元二二〇年。《後漢書．卷一一二〇下》有傳。⑮⑧命終　即死去。⑮⑨城　此即曹揭鳌城。據玄奘《西域記》載，此城爲烏場國之舊都。(160)如來教跡　即如來施行教化之遺跡。(161)水　此即阿波邏龍泉，爲蘇婆伐窣堵河之源。見《西域記》。(162)行化　施行教化。(163)瞋怒　即憤怒。瞋，同嗔，怒之義。(164)僧伽棃　即僧人之衲衣，由肩至膝束於腰間。(165)袈裟　即衲衣之總名。(166)彪炳　即文彩煥發。(167)彰　即顯著之義。(168)如似未徹　猶言「好似沒有看清楚」。徹，即透徹。(169)其文轉明　猶言「其紋路轉而變得清晰了」。(170)塔記　即立塔爲記。(171)神變　即神祕的災變。(172)祈請　即請求。祈即請之義。(173)待龍而濟　猶言「等待龍王的救濟」。(174)若踐水泥　猶言好像踩在水泥之中。因爲水泥之跡易變化，故以此喻佛履石之跡神奇也。(175)量之不定，或長或短　據玄奘《西域記》云：「阿波邏龍泉西南三十餘里水北岸大磐石上有如來足所履跡，隨人福力，量有長短。」(176)清淨　佛語，謂遠離罪惡與煩惱。(177)嚼楊枝　楊枝，古印度人常用以淨齒，故亦稱爲齒木。男女老幼，朝起飯後，皆熟嚼之，以水漱淨，可以堅齒。如來嚼楊枝，棄而成奇樹的故事，見《法顯傳》。(178)逼側　謂僧房相接。(179)王年常大會　即《法顯傳》所謂五年大會之類，多在春季，請四方沙門雲集於此。王作會之後，復勸諸羣臣設供供養、發願布施衆僧。(180)戒行精苦　戒即戒律。戒行即戒律之遵行。精苦即精誠刻苦。(181)風範　此即風度之義。(182)如來苦行投身飼餓虎　苦行，佛教徒的一種修行方法，爲表示虔誠或永得解脫而忍受身體的折磨。投身飼餓虎，見《菩薩本生鬘論．卷一》及《賢愚經》等。故事梗概是：佛告阿難，過去無量世時，有大國，其王名大寶。王有三子，長名摩訶波羅，次名摩訶提婆，季名摩訶薩埵。一日王與羣臣共游山谷，三子共入竹林，見一虎新產數子，無暇求食。第一王子以爲母虎饑困交迫，必噉其子，而後乃生。第二王子以爲非新屠血肉，莫之能救。是時二人捨而去之。第三王子因思此身虛棄敗壞，曾無少益，何不捨身，救濟眾生，永離憂苦。乃合手投身巖下，以乾竹刺頸出血，虎得噉食，母子俱活。及二王子往尋，唯見遺骨狼藉在地。佛告阿難，爾時摩訶薩埵即我身也。以吾布施，不惜身命救眾生故，今致成佛。(183)巃嵸 音ㄌㄨㄥˊ ㄗㄨㄥ，山勢險峻貌。(184)危岫 即峯巒高峻。(185)婉麗 即美麗。婉，美好之義。(186)矅目 炫目，即眼花撩亂之義。(187)行資 即旅費。(188)功德 佛語。其義多指念佛、誦經、布施等事。見《大乘義章・十功德義三門分別》。(189)摩休國 即玄奘《西域記》所述之摩愉國。(190)剝皮爲紙、折骨爲筆 據《菩薩本行經・卷下略》云：「佛在毘舍離國爲眾說法，言我從無數刧以來所作功德，作大誓願，我今以此正眞之行除去一切眾生身病意病。佛言爲梵天王時，爲一偈故，自剝身皮而用寫經，爲優多婆仙人時，爲一偈故，剝身皮爲紙，折骨爲筆，血用和墨。此皆前世宿行所作，結於誓願，今皆得之。」(191)阿育王事詳見西晉沙門安法欽譯《阿育王傳》。(192)肥膩若新 猶言「肥厚油膩如同才流出來似的」。肥膩，指油脂很多的食物，此指骨髓。(193)善持山 即《魏書》所述之檀特山。爲太子須大拏隱棲之所。見《西域記・卷二》。按：善字與檀字古讀聲相同。持字疑爲特字之誤。(194)太簇御辰 即孟春。太簇爲十二律名之二，位在寅，辰在娵訾，當正月。見《禮記・月令》。後太簇成了正月之別名。御辰，即掌馭時辰。(195)溫熾已扇 猶言「溫暖之風已經扇揚」。(196)絕域 猶言「極遠的地方」。(197)歸懷之思 猶言「思歸之念」或「思歸」也。(198)獨軫中腸 猶言「暗自痛於內心」。獨，暗自。軫，痛之義。中腸，即內心。(199)舊疹 即舊病。(200)纏綿經月 猶言「糾纏了一個月」，即病了一個月。(201)平善 猶言「病癒」。(202)太子石室 據《西域記》云：「巖（指彈多落迦山，即善持山）間石室，太子及妃習定之處。」(203)草菴 即圓形草屋。菴，同庵。(204)太子男女遶樹不去 此稱太子即須大拏太子。據《太子須大拏經》云：佛告訴阿難，往昔過去不計刧時，有大國名爲葉波，其王號濕波。王之太子名須大拏，其妃名曼坻，生有一男一女。太子既好布施，常以王之珍寶置之城門外，任人取之。並將王之白象也授與敵國。王怒，逐太子出國。太子與妃共載而別，至善持山築草屋居之，以泉水果蓏爲食。時鳩留國一婆羅門來乞太子男女，以爲奴婢。值妃離山，太子遂與之，兩兒不肯去，婆羅門以繩縛之而行，兒於道中以繩繞樹，不肯隨去，盼其母至。婆羅門以捶鞭之，血出流地，而後遂行。是時其母思念兩兒，欲歸山視之。天帝釋恐妃敗太子善心，化作獅子，當道而蹲。及婆羅門去遠，才讓道。婆羅門攜太子男女至葉波國衒賣，爲人所識以白國王。王迎兒入宮，乃遣使者迎太子與妃，敵國亦以象還王。王更以寶藏付諸太子，任其布施。太子因以成佛。佛告阿難，太子須大拏者，即我身也。(205)遮嫚坻 遮，即阻攔之義。嫚坻，即太子妃曼坻。天帝釋化獅阻妃事，已見上注。(206)阿周陀窟 爲錫蘭島之修行士。(207)閃子 經紀作睒子。睒，廣韻式冉切，閃、睒同音。睒子供養盲父母事，見《佛說睒子經》。其略云：昔佛在毘羅勒國告諸比丘，過去無數世時，迦夷國一長者，夫妻兩目皆盲。子年十歲，名睒子。

至孝仁慈，奉行十善，願求無上法，遂與父母入山，結草爲廬，侍養之宜，不失時節。時二親口渴，睒乃提瓶汲水。適迦夷王入山田獵，誤傷睒子。其父母哀號呼天。時天帝釋感茲慈孝，乃救活之。眾人遂立意修睒子至孝之行。佛告諸比丘：睒子即吾身也。⑳⑧次第　即依次。⑳⑨寅發午至　猶言「清晨出發，正午就到了」。寅即寅時，爲天亮前三點到五點。⑳⑩飡　同餐。⑳⑪濕婆僊　爲印度三大神之一，爲外道所祀。⑳⑫沙彌　佛教謂男子出家初受十戒者爲沙彌，女性爲沙彌尼。⑳⑬除灰　當爲塗灰，爲印度外道之一，奉濕婆仙。⑳⑭入神定　即入定。僧人靜坐歛心，不起雜念，使心定於一處，謂入定。⑳⑮維那輓之　維那，即管事僧。輓之，即挽之、拉他之義。⑳⑯以金傳之　即以金箔貼之。⑳⑰夜叉　梵語。意爲勇健，又爲凶暴醜惡。佛教中一種形象凶惡之鬼，列爲天龍八部神眾之一。⑳⑱凡俗　即凡俗之人。

語譯

十一月中旬進入賒彌國。這個國家漸漸離開葱嶺的範圍，土地瘠薄，人民大多貧困。道路險峻，僅僅能通過一人一馬。有一條直道從鉢盧勒國通向烏場國，以鐵鏈爲橋，行人懸空度過，下不見底，旁無牽引握持之處。倏忽之間，便可能投身於萬丈深淵；所以行人見形勢危險，便多離開此路了。

十二月初，進入烏場國。烏場國北與葱嶺相接，南與天竺相連。氣候和暖，疆域數千里。其人口眾多、物產豐富，可與中國臨淄這個地方相比；土地肥美，正與中國咸陽的上等土地相同。這裡有鞞羅施舍兒女之所，薩埵投身飼虎之地。舊的風俗雖然距今遙遠，但是那種固有的地方風俗仍然存在。烏場國王能持善樂道，不自放逸，終年素食，早晨和夜晚都要向佛禮拜，擊鼓吹貝，彈奏琵琶、箜篌，備有笙、簫。每天正午以後，他才開始治理國事。假如有人犯下死罪，則因沒有設立死刑，所以只是把他放逐於空山，任其自生自滅。倘若事情的是非難辨，那麼就讓當事人服下一種藥，就能夠驗明是非。根據事情的輕重，當時就予以裁決。烏場國土地肥美，人口眾多，物產富饒，五穀豐登，五果繁熟。夜間聽到鐘聲，幾乎響遍世間。地上開放著很多奇異的花朵。每當冬夏相交時，僧人和俗士都去把它們採來，供養在佛的面前。

烏場國王見宋雲說是大魏派來的，便膜拜而且接受詔書。他聽說胡太后崇奉佛法，馬上面朝東方，雙手合掌，遙遠地誠心頂禮致敬。他讓能夠理解大魏語言的人問宋雲道：「你是太陽升起的那個地方的人嗎？」宋雲回答道：「我國東臨大海，太陽從海中出來，這實在是如來的旨意。」國王又問道：「你們國家出聖人嗎？」宋雲首先詳細地說明了周公、孔子、莊子、老子的道德；其次敍述了蓬萊山上的銀闕金堂，神仙聖人一起住在這座仙山之上；接著又說到管輅善於卜卦，華陀精於治病，左慈擅長方術；對於這些事情，他都分別做了說明。國王說：「假如眞的像你所說的那樣，那就是佛國，我在死去之後，願意託生於你們國家。」

宋雲於是與惠生走出城外，尋訪如來施行教化的遺跡。龍泉之東有佛晒衣之處。當初，如來在烏場國施行教化時，龍王發怒，興起大風大雨，佛的衲衣內外都濕透。大雨停止之後，佛在石下向東而坐，以晒袈裟。至今年歲雖然已久，但石上文彩煥發，如同新近印上的一樣。不僅僅衣服的條縫明顯可見，甚至細密的線縷也很清晰。乍一往上看去，好像並不十分清楚，假若刮削一下，其紋路便轉而鮮明了。佛所坐之處及晒衣的地方，都立塔爲記。

龍泉之西有水池，龍王居住在裡面。池邊有一座佛寺，寺中有五十多位僧人。龍王每次興作神祕的災變，國王便向它祈求免災，並把金玉珍寶投入池中，過後龍王便讓它們湧出水面，讓僧人取回去。此寺的衣食之資，全都依靠龍王的救濟。因此當世的人便把這座佛寺稱爲龍王寺。

離王城之北八十里，有如來踏石的遺跡，建了一座塔把它籠罩起來了。踏石之跡，就好像是踩在水泥之上留下的。測量時，它時而長時而短，沒有固定的尺度。現在建了一座佛寺，大約有七十多位僧人。在塔的南面二十步遠的地方有泉有石。佛本清淨，口嚼楊枝，栽於地上便都活了，現在已經長成大樹，在印度被稱爲婆樓。

王城之北有陀羅寺，此寺的佛事最多。佛塔高大，僧房相連，周圍有金像六千尊。國王每年常常舉辦大會，地點都在此寺。國內的僧人全都前來聚會。宋雲、惠生見那些僧徒遵行戒律、精誠刻苦，觀其風範，則對他們特別恭敬。於是便施捨二名奴婢，以供作此寺灑水掃地的僕人。

從王城東南方向出發，在山中行走八日，便到了如來刻苦修行、投身飼養餓虎之處。這裡高山險峻，聳入雲霄；嘉木、靈芝，叢生其上；林泉美麗，花色耀目。宋雲與惠生拿出旅費，在山頂建造了一座佛塔，刻石並以漢字書寫了碑文，以銘記大魏的功德。山上有一座收骨寺，寺內有三百多位僧人。

在王城南面一百多里，有如來以前在摩休國剝皮爲紙、折骨爲筆之處，阿育王建了一座佛塔，將此處籠罩起來。此塔高十丈。折骨之處，骨髓流在石上，觀其油脂之色，肥膩如同新流出似的。

在王城之南五百里，有一座善持山。山上的甘泉美果，已見載於佛經。山谷氣候和暖，草木在冬天也是青色。當時正是孟春之時，暖風已經吹拂扇揚，鳥鳴於春樹之上，蝶舞於花叢之中。宋雲身處極遠的地方，因爲見到這種美景，思歸之情暗自傷於內心，於是便觸動了舊病，前後糾纏了一個月，直至得到婆羅門施行咒術之後，病才痊癒。

在山頂東南面，有一座太子石室，此室爲一戶兩房。在太子石室前面十步遠的地方，有一塊大方石。據說當初太子常坐在這塊石上，阿育王也在此建塔爲記。在塔的南面一里，有太子築草屋之處；又在塔的東北一里的地方，下山走五十步，有太子的兒女繞樹不去、婆羅門以杖鞭之流血灑地之處。那棵樹至今還存在。灑血的地方，今天有泉水流淌。在太子石室西面三里，有天帝釋化爲獅子，當路蹲坐石上以阻擋嫚姬之處；石上所留下的毛尾腳爪之跡，今天全都清晰可見。阿周陀窟及閃子奉養雙目失明的父母之處，都立塔爲記。

山中有以前留下的五百張羅漢牀，分爲南北兩行，相向而坐之處，其次第相對。還有一座大寺，寺中有僧徒三百人。太子所喝過的那條泉水之北也有寺。此寺以數頭驢運糧上山，沒有人驅趕，它們自然往還。清晨出發，中午便到，每次都趕得上吃中餐。這是護塔神濕婆仙驅使它們這樣做的。此寺以前有一位沙彌，常常習「塗灰」，因而進入神定，寺中執事僧拉他，不覺皮連骨離。在濕婆仙代沙彌習塗灰之處，國王給濕婆仙建了一座廟宇，在廟內畫上了她的形像，並且給她貼上了金箔。

隔山嶺上有一座婆姧寺，爲夜叉所建造。此寺有僧徒八十人。據說羅漢、夜叉常來此寺供養，或灑水或掃地或取柴，凡俗之人和僧徒都不能在寺內停留。大魏僧徒道榮來到此寺時，只是禮拜而去，不敢停留。

至正光元年[219]四月中旬，入乾陀羅國[220]，土地亦與烏場國相似，本名業波羅國，爲嚈噠所滅，遂立敕懃[221]爲王。治國以來，已經二世。立性凶暴，多行殺戮，不信佛法，好祀鬼神。國中人民，悉是婆羅門種，崇奉佛法，好讀經典，忽得此王，深非情願[222]。自恃勇力，與罽賓[223]爭境，連兵戰鬭，已歷三年。王有鬭象七百頭，一負十人，手持刀楂(224)，象鼻縛刀，與敵相擊。王常停境上(225)，終日不歸，師老民勞(226)，百姓嗟怨。

宋雲詣軍，通(227)詔書，王凶慢無禮，坐受詔書。宋雲見其遠夷(228)不可制，任其倨傲(229)，莫能責之。王遣傳事(230)謂宋雲曰：「卿涉諸國，經過險路，得無勞苦也？」宋雲答曰：「我皇帝深味大乘(231)，遠求經典，道路雖險，未敢言疲。大王親總三軍，遠臨邊境，寒暑驟移(232)，不無頓弊(233)？」王答曰：「不能降服小國，愧卿此問(234)。」宋雲初謂王是夷人，不可以禮責，任其坐受詔書，及親往復(235)，乃有人情，遂責之曰：「山有高下，水有大小，人處世間，亦有尊卑。嚈噠、烏場王並拜受詔書，大王何獨不拜？」王答曰：「我見魏主則拜，得書坐讀，有何可怪？世人得父母書，猶自坐讀，大魏如我父母，我亦坐讀書，於理無失。」雲無以屈之。遂將雲至一寺，供給甚薄(236)。時跋提國送獅子兒兩頭與乾陀羅王，雲等視之，觀其意氣雄猛(237)，中國所畫，莫參其儀(238)。

章旨

此章記敘乾陀羅國的地理環境及宋雲的見聞。

注釋

⑲正光元年　即西元五二〇年。正光為北魏孝明帝（元詡）第三年號。⑳乾陀羅國　《魏書·西域傳》作乾陀國。其國在烏場國之西，包括今巴基斯坦沙瓦附近之地。㉑勅懃　即特勤，突厥可汗之子弟謂之特勤。㉒情願　甘心願意。㉓罽賓　位於烏場國東南，西與乾陀羅國為鄰，在今克什米爾。㉔刀楂　為一種兵器的名稱。㉕王常停境上　指乾陀羅國王常率軍停留在邊境之上。㉖師老民勞　猶言「軍隊士氣低落、人民疲勞」。㉗通　此為傳達、傳送之義。㉘遠夷　即邊遠之地的夷人。㉙倨傲　即傲慢自大之義。㉚傳事　指負責傳達事情、轉譯話語之官員。㉛深味大乘　猶言「深深體味到大乘經教義」。㉜寒暑驟移　猶言「冬夏多次更替」，指時間很長。驟，即屢次之義。㉝不無頓弊　猶言「不無勞苦」。頓弊，即頓頓，勞苦之義。㉞愧卿此問　猶言「對你的詢問感到羞愧」。㉟及親往復　猶言「等到親自交往之後」。往復，即往來、交往之義。㊱甚薄　即甚少。㊲意氣雄猛　猶言「意態與氣概雄壯勇猛」。㊳莫參其儀　猶言「沒有參究其儀態」，意即所畫與眞獅之儀態不相符合。

語譯

到了正光元年四月中旬，進入乾陀羅國。其土地也與烏場國相似。這個國家本名爲業波羅國，後來被嚈噠國消滅，於是便立勅懃爲王。自從勅懃治國以來，已經過了二代。這第二代國王生性凶暴，多行殺戮之事。他不信佛法，喜歡祭祀鬼神。國中的人民，都屬於婆羅門種姓。他們敬仰信奉佛教，喜愛研讀佛教經典。忽然換上這位國王，實在不是他們甘心願意的。這位國王自恃勇猛有力量，便與罽賓國爭奪疆境，連續派兵戰鬥，已有三年之久。這位國王有鬥象七百頭，每頭象載十人，每人手持刀楂，鬥象的鼻子也縛著尖刀，以此與敵人相互攻擊。國王經常率軍停留在邊境之上，終日不歸，結果軍隊士氣低落，百姓慨嘆怨恨。

宋雲前往軍中，傳送大魏詔書。國王凶暴，傲慢無禮，坐著接受詔書。宋雲見他是邊遠之地的夷人，不可制服，也就任憑他傲慢自大，不能責備他。國王派一位傳事對宋雲說：「你涉歷了幾個國家，經過了危險道路，難道不感覺勞苦嗎？」宋雲回答道：「我大魏皇帝深深體味到大乘教義，派我遠求佛教經典，道路雖然危險，也不敢說什麼疲勞。大王親自統率三軍，遠臨邊境，多夏迅速交替，難道不感到勞苦嗎？」國王回答說：「我不能降服小國，因此對你的詢問感到羞愧。」宋雲起初以爲國王是夷人，不可拿禮儀來責備他，因此任憑他坐著接受詔書。等到親自與他交往之後，才知道他也有人的感情，於是便責備道：「山有高下，水有大小。人處於世間，也有尊卑之分。嚈噠、烏場兩國國王都是拜受詔書，大王你爲何獨自不拜受詔書？」國王回答道：「我見到魏朝皇帝就拜。得到書信，坐著閱讀，這有什麼可奇怪的？世人得到父母的書信，也還是兀自坐著閱讀。大魏如同我的父母，因此我也就坐著閱讀詔書，這在道理上沒有什麼過失。」宋雲沒有什麼辦法使他屈服。於是國王令人把宋雲帶到一座佛寺，所供給他的食物很少。當時，跋提國送兩頭幼獅給乾陀羅王。宋雲等人見到這兩頭幼獅，觀看牠們意態雄壯，氣概勇猛，而中國人所畫的獅子，則沒有參究牠們的儀態（因此與其外貌不合也）。

於是西行五日，至如來捨頭施人[239]處。亦有塔寺，三十餘僧。復西行三日，至辛頭大河[240]，河西岸上，有如來作摩竭大魚[241]，從河而出，十二年中以肉濟人處，起塔爲記，石上猶有魚鱗紋。

復西行三日，至佛沙伏城[242]。川原沃壤，城郭端直[243]，民戶殷多，林泉茂盛。土饒珍寶，風俗淳善。其城內外，凡有古寺，名僧德眾[244]，道行高奇[245]。城北一里有白象宮[246]，寺內佛事[247]，皆是石像，莊嚴極麗，頭數甚多，通身金箔，眩耀人目。寺前繫白象樹，此寺之興，實由茲焉。花葉似棗，季冬[248]始熟。父老傳云：「此樹滅，佛法亦滅。」寺內圖太子夫妻以男女乞婆羅門[249]像，胡人見之，莫不悲泣。

復西行一日，至如來挑眼施人[250]處。亦有塔寺，寺石上有迦葉佛[251]跡。

復西行一日，乘船渡一深水，三百餘步[252]。復西南行六十里，至乾陀羅城[253]。東南七里有雀離浮圖[254]。《道榮傳》云：「城東四里。」推其本源，乃是如來在世之時，與弟子游化此土，指城東曰：「我入涅槃[255]後二百年，有國王名迦尼色迦[256]在此處起浮圖。」佛入涅槃後二百年，果有國王名迦尼色迦出游城東，見四童子累牛糞爲塔，可高三尺，俄然即失。《道榮傳》云：「童子在虛空中向王說偈[257]。」王怪此童子[258]，即作塔籠之，糞塔漸高，挺出於外，去地四百尺，然後止。王廣[259]塔基三百餘步。《道榮傳》云：「三百九十步。」從地構木，始得齊等[260]。《道榮傳》云：「其高三丈，悉用文石[261]爲階砌櫨栱[262]，上構眾木，凡十三級。」上有鐵柱，高三百尺，金盤[263]十三重，合去地七百尺。《道榮傳》云：「鐵柱八十八尺，八十圍(264)，金盤十五重，去地六十三丈三尺。」施功既訖，糞塔如初，在大塔南三百步(265)。時有婆羅門不信是糞，以手探看，遂作一孔，年歲雖久，糞猶不爛，以香泥填孔，不可充滿。今有天宮籠蓋之。

雀離圖自作以來，三經大火所燒，國王修之，還復如故。父老云：「此浮圖天火七燒，佛法當滅。」《道榮傳》云：「王修浮圖，木工既訖，猶有鐵柱，無有能上者。王於四角起大高樓，多置金銀及諸寶物，王與夫人及諸王子悉在樓上燒香散花，至心(266)請神，然後轆轤(267)絞索，一舉便到。故胡人皆云四天王(268)助之，若其不爾(269)，實非人力所能舉。」

塔內佛物，悉是金玉，千變萬化，難得而稱。旭日始升，則金盤晃朗，微風漸發，則寶鐸和鳴。西域浮圖，最為第一。此塔初成，用真珠為羅網覆於其上。於後數年，王乃思量，此珠網價直萬金，我崩之後，恐人侵奪；復慮大塔破壞，無人修補。即解珠網，以銅鑊(270)盛之，在塔西北一百步掘地埋之。上種樹，樹名菩提，枝條四布，密葉蔽天。樹下四面坐像(271)，各高丈五，恒有四龍典掌此珠(272)，若興心欲取，則有禍變。刻石為銘，囑語將來(273)，若此塔壞，勞煩後賢出珠修治。雀離浮圖南五十步有一石塔，其形正圓，高二丈，甚有神變，能與世人表吉凶。以指觸之，若吉者，金鈴鳴應；若凶者，假令人搖撼，亦不肯鳴。惠生既在遠國，恐不吉反(274)，遂禮神塔，乞求一驗。於是以指觸之，鈴即鳴應。得此驗，用慰私心(275)，後果得吉反。

惠生初發京師之日，皇太后(276)勅付五色百尺幡千口，錦香袋五百枚，王公卿士幡千口。惠生從于闐至乾陀羅，所有佛事處，悉皆流布(277)，至此頓盡。惟留太后百尺幡一口，擬奉尸毗王(278)塔。宋雲以奴婢二人奉雀離浮圖，永充灑掃。惠生遂減割行資，妙簡良匠(279)，以銅摹寫雀離浮圖儀(280)一軀，及釋迦(281)四塔變(282)。

章旨

此章記敘宋雲等途經佛沙伏城和乾陀羅城時所見所聞。其中尤其詳細地介紹了多處佛跡及雀離浮圖。

注釋

㉟如來捨頭施人　據《佛說月光菩薩經》云：以前，在北印度有一大城名爲賢石，其國王名爲月光，好施無慳。當時香醉山中有婆羅門名叫惡眼，知月光天子於城四門大開施會，求者供給，而無乏少，遂往求王頭。月光天子應允，於名爲摩尼寶藏的苑囿中，以髮繫無憂樹枝，自執利劍，自斷其頭。佛告諸苾芻云：「往昔月光天子者，今我身是。」㊵辛頭大河　即今印度斯河。㊶摩竭大魚　即鯨魚。如來作摩竭大魚，以肉濟人。據《佛說菩薩本行經．卷下》云：「佛在摩竭國言，我爲舍尸王時，自以身肉供養病人，經十二年。爲跋彌王時，國中人民盡有瘡病，醫言當得魚肉食之乃瘥。王即到水邊，上樹求願作魚。即從樹上投身水中，便化成魚。而有聲，言其有病者來取我肉噉，病當除瘥。人民聞聲，皆來取肉食之，病盡除愈。」㊷佛沙伏城　《魏書》作富樓沙，在印度河西。此本乾陀羅國屬城。乾陀羅王爲王子時曾守此城。從此西行至乾陀羅國都約三百餘里。㊸端直　即端正之義。㊹名僧德眾　即眾位大德名僧。㊺道行高奇　此指佛法修養高超奇妙。㊻白象宮　須大拏太子曾居佛沙伏城，以父王白象施與敵國之使，乃被擯棄，故有白象宮。㊼佛事　此指供養佛像。按：本書佛事一詞屢見，或指誦經、或指祈請、或指供養佛像等，須依上下文而定。㊽季冬　即冬季第三個月，亦即農曆十二月。㊾太子夫妻以男女乞婆羅門　參見本篇注㉔。乞，給與之義。㊿如來挑眼施人　據《菩薩本行經》云：「過去無數世

時，有王名曰梵天，其子端正姝好，有大人相，名曰大自在天。爲人慈仁，聰明智慧，一切技術，莫不通達。復學醫術，和合諸藥。國中人民多詣太子求治。諸醫師反爲眾人所輕慢。會疾疫流行，人民死者日多，王命召諸醫，問其方藥。一醫妬王太子，乃曰當得從生以來仁慈愍眾，未曾起瞋恚者，以其血和藥服之，得其兩眼，用解遺鬼，眾病乃瘥。王即答曰：此事甚難，不可得也。太子聞之，乃願以肉眼施與眾生，遂令醫者挑去兩眼。時天帝釋見其如是勤苦，悲愍眾生，實爲甚難。即取太子已挑之眼還著太子眼中，即時平復。天帝釋更逐諸疫鬼，一切眾生，病盡除瘥，佛告諸比丘，爾時太子自在天者，我身是也。」(251)迦葉佛　佛弟子名，父名梵德，婆羅門種。亦稱迦葉波，身長十六丈。見《釋迦譜・卷一》。(252)三百餘步　此指水之寬度。(253)乾陀羅城　此爲乾陀羅之都城，即今之白沙瓦。(254)雀離浮圖　佛塔爲何以雀離爲名，眾說不一。或云雀離乃具異彩之義。(255)涅槃　此即滅度，卽示寂（佛菩薩及高僧之死稱示寂或滅度）。(256)迦尼色迦　古印度王名，於西元元年左右，統一國內，創建乾陀羅國，其領地西至大夏，東達恒河，北連葱嶺，南界印度河口。其聲名與阿育王相等。有功於佛教。(257)偈　佛經中的頌詞，梵語偈陀的簡稱。多用三言、四言、五言、六言、七言以至多言爲句，四句合爲一偈。(258)王怪此童子　猶言「王對這幾位童子感到奇怪」。(259)廣　即擴大之義。(260)始得齊等　猶言「這才能夠與糞塔相當」，亦即能夠將糞塔籠於其內之義。(261)文石　即有紋理的石塊。(262)櫨栱　即斗栱，亦即柱上承梁的方形短木。(263)金盤　即承露金盤，見本書卷一〈永寧寺〉篇注㉙。(264)圍　一圍五寸。(265)在大塔南三

百步　此言糞塔仍然傍出於大塔之南三百步。㉖至心　即至誠之心。㉗轆轤　一種起重裝置。㉘四天王　佛經稱帝釋的外將，住須彌山四邊，各護一方，因此叫護世四天王。即東方天王多羅吒（治國主）、南方天王毗瑠璃（增長主）、西方天王毗留博叉（雜語主）、北方天王毗沙門（多聞主）。㉙若其不爾　猶言「假如四天王不幫助的話」。不，即否。㉚鑊　如釜之類的盛器。㉛四面坐像　即四佛坐像。㉜典掌此珠　猶言「掌管這一珠網」。典，掌管之義。㉝囑語將來　猶言「囑咐告訴將來之人」。㉞恐不吉反　猶言「擔心不能安全返回故土」。㉟用慰私心　即用以安慰自己的心。㊱皇太后　指胡太后。㊲流布　即流傳布施。㊳尸毗王　如來昔修菩薩行，號尸毗王。曾割身救鴿，詳下文注。㊴妙簡良匠　猶言「準確恰當地選擇好的工匠」。妙簡，即善於選擇之義。㊵以銅摹寫雀離浮圖儀　猶言「以銅仿製雀離佛塔的模型」。㊶釋迦　即釋迦牟尼之省稱。㊷四塔變　四塔指北天竺之四大塔。一是釋迦佛為菩薩時割肉貿鴿處；二為以眼施人處；三為以頭施人處；四為投身飼餓虎處。變，即變相。僧徒繪製佛像及經文中變異之事，稱為變相。此指以銅仿製釋迦四塔。

語譯

於是西行五日，便到了如來把頭施捨給他人之處。此處也有佛寺和佛塔，寺內有三十多位僧人。再西行三日，便到了辛頭大河。河西岸上有如來變作鯨魚，從河而出，十二年中以肉救濟他人之處，此處也起塔爲記，石上還有魚鱗紋。

再西行三日，便到了佛沙伏城。此地平川廣野，土壤肥沃，城廓端正整齊，民戶頗多，林泉繁茂豐盛。土地多產珍寶，風俗淳樸善良。城內城外，都有古寺。眾位大德名僧，其佛法修養高超奇妙。在城的北面一里之處有白象宮，寺內所供養的都是以石雕成的佛像，儀態莊嚴，極其華麗。這些石像的數量很多，都是全身貼著金箔，眩耀人目。寺前有繫白象之樹，此寺之興建，實際上是因爲這棵樹的緣故。這棵樹的花葉都與棗樹相似，其果實到農曆十二月才成熟。老人們傳說道：「此樹滅亡，佛法也滅亡。」寺內畫有太子夫妻把自己的兒女給與婆羅門的圖像，胡人見了這幅圖像，沒有不悲痛得流淚的。

再西行一日，便到了如來挑出自己眼睛施捨給他人之處。這裡也有佛塔和佛寺。佛寺的石上有迦葉佛的遺跡。

再西行一日，乘船渡過一處深水，此水寬三百多步。再向西南行走六十里，便到了乾陀羅城。在城的東南七里之處有雀離佛塔。《道榮傳》說：「是在城東四里之處。」推斷這座佛塔的來源，則是如來在世的時候，與弟子游歷行化到這裡，指著城東說：「我死後二百年，有個名叫迦尼色迦的國王將在此處建起一座佛塔。」佛死後二百年，果然有一位國王名叫迦尼色迦，他在城東遊覽時，見到四個童子正用牛糞堆積成塔，堆到大約三尺高時，童子很快消失了。《道榮傳》說：「童子在虛空中向國王說過偈語。」國王對這幾位童子感到奇怪，馬上就建雀離佛塔將糞塔籠罩起來。但是糞塔漸漸增高，挺出於雀離佛塔之外，離地四百尺，然後才停止下來。於是國王又把塔基周長擴大了三百多步。《道榮傳》說：「是三百九十步。」隨後便從地開始，以木構造，這才使雀離佛塔與糞塔相當。《道榮傳》說：「雀離佛塔高三丈。全部用帶有紋理的石塊作為臺階和斗栱，上面以眾木構築，共有十三級。」塔上還有鐵柱，高三百尺，又置承露金盤十三層，合起來離地七百尺。《道榮傳》說：「鐵柱高八十八尺，周長四十尺。金盤有十五層，離地六十三丈二尺。」雀離佛塔峻工後，糞塔仍如當初一樣，從雀離大塔南面傍出三百步。當時有一位婆羅門不相信是糞塔，用手試探查看，於是便在糞塔上鑽了一孔。至今年歲雖然很久，糞卻還是不爛，以香泥填塞這個孔，卻不能把它填滿。今天已有天宮把它籠蓋起來。

雀離佛塔自從建造以來，三次被天火燒毀，國王迦尼色迦三次修理它，使它還原如同以前一樣。老人們說：「這座佛塔若被天火燒毀七次，佛法也就應當消滅了。」《道榮傳》說：「國王修建這座佛塔時，木工雖已完畢，但是還有鐵柱不能放上去。於是國王在塔的四角建起大的高樓，把許多金銀寶物放置在上面，國王與夫人及王子全都在樓上燒香、散花，以至誠之心祈請神靈幫助。然後用轆轤絞索提起鐵柱，一升高便把它放到塔上去了。因此胡人都說這是四大天王幫助的結果。假如他們不幫助的話，這一鐵柱實在不是人力所能舉起的。」

塔內的佛物全是金玉製成，千變萬化，難以稱讚頌揚。每當旭日初升，則金盤明亮閃光，微風漸漸吹拂，則鐸鈴之聲和鳴。西域佛塔，當以此塔爲第一。

這座雀離佛塔剛剛建成時，以眞珠爲羅網，覆蓋在它的上面。此後過了幾年，國王迦尼色迦思量道，這面珠網價值萬金。我死之後，恐怕會有人侵奪；他又擔心塔若有所破損毀壞，將無人修補。於是便解除珠網，用銅鑊把它裝起來，並在塔的西北面一百多里處，掘地將它埋入地下。又在它的上面種了樹，樹名菩提，其枝條四面分布，繁密的樹葉遮蔽了天空。樹下有四佛坐像，各高一丈五尺。常有四條龍掌管著這面珠網，假如有人起心想偸取，他就會遇到災禍。並在此立有石碑，上刻銘文，囑咐告訴將來的人們，假如這座塔毀壞了，便勞煩後來的賢士挖出珠網，用以修理整治佛塔。

在雀離佛塔南面五十步的地方，有一座石塔，其形正圓，高二丈，頗有神靈異變，能給世人顯示吉凶。以手指接觸它，假如吉利，則金鈴鳴聲相應；假如凶險，即使讓人搖撼此塔，金鈴也不肯鳴響。惠生既在離家遙遠的國家，害怕不能安全返回故土，於是便向神塔禮拜，乞求得到一個靈驗。他以指觸石塔，金鈴馬上鳴聲相應。得到這一靈驗，用以安慰自己的內心，後來他果然平安返回家鄉了。

惠生當初從京師出發的那天，胡太后敕命交給他一千幅五色百尺幡，五百只錦香袋；王公卿士也送給他一千幅幡。惠生從于闐國到乾陀羅國，所有須作佛事之處，全都把它們流傳布施出去，到此處忽然用完了，只剩留胡太后所給的一幅百尺幡，他打算把此幡奉獻給尸毗王塔。宋雲則把二個奴婢獻給了雀離佛塔，讓他們在此永遠充任灑水掃地之役。惠生則拿出一部分旅費，準確地選擇了好的工匠，以銅仿製了一座雀離佛塔的模型，還仿製了釋迦牟尼四大佛塔的變相。

於是西行七日，渡一大水，至如來為尸毗王救鴿(283)之處，亦起塔寺。昔尸毗王倉庫為火所燒，其中粳米燋然(284)，至今猶存，若服一粒，永無瘧患。彼國人民須禁日(285)取之。

《道榮傳》云：「至那伽羅阿國(286)，有佛頂骨(287)，方圓四寸，黃白色；下有孔，受人手指(288)，悶然(289)似仰蜂窩。至耆賀濫寺(290)，有佛袈裟十三條，以尺量之，或長或短。復有佛錫杖(291)，長丈七，以木筩(292)盛之，金箔貼其上。此杖輕重不定，值有重時(293)，百人不舉；值有輕時，一人勝之(294)。那竭城(295)中有佛牙、佛髮，並作寶函盛之，朝夕供養。至瞿波羅窟(296)，見佛影(297)。入山窟，去十五步(298)，西面向戶遙望(299)，則眾相炳然；近者，則瞑然(300)不見。以手摩之，唯有石壁。漸漸卻行(301)，始見其相。容顏挺特[302]，世所希有。窟前有方石，石上有佛跡。窟西南百步，有佛浣衣處。窟北一里，有目連[303]窟。窟北有山，山下有六佛[304]手作浮圖，高十丈。云此浮圖陷入地，佛法當滅。並為七塔，七塔南石銘，云如來手書，胡字[305]分明，於今可識焉。」

惠生在烏場國二年，西胡風俗，大同小異，不能具錄。至正光二年[306]二月始還天闕[307]。

衒之按：惠生《行記》事多不盡錄，今依《道榮傳》、宋雲《家記》，故並載之，以備缺文[308]。

章旨

此章主要記敘那伽羅阿國的佛跡。

注釋

283 如來為尸毗王救鴿　尸毗王割肉救鴿事，見《菩薩本生鬘論》。其略云：「佛告諸比丘，往昔有王名曰尸毘，所都之城，號提婆底。王蘊慈行，仁恕和平，愛念庶民，猶如赤子。志固精進，樂求佛道。時天帝釋及毘首二天欲試其念力。毘首天化為一鴿，帝釋作鷹，急逐於後，將為搏取，鴿甚惶怖，飛王腋下以求藏避。鷹立王前，乃作人語，願王見還。王曰：我本誓願，當度一切，鴿來依投，終不與汝。鷹言：大王愛念一切，若斷我食，命亦不濟。王即取利刀自割身肉，持之與鷹，貿此鴿命。佛告大眾，尸毘王者，我身是也。」㉔燋然　即燒焦。燋，通焦。然，為語末助詞。㉕禁日　即禁忌之日。㉖那伽羅阿國　其地在乾陀羅國之西北，當在今阿富汗境內。㉗佛頂骨　即佛之頭蓋骨。㉘受人手指　謂人的手指能穿過其孔。意即孔有手指那麼粗。㉙閦然　此指孔穴很多。閦，即眾多之義。㉚耆賀濫寺　此處供養佛袈裟及佛錫杖，故名。耆賀濫，為比丘行乞所持之杖。㉛錫杖　僧徒所持之杖。其制為杖頭有一鐵捲，中段用木，下安鐵纂，振時作聲。㉜木筩　即木筒。㉝值有重時　猶言「正逢其重時」。㉞勝之　即勝任它，指拿得起它。㉟那竭城　即那伽羅阿國之都城。㊱瞿波羅窟　據《西域記》載：瞿波羅為龍名，其所居之洞穴因以為名。㊲佛影　據《西域記》云：「昔如來在世時，瞿波羅龍為牧牛之士，供王乳酪。進奉失宜，既獲譴責，心懷恚恨，願為惡龍，破國害王。即趣石壁，投身而死。遂居此窟，為火龍王。便欲出穴，成本惡願。如來已明其心，遂自中印度至龍所，龍見如來，毒心遂止。受不殺戒，願護正法，因請如來，常居此窟。如來告曰：『吾將寂滅，為汝留影，正法隱沒，其事無替。汝若毒心奮怒，觀吾留影，毒心當止。』」㊳去十五步　指距離石壁十五步。㊴西面向戶

遙望 因佛影在窟之東壁，門向西開，故云。㉚瞑然 即昏暗貌。㉛卻行 即後退之義。㉜挺特 即特出、秀出、傑出之義。㉝目連 爲佛弟子，又作大目犍連。㉞六佛 當作七佛，其名號見本書卷四〈大覺寺〉篇注⑤。㉟胡字 指印度文字。㊱正光二年 即西元五二一年。正光爲北魏孝明帝（元詡）第三年號。㊲還天闕 猶言「向朝廷回復使命」。天闕，宮門外有雙闕，因稱帝王所居爲天闕，也借指朝廷。㊳以備缺文 猶言「以此充當缺文之數」。

語譯

於是向西北行走七日，渡過一條大河，便到了如來爲尸毗王時割肉救鴿之處。此處也建起了佛塔。以前，尸毗王的倉庫被火所燒，倉庫中的粳米被燒焦了，它們至今還存在，假如服下一粒，便永遠不會生瘧病。那個國家的人民必須在禁忌之日才能去取焦米。

《道榮傳》說：「到了那伽羅阿國，可見到佛的頭蓋頂，方圓四寸，黃白色，下面有孔，受得下人的手指，因爲孔很多，所以把頭蓋骨仰放時就好像蜂窩一樣。到了者賀濫寺，可見到十三件佛的袈裟。若用尺測量，有的短有的長。還有佛的錫杖，長一丈七尺，用木筒裝著，上面貼著金箔。這根錫杖時輕時重，難以確定。如果正逢它重的時候，一百人也不能把它舉起來；如果正逢它輕的時候，一個人就舉得起它。那竭城中有佛牙、佛髮，都是用特製的寶盒裝著，早晚予以供養。到了瞿波羅山窟，可以見到佛影。進入山窟，離東壁十五步遠，由西面向戶內遙望，則東壁上的眾多佛相清晰可見；如果走近去看，則昏暗不可見。以手撫摩，唯有石壁而已。須漸漸後退，才能見到佛相。佛相容顏傑出，爲世上所少有。瞿波羅山窟前有一塊方石，石上留有佛跡；離山窟西南百步遠，有佛洗衣之處；在山窟之北一里處，有目連山窟。瞿波羅山窟之北有山，山下有七佛親手修建的佛塔，高十丈。據說這些佛塔若陷入地下，佛法也就應當滅亡了。七佛一齊修建了七座佛塔，七塔之南有石碑，上面有銘文，據說是如來親手書寫的，印度文字分明可見，直到今天仍然可以認識。」

惠生在烏場國遊歷二年，所見西域風俗，大同小異，不能全都記錄下來。到了正光二年二月，他才返回大魏向朝廷回復使命。

衒之按：惠生《行記》於事多不詳盡記錄，今天所依據的是《道榮傳》和《宋雲家記》，因此一齊轉載於此，以充缺文之數。

四、京師廓外諸寺

篇旨

此篇首先概述京師洛陽之建制及城內佛寺總數，隨後簡要介紹城外諸寺。

京師東西二十里，南北十五里①，戶十萬九千餘。廟社宮室府曹以外，方三百步爲一里②，里開四門，門置里正③二人，吏四人，門士八人，合有二百二十里。寺有一千三百六十七所。天平元年④，遷都鄴城，洛陽餘寺四百二十一所。北芒山上有馮王寺⑤、齊獻武王寺⑥。京東石關有元領軍寺⑦、劉長秋寺⑧。嵩高中有閑居寺⑨、栖禪寺⑩、嵩陽寺⑪、道場寺⑫。上有中頂寺，東有升道寺。京南關口有石窟寺⑬、靈巖寺⑭。京西瀍澗⑮有白馬寺⑯、照樂寺。如此之寺，既在郭外，不在數限⑰，亦詳載之。

注釋

①里　此里爲道里之里，而不是坊里之里。此謂「東西二十里、南北十五里」，乃兼城內外言之。②里　此里則指坊里。③里正　爲鄉里小吏。④天平元年　即西元五三四年。天平爲東魏孝靜帝（元善見）第一年號。⑤馮王寺　爲馮熙所建，見本書卷一〈永寧寺〉篇注268。⑥齊獻武王寺　齊獻武王，即高歡，齊獻武王寺爲其所建。⑦元領軍寺　爲元叉所建。元叉曾任領軍將軍。見《魏書》本傳。⑧劉長秋寺　爲劉騰所建。騰曾任長秋卿。見本書卷一〈長秋寺〉篇及《魏書》本傳。⑨嵩高中有閑居寺　嵩高，即嵩山，五嶽之一。在河南省登封縣北，古稱外方，又稱嵩高，因處四方之中，山形高大，故稱。閑居寺，本爲北魏宣武帝（元恪）時所建。見《魏書·卷九〇·馮亮傳》。⑩栖禪寺　疑爲禪僧所建。⑪嵩陽寺　據稱，此寺建於天平二年（西元五三五年）。⑫道場寺　亦見於《魏書·馮亮傳》。⑬石窟寺　此寺於熙平（北魏孝明帝元詡第一年號）初年爲胡太后所建。⑭靈巖寺　原在代京平城（今山西省大同），本文所指在洛陽市南，當爲仿照代京而建者。⑮瀍澗　瀍，即瀍水，源出河南省洛陽市西北谷城山，南流經洛陽城東，

入洛水。澗，即澗水，源出河南省澠池縣東北白石山，東流經新安洛陽，入洛水。⑯白馬寺　見本書卷四。⑰不在數限　猶言「不能算在洛陽佛寺的範圍之內」。數限，指計算的範圍，亦可解爲「限內之數」。

語譯

京師東西長二十里，南北長十五里。有十萬九千多民戶。除廟社、宮室、府曹以外，四方各三百步爲一個坊里。每里開四門，每門設里正二人，吏四人，門士八人。京師合計共有二百二十個坊里。京師有一千三百六十七所佛寺。天平元年遷都鄴城後，洛陽城餘存下來的佛寺還有四百二十一所。在北芒山上有馮王寺、齊獻武王寺。在京師東面石關有元領軍寺、劉長秋寺。在嵩山半山間有閑居寺、棲禪寺、嵩陽寺和道場寺。在嵩山的上面有中頂寺；嵩山的東面有升道寺。在京師南面闕口有石窟寺、靈巖寺。在京師的西面瀍水和澗水之間有白馬寺、照樂寺。這樣的一些佛寺，既在城郭之外，便不能算在洛陽佛寺的範圍之內，但也還是把它們詳細地記載了下來。

跋

應臺灣三民書局之約，用一年時間，對《洛陽伽藍記》進行了注釋和翻譯。值此完稿之際，覺得還有話要說，故附筆於後：

一、本書傳世刻本，據我所知有十四種之多，而歷來公認如隱堂本為最古最善。故在注譯時以此為底本，參閱其餘各本，遇到有異議的字、詞或句子，則擇其善者而從之。

二、據唐代劉知幾《史通》云，楊衒之著此書時曾自為子注，不知何時子注與本文混在一起，遂難區分。自清代以來有人試圖將子注與本文分開，但都沒有成功。故在注譯時，我仍依如隱堂本原來的樣子。

由於本書的本文與子注不分，有些地方便顯得不順暢。因此在翻譯時，不得不在這些地方適當加進起銜接作用的語句，有的還特意打上了括號，以引起讀者的注意。

三、原文中出現了幾首詩，因為都比較通俗易懂，所以沒有翻譯過來，以免破壞其詩味。

四、在注釋個別有爭議的字詞時，曾參考過大陸周祖謨先生於西元一九六三年出版的《洛陽伽藍記校釋》，並且我還借用了其中的「洛陽伽藍圖」。說明這些，意在不敢掠美也。

五、在翻譯本書各篇時，主要採用了直譯方式。但對那些難以直譯方式轉達之處，亦使用了義譯方式。

六、本書卷五〈聞義里〉篇中記敘宋雲、惠生出使西域的篇幅很長。為了便於讀者理解記敘的內容，除依前例冠有篇旨之外，還加進了章旨。

足膝長談
今注新譯叢書

- ◐新譯尹文子／徐忠良注譯
- ◐新譯司馬法／王雲路注譯
- ◐新譯申鑒讀本／周明初 林家驪注譯／劉正浩校閱
- ◐新譯老子解義／吳　怡著
- ◐新譯老子讀本／余培林注譯
- ◐新譯列子讀本／莊萬壽注譯
- ◐新譯列女傳／黃清泉注譯／陳滿銘校閱
- ◐新譯吳子讀本／王雲路注譯
- ◐新譯宋詞三百首／汪　中注譯
- ◐新譯孝經讀本／賴炎元 黃俊郎注譯
- ◐新譯呂氏春秋／朱永嘉 蕭　木注譯／黃志民校閱
- ◐新譯尚書讀本／吳　璵注譯
- ◐新譯抱朴子／李中華注譯／黃志民校閱
- ◐新譯易經讀本／郭建勳注譯／黃俊郎校閱
- ◐新譯明夷待訪錄／李廣柏注譯／李振興校閱
- ◐新譯東萊左氏博議／李振興 簡宗梧注譯
- ◐新譯貞觀政要／許道勳注譯／陳滿銘校閱
- ◐新譯洛陽伽藍記／劉九洲注譯／侯迺慧校閱
- ◐新譯唐詩三百首／邱燮友注譯
- ◐新譯孫子讀本／吳仁傑注譯
- ◐新譯淮南子／熊禮滙注譯／侯迺慧校閱
- ◐新譯國語讀本／易中天注譯／侯迺慧校閱
- ◐新譯荀子讀本／王忠林注譯
- ◐新譯搜神記／黃　鈞注譯／陳滿銘校閱
- ◐新譯莊子讀本／黃錦鋐注譯
- ◐新譯楚辭讀本／傅錫壬注譯
- ◐新譯新語讀本／王　毅注譯／黃俊郎校閱
- ◐新譯新序讀本／葉幼明注譯／黃沛榮校閱
- ◐新譯說苑讀本／羅少卿注譯／黃志民校閱
- ◐新譯說苑讀本／左松超注譯
- ◐新譯管子讀本／湯孝純注譯／李振興校閱
- ◐新譯論衡讀本／蔡鎮楚注譯
- ◐新譯墨子讀本／李生龍注譯／李振興校閱
- ◐新譯戰國策／溫洪隆注譯／陳滿銘校閱
- ◐新譯鹽鐵論／盧烈鴻注譯／黃志民校閱
- ◐新譯顏氏家訓／李振興 黃沛榮 賴明德注譯